智库成果出版与传播平台

权威·前沿·原创

皮书系列为
“十二五”“十三五”国家重点图书出版规划项目

中国区域文化产业发展报告（2019~2020）

ANNUAL REPORT ON REGIONAL DEVELOPMENT OF CHINA'S CULTURAL INDUSTRIES (2019-2020)

主　编／李　炎　胡洪斌

图书在版编目(CIP)数据

中国区域文化产业发展报告. 2019 ~ 2020 / 李炎，胡洪斌主编. -- 北京：社会科学文献出版社，2020.7
（文化蓝皮书）
ISBN 978 - 7 - 5201 - 6476 - 4

Ⅰ. ①中… Ⅱ. ①李… ②胡… Ⅲ. ①区域文化 - 文化产业 - 研究报告 - 中国 - 2019 - 2020 Ⅳ. ①G127

中国版本图书馆 CIP 数据核字（2020）第 054586 号

文化蓝皮书
中国区域文化产业发展报告（2019 ~2020）

主　　编／李　炎　胡洪斌

出 版 人／谢寿光
责任编辑／陈　颖
文稿编辑／薛铭洁

出　　版／社会科学文献出版社 · 皮书出版分社（010）59367127
　　　　　地址：北京市北三环中路甲 29 号院华龙大厦　邮编：100029
　　　　　网址：www. ssap. com. cn
发　　行／市场营销中心（010）59367081　59367083
印　　装／天津千鹤文化传播有限公司

规　　格／开　本：787mm × 1092mm　1/16
　　　　　印　张：19.5　字　数：290 千字
版　　次／2020 年 7 月第 1 版　2020 年 7 月第 1 次印刷
书　　号／ISBN 978 - 7 - 5201 - 6476 - 4
定　　价／158.00 元

本书如有印装质量问题，请与读者服务中心（010 - 59367028）联系

版权所有 翻印必究

文化蓝皮书总编委会

主　任　王京清

副主任　王立胜　李　河　张晓明

委　员　（以下按姓氏笔画排序）

王　莹　王立胜　甘绍平　史东辉　冯颜利
李　炎　李　河　吴尚民　张志强　张晓明
陈　刚　单继刚　胡洪斌　章建刚

顾　问　（按姓氏笔画排序）

江小涓　李　扬　李培林　武　寅　卓新平
朝戈金

秘书长　周业兵

《中国区域文化产业发展报告（2019～2020）》编委会

主　　　编　李　炎　胡洪斌

总报告课题组　李　炎　于良楠　胡洪斌　何继想　王　佳

撰　稿　人　（按姓氏笔画）

于良楠　王　佳　王万鹏　王敬儒　古珍晶
任潇湘　闫　烁　李　炎　杨传张　何继想
宋莉娟　张晓丹　赵婷婷　胡洪斌　胡慧源
饶　蕊　耿　达　贾　佳　高学武　郭　嘉
雷宏霞　裴华秀　潘博成

编　辑　部　宋莉娟（负责人）　高　鑫　徐志强

韩志垒　王　楠　李晓璐　杨小灵　程　晨

主要编撰者简介

李　炎　云南鹤庆人，法学博士、教授，云南大学文化发展研究院院长、云南大学国家文化和旅游研究基地主任、文化和旅游部文化产业专家委员会委员、中国文艺评论家协会艺术产业研究委员会委员、云南省文化产业研究会会长。主要研究领域：文化产业理论与实践，跨文化研究，中国少数民族艺术等。主持或参与国家级和省部级课题研究60余项。近年来，在各级刊物发表学术论文80余篇，出版著作10余部。

胡洪斌　云南昆明人，经济学博士、副教授，云南大学文化发展研究院副院长、云南大学国家文化和旅游研究基地副主任，云南省文化产业研究会秘书长。主要研究领域：文化产业理论与实践，服务业发展理论与实践，产业经济学等。主持或参与30余项国家级和省部级课题研究。近年来，在各级刊物发表学术论文20余篇，出版著作7部。

摘　要

随着“一带一路”、区域协调发展、乡村振兴、京津冀协同发展、粤港澳大湾区建设、长三角一体化发展、自由贸易试验区建设等国家战略的深入推进，我国七大区域文化产业的发展呈现总体趋好但复杂有差异的态势。环渤海地区文化产业稳步增长，在协同发展、政策和制度创新、高端产业集聚方面形成亮点；长三角地区文化产业成为支柱产业，在产业增速、人均产出、产业集聚、固定资产投资方面稳中求进；东南地区文化产业发展势头强劲，新兴产业快速增长、文化科技进一步融合、文化现代市场体系建构、区域高度协同创新发展；中部五省文化产业整体呈现良性发展，文化旅游、演艺和动漫产业等创新升级；西南地区增速放缓，文化产业由规模增长转为规模和质量双增长，特色文化产业成为脱贫攻坚和乡村振兴的抓手；西北地区着力将后发优势、资源优势转变为产业优势，逐步推进文化产业发展；东北地区文化产业止步不前，亟待加大文化产业投入、完善文化金融服务体系、培育文化产业生态、加强文化企业资本市场参与度。七大区域文化产业发展差异性越来越突出，在不均衡的格局中探索着创新和特色，同时全国文化消费呈现活跃上行、结构优化态势，中国区域文化产业将迎来全面创新升级。

Abstract

With the in-depth advancement of national strategies such as the "Belt and Road", regional coordinated development, rural rejuvenation, Beijing-Tianjin-Hebei coordinated development, the construction of the Guangdong-Hong Kong-Macao Greater Bay Area, the integrated development of the Yangtze River Delta, and the construction of a free trade pilot zone, the industry development of the seven major regional cultures in China shows a trend of overall improvement but complex differences. The cultural industry in the Bohai Rim region has grown steadily, forming bright spots in terms of coordinated development, policy and institutional innovation, and high-end industrial agglomeration. The cultural industry in the Yangtze River Delta has become a pillar industry in terms of industrial growth, per capita output, industrial agglomeration, and fixed asset investment. Progress in stability in the areas; strong momentum in the cultural industry in the southeast region, rapid growth of emerging industries, further integration of cultural science and technology, construction of a modern cultural market system, and highly coordinated and innovative development of the region; the overall healthy development of the cultural industries in the five central provinces, cultural tourism, performing arts, and animation innovation and upgrading of industries, etc. ; the growth rate in the southwest region has slowed down, the cultural industry has shifted from scale growth to both scale and quality growth, and characteristic cultural industries have become the starting point for poverty alleviation and rural rejuvenation; the Northwest has focused on transforming its latecomer advantages and resource advantages into Industrial advantages, and gradually promote the development of cultural industries; cultural industries in the Northeast region have stagnated or even appeared "stagnation in growth", and urgently need to increase investment in cultural industries, improve the cultural financial service system, cultivate cultural industry ecology, and strengthen the participation of cultural enterprises in the capital market. The differences in the development of cultural industries in the seven major regions are becoming increasingly prominent. Innovation and characteristics are being explored in an unbalanced pattern. At the same time, national cultural consumption is showing an upward trend and structural optimization. China's regional cultural industry will usher in a comprehensive innovation and upgrade.

目　录

Ⅰ　总报告

Ⅱ　区域篇

Ⅲ 区域文化产业竞争力

Ⅳ 专题篇

Ⅴ 理论综述

皮书数据库阅读**使用指南**

CONTENTS

Ⅰ General Report

Ⅱ Regional Reports

Ⅲ Competitiveness of Regional Cultural Industries

Ⅳ Special Reports

Ⅴ Research Review

总 报 告

General Report

B.1

差异化发展：在不均衡格局中探索创新和特色之路（2019 ~2020）

李 炎　于良楠　胡洪斌　何继想　王 佳*

摘　要： 伴随"一带一路"、区域协调发展、乡村振兴、京津冀协同发展、粤港澳大湾区建设、长三角一体化发展、自由贸易试验区建设等国家战略的深入推进，资本、人才、科技等要素在区域间和区域内的流动增速迅猛，形成的资本流动、人际流动、消费搬动效应进一步影响着区域文化产业发展格局的

* 李炎，云南大学文化发展研究院院长，云南大学国家文化和旅游研究基地主任，教授，主要研究方向：文化产业理论与实践、跨文化研究、中国少数民族艺术。于良楠，云南大学公共管理学院在读博士，主要研究方向：政府文化管理、文化产业理论与实践、文化和旅游规划。胡洪斌，云南大学文化发展研究院副院长，副教授，云南大学国家文化和旅游研究基地副主任，主要研究方向：文化产业理论与实践、服务业发展理论与实践、产业经济学。何继想，云南和昶文化传播有限公司总策划师，主要研究方向：产业经济学、计量经济学、文化和旅游规划。王佳，云南大学文化发展研究院战略咨询研究中心主任，副教授，主要研究方向：文化产业理论与实践、少数民族艺术。

变化。2017～2018年，东南地区、西南地区和西北地区文化产业高速增长，长三角地区、环渤海地区和东北地区增长较快，中部地区增长放缓，区域间呈现差距进一步扩大的趋势。随着文化产业发展动力转换，文化、科技与金融的不断深化融合重塑文化产业的发展方式，环渤海地区、长三角地区、东南地区正加快推动以互联网文化产业、数字文化产业为代表的文化新业态、新模式和新产业发展；中部地区、西南地区和西北地区在文化与旅游、科技、金融、创意设计等融合发展方面较为突出，科技、创意正推动地方特色文化产业集约化、规模化、多样化和差异化发展。我国区域文化产业发展进一步呈现差异化、多元化、不均衡发展态势。

关键词： 区域文化产业　居民文化消费　文化企业　文化科技

当前我国文化产业发展面临新的挑战和机遇。从全球趋势看，新一轮科技革命和产业革命大规模快速推进、经济全球化遭遇波折、国际金融市场震荡、中美贸易摩擦等国际形态构成了当下我国文化产业发展的外部环境；从国内趋势看，我国正处在新旧矛盾交织、区域发展不平衡不充分、经济转型阵痛、新旧动能转化、供给侧结构性改革、脱贫攻坚进入攻城拔寨决战等复杂时期。面对错综复杂的国际国内形势，我国文化产业发展依然实现持续增长，第四次经济普查数据显示，2018年末，全国有文化及相关产业法人单位210.3万个，比2013年末增长129.0%；从业人员2055.8万人，比2013年末增长16.8%；资产总计22.6万亿元，比2013年末增长118.3%。[①] 与

① 《第四次全国经济普查公报（第六号）——部分新兴产业基本情况》，国家统计局网站，http：//www.stats.gov.cn/tjsj/zxfb/201911/t20191119_1710339.html，最后检索时间：2019年12月1日。

此同时，数据显示我国文化产业逐渐从高速增长进入中高速增长的“新常态”，文化产业发展步入新的“调整期”和“转型期”。伴随“一带一路”、区域协调发展、乡村振兴、京津冀协同发展、粤港澳大湾区建设、长三角一体化发展、自由贸易试验区建设等国家战略全面深入实施，中国区域文化产业发展迎来重要战略机遇期，区域文化产业面临前所未有的“大变局”。随着文化产业发展动能转换，“文化—科技—金融”三元动力成为当前和未来一段时间推动文化产业发展的重要动力，文化、科技、金融持续快速深化融合正在重塑我国区域文化产业发展大格局，区域文化产业进一步走向差异化、多元化、特色化和不均衡发展趋势。

一　发展现状

伴随经济社会发展新变革，我国文化产业发展步入新阶段。2017 ~2018 年全国七大区域在产业规模、发展速度、发展效率、产业集聚、产业结构、文化投资、文化企业、研发投入等方面有了新发展和新变化，总体上来看，我国区域文化产业差异化、多元化和不均衡发展态势进一步凸显。

（一）区域文化产业增长放缓，不均衡发展成为常态

2018 年全国文化及相关产业增加值为 41171 亿元，较上一年增长 18.57%，占 GDP 的比重为 4.48%，比上年提高 0.22 个百分点，比同期 GDP 名义增速高近 12 个百分点①。分区域来看，2017 年长三角地区、环渤海地区和东南地区文化产业增加值总体规模继续保持领先，三大区域文化产业增加值占地区同期 GDP 比重均高于全国平均水平，其余四个地区均显著低于全国平均水平（见图 1）。

① 《2018 年全国文化及相关产业增加值占 GDP 比重为 4.48%》，国家统计局网站，http://www.stats.gov.cn/tjsj/zxfb/202001/t20200121_1724242.html，最后检索时间：2020 年 1 月 21 日。

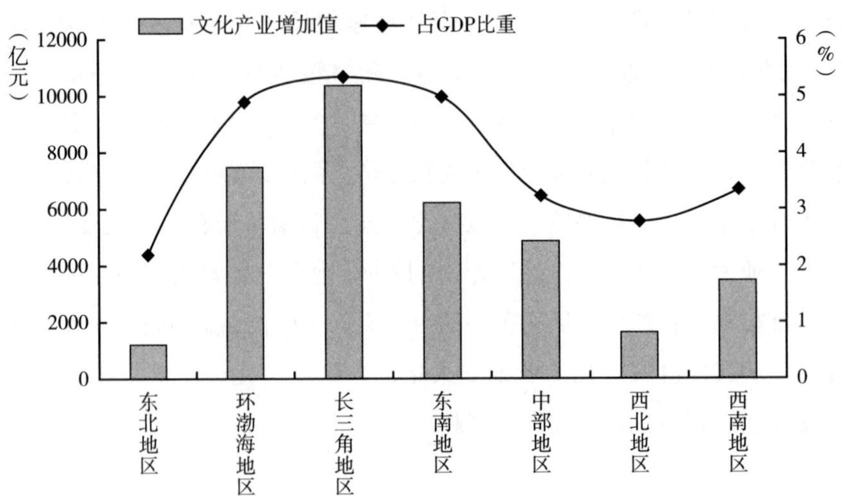

图1　2017年分区域文化产业增加值及占地区同期GDP比重情况

资料来源：《中国文化及相关产业统计年鉴（2018）》。

2017年较2016年同期相比，七大区域中除东北地区增速提高之外，其他六大区域均呈现不同程度的下降，其中中部地区下降幅度最大，降幅超过5个百分点（见图2）。

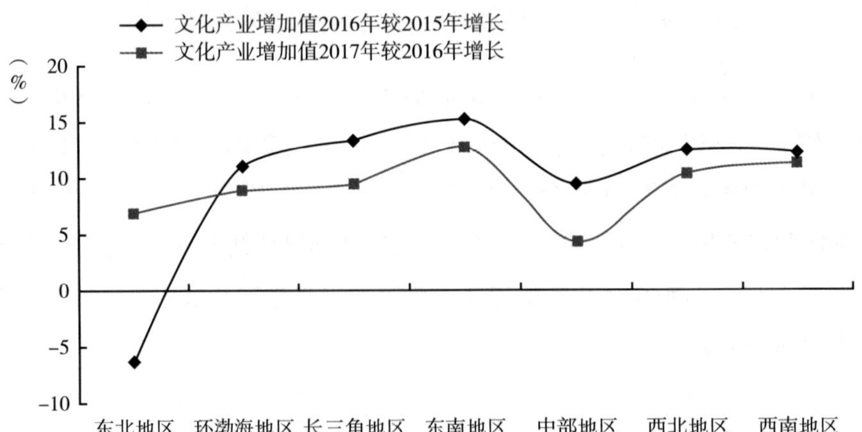

图2　2016年和2017年分区域文化产业增加值增长情况

资料来源：《中国文化及相关产业统计年鉴》（2016～2018）。

2017 年，中部地区、长三角地区文化产业增加值增速低于同期地区 GDP 增速，其余五个地区文化产业增加值增速均高于同期地区 GDP 增速，其中西北地区文化产业增加值增速比同期地区 GDP 名义增速高 6.5 个百分点（见图 3）。

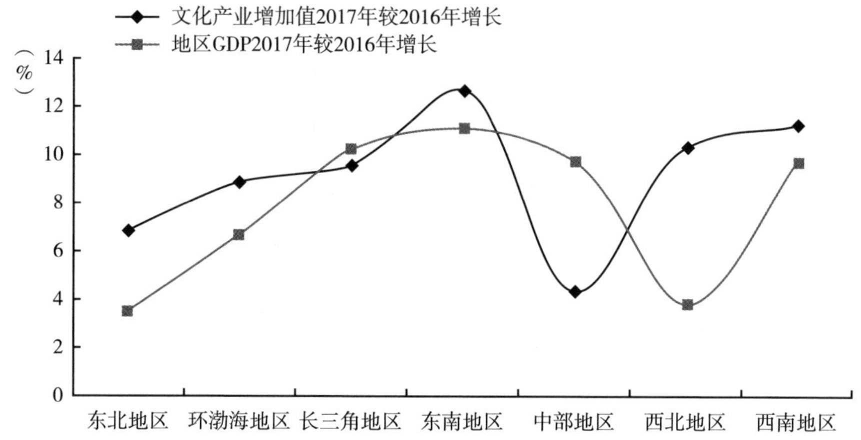

图 3　2017 年分区域文化产业增加值和地区 GDP 增长情况对比

资料来源：《中国文化及相关产业统计年鉴》（2017、2018）。

2017 年七大区域劳均文化产业增加值增长继续呈现不均衡态势，区域间差异较大，西南地区增幅高达 15.5%，东北地区降幅则高达 10.12%，其他区域增幅略有不同程度的升降，区域间差距进一步缩小，但东南地区和中部地区劳均文化产业增加值继续保持较低水平（见图 4）。

2017 年区域间人均文化产业增加值依然保持较大差距，长三角地区、环渤海地区、东南地区继续保持较大优势，东北地区、中部地区、西北地区、西南地区依然相对较低。2017 年七大区域人均文化产业增加值均呈现不同程度的增长，但除东北地区之外，其他六大区域增速与 2016 年同期相比均呈现下降态势（见图 5）。

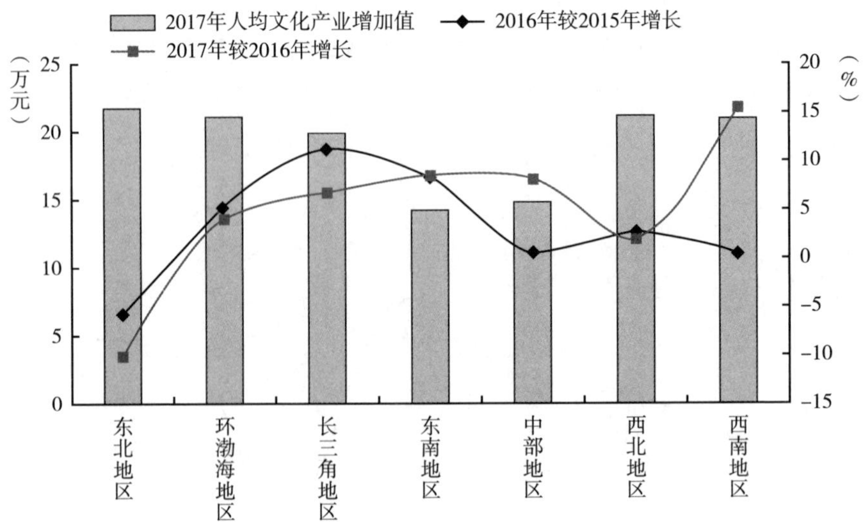

图4 2016年和2017年分区域劳均文化产业增加值增长情况

资料来源：《中国文化及相关产业统计年鉴》（2016～2018）。

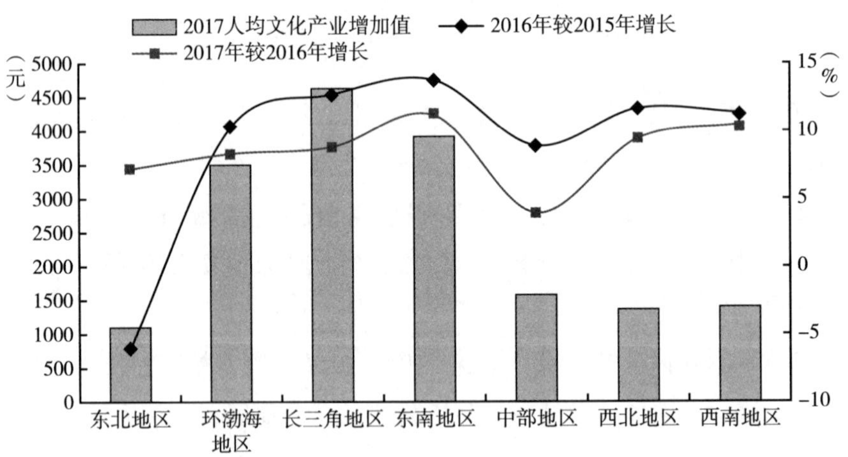

图5 2016年和2017年分区域人均文化产业增加值增长情况

资料来源：《中国文化及相关产业统计年鉴》（2016～2018）。

（二）文化产业结构快速调整，文化服务业占比持续提高

2017年与2013年相比，区域文化产业结构发生较大变化，七大区域文化制造业、文化批零业比重均呈现不同程度的下降，东南地区、东北地区、长三角地区、西南地区和中部地区文化制造业比重下降幅度相对较大，降幅均超过10个百分点。而七大区域文化服务业比重均有不同程度的提升，比重上升均达到或超过10个百分点，东南地区更是达到了20个百分点（见表1）。

表1　2013年与2017年从资产总计看分区域文化产业结构变化情况

单位：%

区域	2013年			2017年		
	文化制造业	文化批零业	文化服务业	文化制造业	文化批零业	文化服务业
东北地区	29	10	61	14	8	78
环渤海地区	22	14	64	16	9	75
长三角地区	35	13	52	23	12	65
东南地区	49	13	38	32	10	58
中部地区	35	11	54	24	8	68
西北地区	16	14	70	9	11	80
西南地区	33	15	52	21	11	68

资料来源：《中国文化及相关产业统计年鉴（2014、2018）》。

从文化产业资产总计来看区域文化产业结构，2017年，东南地区、中部地区、长三角地区、西南地区文化制造业占比较大，西北地区、东北地区、环渤海地区占比相对较低；七大区域文化批零业占比均在10%左右；七大区域文化服务业占比均较高，其中，西北地区、东北地区、环渤海地区文化服务业占比均超过74%，其他区域也均超过55%（见图6）。

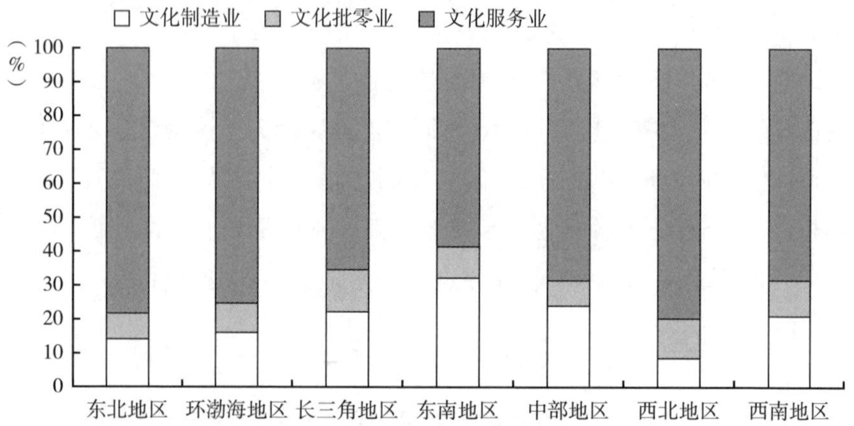

图 6　从资产总计看 2017 年分区域文化产业构成情况

资料来源：《中国文化及相关产业统计年鉴（2018）》。

（三）文化产业固定资产投资持续增长，西部地区成为投资热点

2013～2017 年除东北地区外，其他六大区域文化产业固定资产投资绝对值均呈现较快增长态势，其中西北地区和西南地区增速相对较快，年均增速分别高达 29.23% 和 34.89%（见图 7）；2013～2017 年七大区域文化产业固定资产投资占全社会固定资产投资比重都呈增长态势，其中西北地区和西南地区增长最为显著，年均增速分别高达 20.79% 和 17.33%（见图 8），从总体来看，西部地区成为近几年文化投资热点区域。2017 年较 2016 年同期相比，七大区域人均文化及相关产业固定资产投资继续保持增长态势，其中西南地区、东南地区、西北地区和环渤海地区增幅较大，长三角地区、东北地区和中部地区增幅较小，区域间差距进一步缩小（见图 9）。

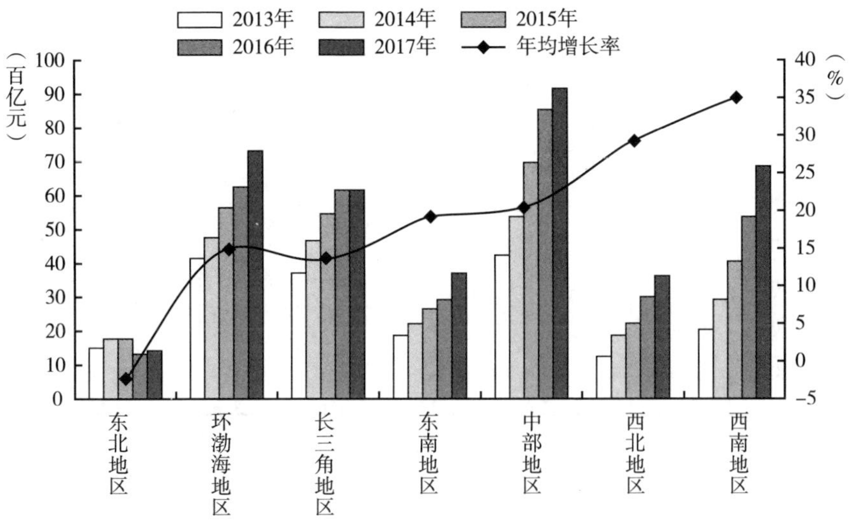

图7　2013～2017年分区域文化产业固定资产投资增长情况

资料来源：《中国文化及相关产业统计年鉴》（2014～2018）。

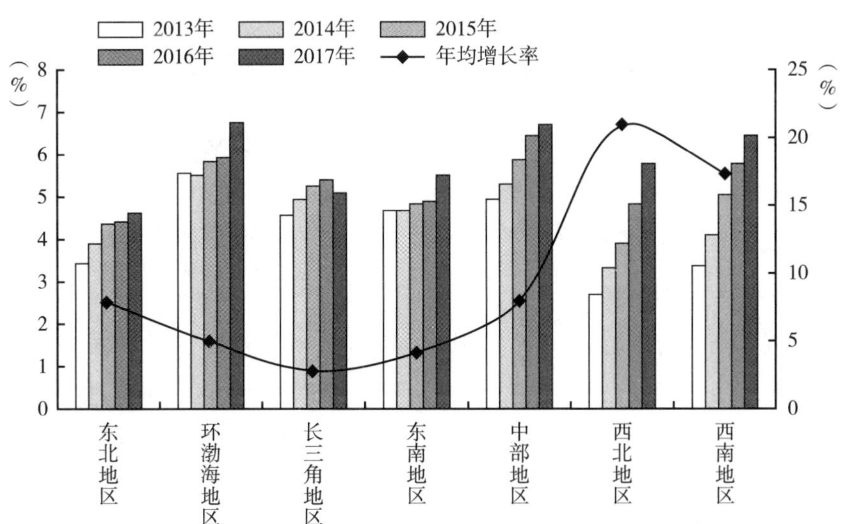

图8　2013～2017年分区域文化产业固定资产投资占全社会固定资产投资总额增长情况

资料来源：《中国文化及相关产业统计年鉴》（2014～2018）。

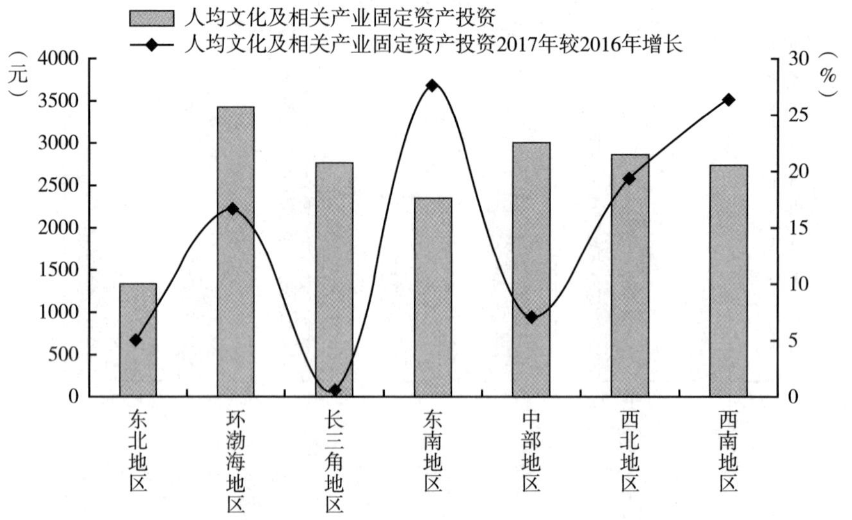

图 9　2017 年分区域人均文化及相关产业固定资产投资增长情况

资料来源：《中国文化及相关产业统计年鉴》（2017、2018）。

（四）居民文化消费稳步增长，区域城乡差距呈现不同走势

2013～2017 年七大区域全部居民人均文化消费支出呈现持续稳定增长态势，但区域间差距相对较大，中部地区、西南地区、东北地区增长相对较快，年均增速均超过了 10%，其余四大区域增长相对较慢（见图 10）。

从城镇和乡村来看，2013～2017 年七大区域城镇和乡村居民文化消费支出都呈现稳定增长态势，但区域间差距较大，东南地区、中部地区、环渤海地区和西南地区农村居民人均文化消费支出年均增速超过城镇居民人均文化消费支出年均增速，城乡之间差距不断缩小；西北地区、东北地区和长三角地区农村居民人均文化消费支出年均增速低于城镇居民人均文化消费支出年均增速，城乡之间差距进一步拉大（见图 11）。

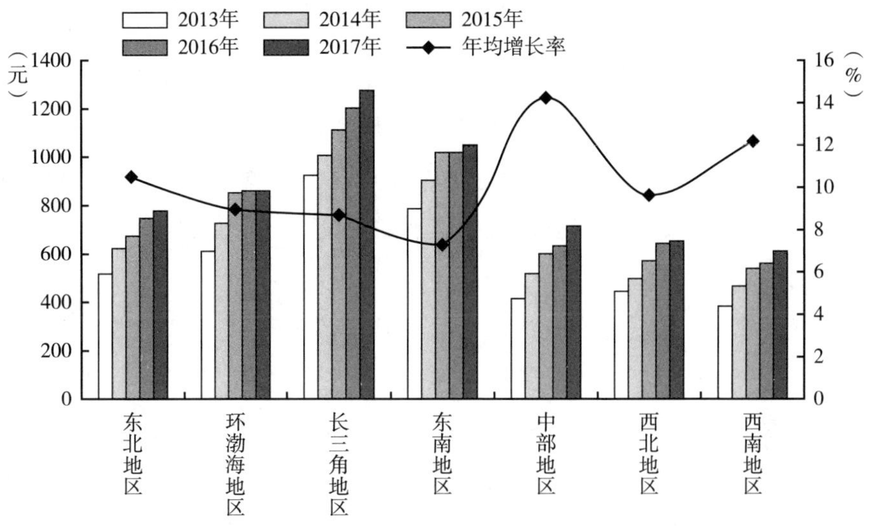

图 10　2013～2017 年分区域全部居民人均文化消费变化情况

资料来源：《中国文化及相关产业统计年鉴》（2014～2018）。

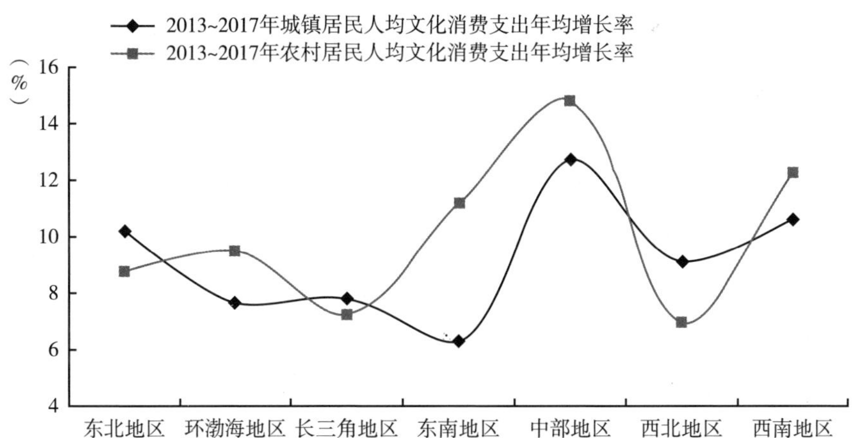

图 11　2013～2017 年分区域城镇居民和农村居民文化消费增长情况

资料来源：《中国文化及相关产业统计年鉴》（2014～2018）。

（五）文化企业实力逐步增强，区域分布差距呈缩小态势

七大区域文化企业发展呈现良好态势，文化产业法人单位资产总计、从业人员数、主营业务收入总体呈现较快增长。分地区来看，长三角地区、环渤海地区和东南地区三个区域文化产业法人单位资产总计、从业人员数、主营业务收入都相对较高，其他四大区域则相对较低（见图 12、图 13、图 14）。

2013～2017 年文化产业法人单位资产总计均实现快速增长，除东北地区、长三角地区以外，其余五个区域年均增速均超过 20%，东北也高达 16.42%（见图 12）；文化产业带动就业能力逐步增强，2013～2017 年七大区域文化产业法人单位从业人员数均实现增长，西北地区和西南地区增长较为显著（见图 13）；2013～2017 年文化产业法人单位主营业务收入均实现增长，西北地区年均增速（24.00%）最快，东北地区（0.23%）最慢，其他五大区域均呈现快速增长，年均增速均超过 10%（见图 14）。

2017 年较 2016 年同期相比，七大区域文化产业法人单位资产总计均实现高速增长，东北地区、环渤海地区增幅较大，分别高达 39.25%、28.12%，其余五大区域增幅也均在 20% 左右（见图 12）；2017 年较 2016 年同期相比七大区域文化产业法人单位从业人员数增长差距较为明显，东北地区增长最高，达到 18.89%，而西南地区（－3.71%）和中部地区（－3.37%）则出现下降，其余四大区域小幅增长（见图 13）；2017 年七大区域文化产业法人单位主营业务收入除中部地区之外，其余六大区域较上一年均实现增长，其中东北地区（22.10%）、东南地区（11.34%）和西北地区（10.85%）增幅较大（见图 14）。

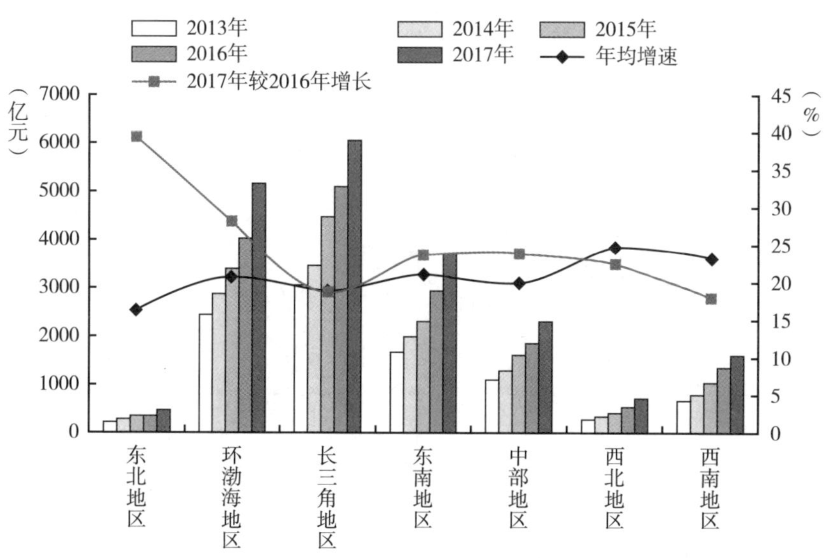

图 12　2013～2017 年分区域文化产业法人单位资产总计增长情况

资料来源：《中国文化及相关产业统计年鉴》（2014～2018）。

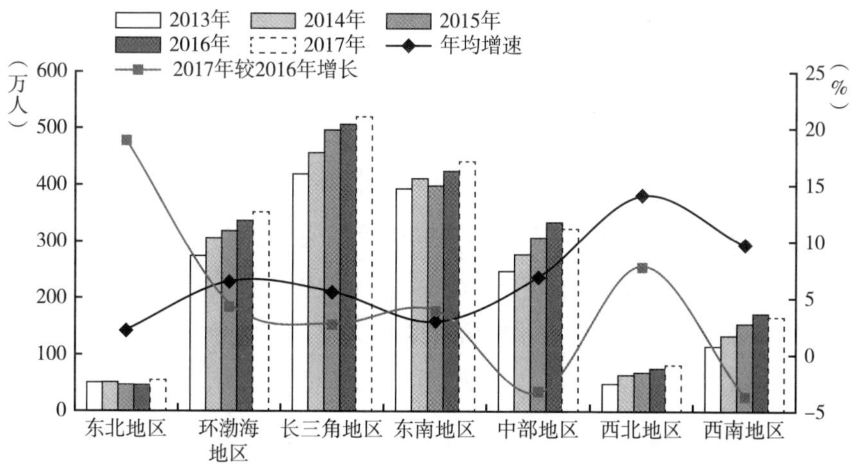

图 13　2013～2017 年分区域文化产业法人单位从业人员数增长情况

资料来源：《中国文化及相关产业统计年鉴》（2014～2018）。

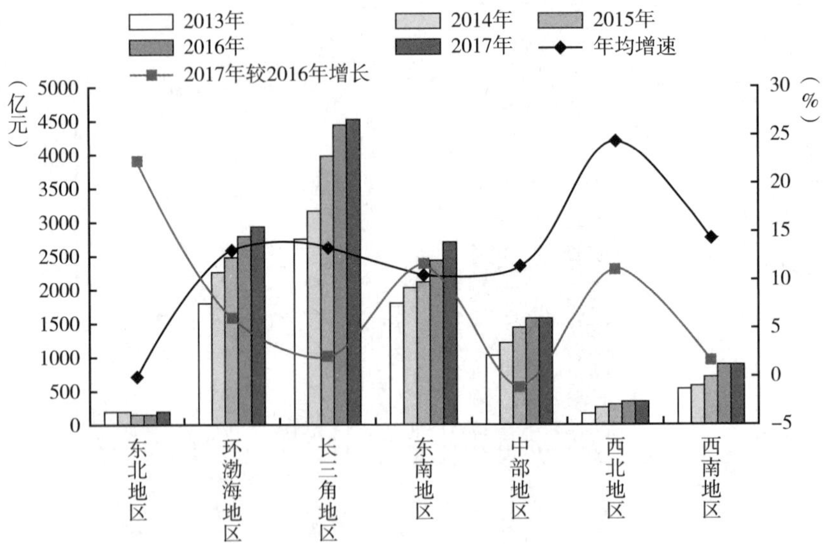

图 14　2013～2017 年分区域文化产业法人单位主营业务收入增长情况

资料来源：《中国文化及相关产业统计年鉴》（2014～2018）。

从规模以上文化企业数增长情况来看，与 2016 年相比，2017 年西北地区、西南地区增幅较大，中部地区、东北地区和东南地区增幅均超过 10%，环渤海地区和长三角地区增幅较小，区域间差距进一步缩小；年末从业人员方面，西北地区、西南地区和东北地区增幅较大，中部地区出现负增长，其他地区增幅相对较小；资产总计方面，七大区域均有较大增幅，其中东南地区、西南地区、西北地区和东北地区增幅超过 20%，长三角地区、中部地区和环渤海地区增幅低于 20%；营业收入和主营业务收入方面，东南地区和西南地区增幅相对较大，中部地区和东北地区则呈现下降，其余三大区域增幅相对较小（见表 2）。

2017 年区域文化产业集聚发展继续保持良好态势，长三角地区、东南地区、环渤海地区继续保持领先优势。2014～2017 年中部地区、长三角地区、西南地区、东南地区均总体呈现下降趋势，西北地区、环渤海地区则呈现整体上升趋势，总体来看，产业集聚发展开始放缓，区域间分布呈现收敛态势（见图 15）。

表 2　2017 年较 2016 年分区域规模以上文化企业主要指标变化情况

单位：%

区域	企业单位数	年末从业人员	资产总计	营业收入	主营业务收入
东北地区	12.39	5.52	21.28	-2.76	-2.63
环渤海地区	8.45	1.29	19.17	2.99	2.48
长三角地区	5.18	0.04	15.23	3.88	3.50
东南地区	11.23	0.86	28.21	10.88	11.39
中部地区	12.83	-0.05	16.29	-3.29	-3.41
西北地区	26.01	14.46	25.66	5.04	4.78
西南地区	17.34	3.69	26.90	8.07	7.66

资料来源：《中国文化及相关产业统计年鉴》（2017、2018）。

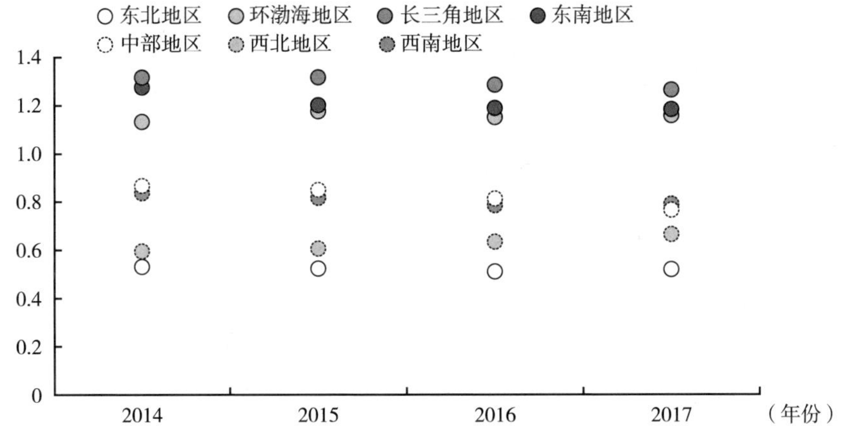

图 15　2014～2017 年分区域区位熵变化情况

资料来源：《中国文化及相关产业统计年鉴》（2015～2018）。

（六）文化产业研发活动持续活跃，区域间差距进一步拉大

区域文化产业研发活动持续活跃，2013～2017 年七大区域规模以上文化制造业有 R&D 企业数均实现增长，西南地区、东南地区、环渤海地区增长较快，均超过全国平均增速；规模以上文化制造业有 R&D 企业数区域间差距较大，长三角地区、东南地区相对较多，东北地区、西北地区和西南地

区相对较少；与2016年相比，2017年七大区域中长三角地区规模以上文化制造业有R&D企业数出现下降，其余六个区域均实现快速增长，增幅均超过19%，其中东南地区和西南地区增长较快（见图16）。

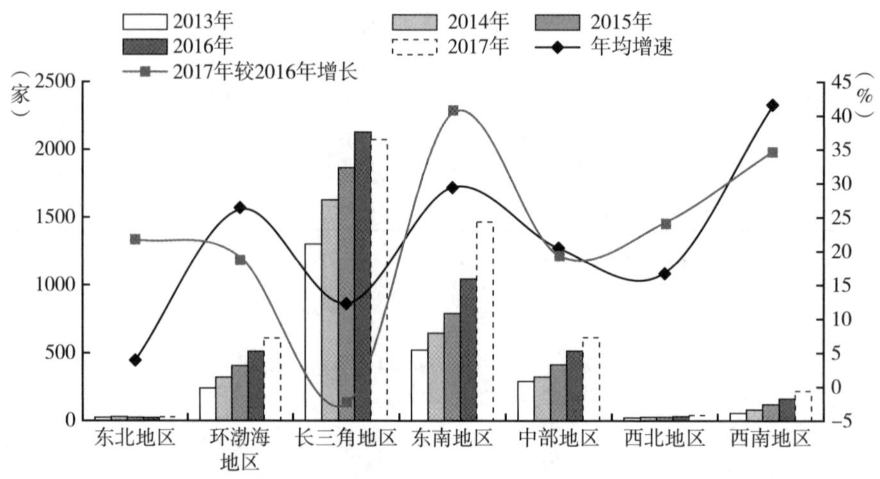

图16　2013～2017年分区域规模以上文化制造业有R&D企业数增长情况

资料来源：《中国文化及相关产业统计年鉴》（2014～2018）。

2013～2017年规模以上文化制造业R&D经费内部支出除东北地区之外，其他六大区域均实现增长，其中西南地区、中部地区、长三角地区和环渤海地区增长较快，均超过全国平均增速；从经费内部支出绝对值来看，区域间差距相对较大，长三角地区、环渤海地区和东南地区相对较高，其他区域相对较低；2017年西北地区、西南地区和东南地区实现大幅增长，东北地区降幅较大，其他区域增幅相对较小（见图17）。

从规模以上文化制造业研发产出来看，区域间差距非常显著。2013～2017年除东北地区以外，其余六个区域规模以上文化制造业有效发明专利数均呈快速增长态势，其中西北地区、环渤海地区增长相对较快；从有效发明专利数绝对值来看，2017年东南地区、长三角地区和环渤海地区相对较多，其余四大区域相对较少；2017年东北地区规上文化制造业有效发明专利数较2016年大幅下滑，西南地区、环渤海地区大幅增长（见图18）。

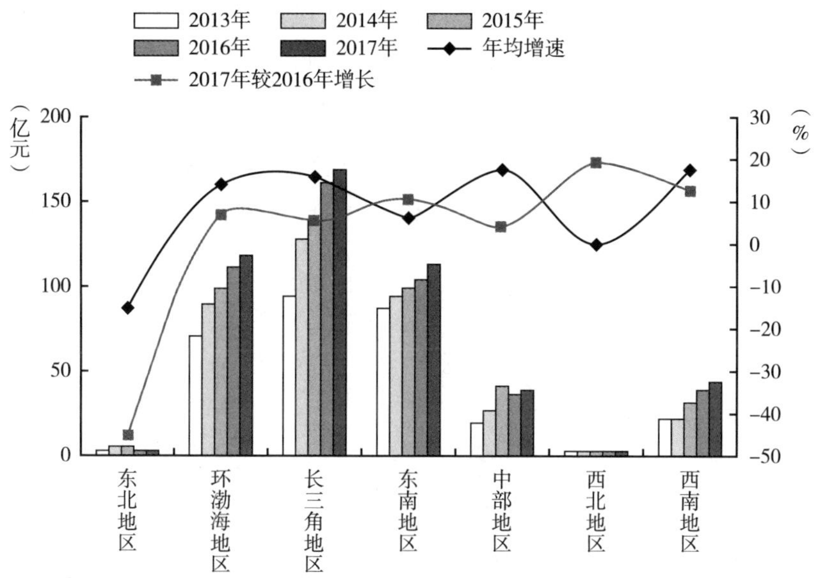

图 17　2013～2017 年分区域规模以上文化制造业 R&D 经费内部支出增长情况

资料来源：《中国文化及相关产业统计年鉴》（2014～2018）。

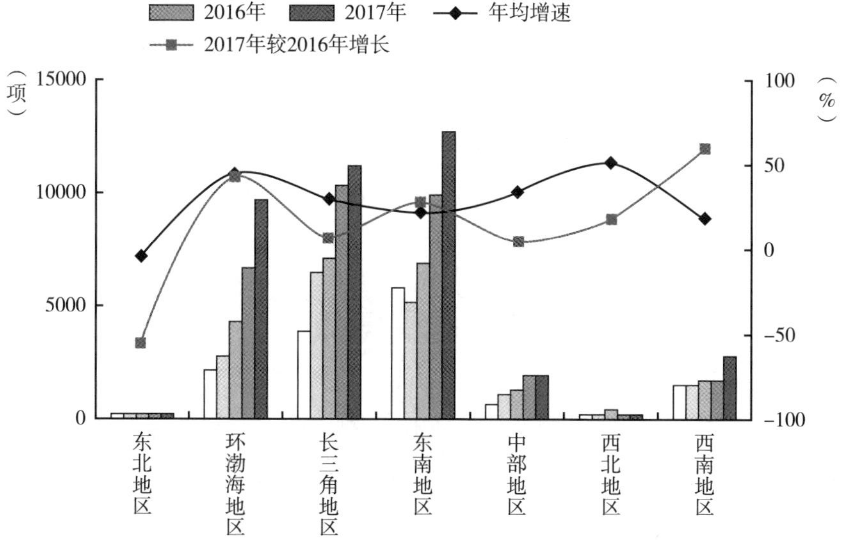

图 18　2013～2017 年分区域规模以上文化制造业有效发明专利数增长情况

资料来源：《中国文化及相关产业统计年鉴》（2014～2018）。

2013～2017 年除东北地区以外，其余六个区域规模以上文化制造业新产品销售收入均实现增长，其中西北地区、东南地区增幅较大；规模以上文化制造业新产品销售收入绝对值区域间差距较大，长三角地区、东南地区和环渤海地区较高，其他四大区域相对较低；2017 年东南地区文化制造业新产品销售收入较 2016 年实现快速增长，而中部地区和东北地区则出现大幅下滑（见图 19）。

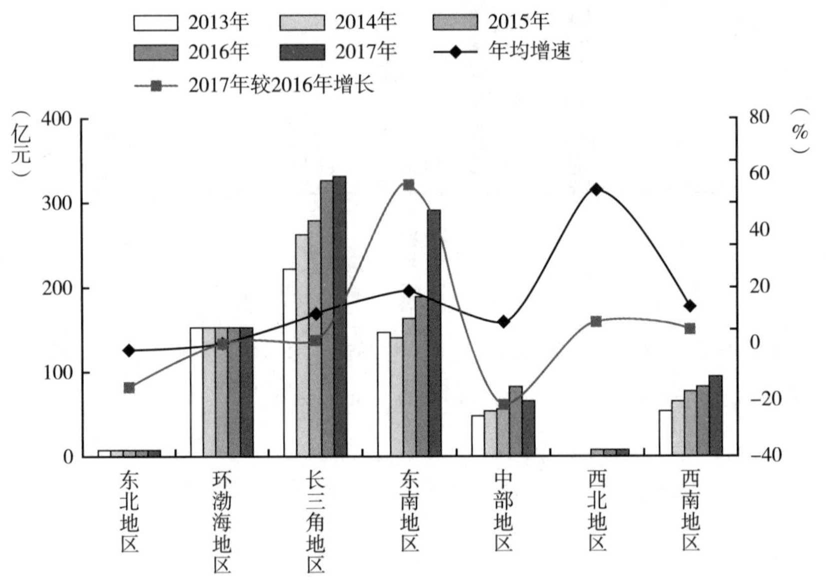

图 19　2013～2017 年分区域规模以上文化制造业新产品销售收入增长情况

资料来源：《中国文化及相关产业统计年鉴》（2014～2018）。

二　发展亮点

“一带一路”、区域协调发展、乡村振兴、自由贸易区建设等国家规划深入实施，互联网、大数据、云计算、区块链、虚拟技术、人工智能等现代科技快速发展和更新迭代，经济社会快速发展和转型，居民文化消费持续扩大和提升，在这些变化和多重力量相互作用所形成的复杂环境中，中国区域文化产业发展呈现新的亮点和特色。

（一）“一带一路”：激活区域文化产业发展新动能

伴随“一带一路”倡议的深入实施，七大区域结合自身资源、产业、地缘、人缘和区位等优势，积极推动与“一带一路”沿线国家的文化合作交流、对外文化贸易，不断提升“一带一路”文化建设水平，助力中华文化更快更好地“走出去”。“一带一路”倡议的深入实施，已成为中国区域文化产业发展的重大引擎和动力。

长三角地区是对外开放的先行者之一，近些年积极融入“一带一路”建设，逐渐形成了领先全国的国家对外文化出口重点企业集群和文化出口重点项目集群，为国际文化贸易、跨国文化企业培育提供了优质土壤。西北地区六省区积极融入“一带一路”建设，同沿线国家和地区共同商建自由贸易区，打造文化产业互联互通服务平台，通过开展丝绸之路国际艺术节、西安丝绸之路国际旅游博览会、丝绸之路（敦煌）国际文化博览会和敦煌丝绸之路国际旅游节等文化活动，加强与“一带一路”沿线各国之间的文化艺术交流。东南地区作为21世纪海上丝绸之路的重要节点，通过开展中国出口商品交易会、中国（深圳）国际文化产业博览会、中国（广东）国际“互联网+”博览会、广东21世纪海上丝绸之路国际博览会、“一带一路”国际跨界文化产业峰会、金砖暨“一带一路”中外会展合作论坛、三亚国际文化产业博览交易会暨“一带一路”非物质文化遗产展、海南岛国际电影节等节庆会展活动，加强了与“一带一路”沿线国家的文化交流与合作，带动了东南地区旅游、交通、餐饮、娱乐等产业发展。西南地区充分发挥与南亚东南亚国家的地缘、人缘和文缘优势，积极推动与“一带一路”沿线国家之间的文化交流合作与文化贸易。

（二）城市集群：催生区域文化产业发展新能量

当下，我国经济发展的基本单位逐步从行政区划升级为带状区域和城市群等地理空间。京津冀城市群、长三角城市群、粤港澳大湾区三大城市群规模经济效应开始显现，基础设施密度和网络化程度全面提升，创新要素快速

集聚。城市群的形成，首先使得资源和市场实现了从零散分布、各自为政向优势空间高效聚合，通过城市间高度关联的信息、交通等要素，资源配置更加优化、市场体系的层次性更为丰富、企业产品覆盖面更容易拓展；其次，城市群的形成打破了单一中心城市孤军奋战的局面，将中心的、超大体量城市的文化生产、文化消费空间有效地在区域范围内拓展开来，甚至深入城市之间的乡镇，带动了区域的协同发展。城市群的形成和发展，为区域文化产业发展催生了新的能量。

京津冀城市群主要以北京、天津等城市为核心，是国家政治经济中心，集聚了大量人才，国家大型文化基础设施建设相对集中，高校人才、科技资源等聚合的资源优势较为突出。京津冀文化产业发展的核心力量是北京、天津等核心城市，在《京津冀协同发展规划纲要》的基础上，京津冀三地签署了《京津冀三地文化产业协同发展战略合作备忘录》《京津冀文化产业协同发展行动计划》，显现出文化产业在城市群发展规划中的重要位置。建立和完善区域文化产业发展协调联动机制，促进区域文化产业竞合有序发展，使得京津冀城市群成为我国文化产业发展最富活力的区域之一。

长三角城市群是以上海、南京、杭州三大城市相互联动，并联合苏州、无锡、镇江、昆山等周边城镇形成的立体互补、多点迸发的城市群格局，文化产业发展凸显与城市群协调一致的格局。上海作为国际化大都市，会展演艺和文化金融服务业发展迅速，南京拥有丰厚的历史文化积淀，杭州拥有良好的文化生态旅游资源，互联网、电商、物流业优势明显，三大城市相互联动，在文化资源、文化产业业态和消费市场方面都形成互补。上海、南京和杭州三大城市的联动网络中还纳入了周边的中小城镇，交通便利，苏州集聚了国际性的高端消费资源，成为高端产品发布会重要城市，而上海东方卫视的热门综合节目则将录制现场放在无锡。创意创新，文化资源整合，文化产品生产、展示、营销的全产业链，在长三角城市群中实现完全的闭环和延伸，多点、立体、互补的产业体系是长三角城市群区域文化产业发展体现出的最大特点。

珠三角城市群以广州、深圳两大城市“双轮驱动”，广州丰富的历史文化积淀和深厚的制造业基础、深圳的高科技行业集聚，使得珠三角城市群在文化制造业、大众休闲娱乐业和数字文化产业等方面体现出蓬勃的发展活力，同时利用粤港澳大湾区的地缘优势，形成相互合作的格局，迅速集聚了众多数字经济企业，资本的力量为珠三角城市群的文化产业发展带来了旺盛的生命力，文化产业新业态迅速在珠三角城市群集聚。

此外，哈长城市群、成渝城市群、中原城市群、北部湾城市群、关中平原城市群、呼包鄂榆城市群、兰西城市群、山东半岛城市群等城市群进一步集聚发展，这些城市群的形成在围绕地方文化资源的优化配置整合、促进在地性文化产业发展、引领城乡联动、促进文化消费和产业发展方面也发挥着重要作用。

（三）文化科技：促进区域文化产业深融合再创新

互联网、数字技术、大数据、云计算、虚拟现实（VR）、增强现实（AR）、多维空间技术、人工智能（AI）、第五代移动通信技术（5G）等新科技在文化领域的广泛应用，促使文化创作、生产、传播、消费发生了颠覆性的创新，催生了文化新产品、新业态、新模式。文化和科技融合成为当前推动文化产业发展的核心动力，从区域来看，基本形成了东部地区研发，中部、西部地区应用的格局。东部地区不断加强和推动云计算、虚拟技术、物联网、软件定义、人工智能、区块链等新一代信息技术与文化产业融合，数字动漫、网络文学、网络游戏、网络视频等新业态呈现快速发展态势；长三角地区、环渤海地区、东南地区逐渐形成了以北京、上海、广州、深圳、杭州为中心的文化科技研发基地，聚集了腾讯、网易、爱奇艺、优酷、阅文、字节跳动等国内知名文化科技企业。京津冀地区借助其经济发展优势，数字文化产业加速布局，积极打造构建以北京为创新核心，天津为综合支撑，河北张家口、廊坊、承德、秦皇岛、石家庄为应用拓展的数字文化产业一体化布局。长三角地区数字创意产业基础良好，国家及地方政府都出台相关政策加以扶持，加之深厚的文化底蕴和强劲的地区经济实力，其在授权专利、研发经费支出方面都处于全国前列。

西南地区、西北地区和中部地区逐渐加强与东部地区合作，加快新技术与文化产业的对接，推动文化产业创新发展。云南与腾讯合作开发建设“一部手机游云南”平台，利用云计算、大数据、人工智能等技术，打造智慧、健康、便利的全域旅游新业态，推动旅游业高质量发展；四川提升信息技术、软件产业、互联网、云计算等科技支撑能力，促进文化与科技深度融合发展，推动出版业加快数字化、网络化转型升级，推动沉浸式演艺产业发展。

（四）特色发展：文化产业助力西部地区脱贫攻坚

西部地区是我国当前脱贫攻坚的主战场，贫困人口相对集中、环境相对复杂，脱贫攻坚任务重、难度大。特色文化产业发展有助于地方文化传承、产业发展、创业就业，能够让当地农民“离土不离乡”就近就业、增收致富，确保贫困人口增收的长效性和持续性；有助于贫困地区的贫困人群增强对自身特色文化的自我觉醒、重新认知与文化自信，有效提高摆脱贫困的内生动力与能力，激发出从根本上铲除贫困的原动力，发展特色文化产业成为西部地区脱贫攻坚、精准扶贫的重要途径。2014 年，文化部、财政部联合印发的《关于推动特色文化产业发展的指导意见》出台以来，国家从财税金融、人才培养、项目扶持、市场推广等层面对中西部地区特色文化产业给予了大力支持，经过五年多的发展，成效逐渐显现。

在藏羌彝文化产业走廊、丝绸之路经济带、“三区三州”旅游大环线建设和推动下，西部地区特色文化产业呈现快速发展态势，其在脱贫攻坚和精准扶贫中发挥了重要作用。藏羌彝文化产业走廊和丝绸之路经济带的建设，推动了西藏、四川、贵州、云南等西南地区，甘肃、青海、新疆等西北地区的演艺产业、文化旅游产业、民族民间手工艺业、节庆会展等特色文化产业发展，促进了西部民族文化资源、地方文化资源的有效利用和价值体现，拓宽了西部地区人民的就业渠道，提高了收入水平，特色文化产业在西部地区的扶贫攻坚过程中发挥了极为重要的作用。西南地区各省区市结合自身特点，制定出台了《云南“十三五”时期文化扶贫工作实施方案》《贵州省文化厅文化扶贫行动计划（2017 ~ 2019）》《四川省文化惠民扶贫专项方案》

《广西 2016～2017 年文化扶贫富民惠民工程实施方案》。在东南沿海和长江中下游、环渤海等地区，民族民间工艺、文化旅游、演艺娱乐、文化创意等特色文化产业的发展也促进了一些经济发展相对滞后的革命老区、资源枯竭型城市、乡村地区的产业结构调整和转型发展，促进了城乡经济的繁荣。

三 发展态势

2018～2019 年，在中国文化产业发展进程中不过是短短两年时间，区域文化产业发展格局没有太大变化。但在现代文化治理体系中，国家层面推动的管理体制、机制的改革，文化和旅游的融合，以 5G 商用为代表的现代数字技术在文化生产、贮存、分配和消费端的运用，以及城市群的发展，将会从文化生产方式、产业发展内生动力、文化消费与文化产业发展环境三个维度对 2020～2021 年中国区域文化产业的发展产生重大影响，2020～2021 年中国区域文化产业将呈现以下发展态势。

（一）文化和旅游融合将促进新一轮区域文化产业的竞合发展

文化与旅游的融合，不仅是国家深化文化体制改革进程中“使市场在资源配置中起决定性作用和更好发挥政府作用”，发挥“看不见的手”和“看得见的手”两种力量，促进市场作用和政府作用有机统一、相互补充，共同推动促进文化和旅游产业持续健康发展的重大举措，也是社会、经济发展到一定阶段，人类最直接、最具体的生存方式发生了质的变化，地方与全球、传统与现代、复制与定制、时间与空间的复杂关系碰撞叠压过程形成的创造性实践。复杂多样、快速迭变和不确定性的文化生活，必然带来文化旅游消费的非理性发展和与相关产业的跨界融合。

2018 年下半年文化和旅游部挂牌，2019 年各省（区、市）相继完成文化和旅游两大部门的机构合并，开始从完善管理体制、推动文化和旅游融合发展的机制角度，促进文化和旅游的融合，体制机制改革的红利在 2019 年尚未发酵，尚未在区域产业发展中完全显露出来。2020～2021 年，随着文化和旅游融合，广电、新闻、出版和网络由宣传部系统管理，中国文化生态体系、文化生产系统将会对区域文化产业的结构、业态和发展路径以及统一市场条件下的竞合发展产生重大影响。具体可能会在以下三个方面呈现：第一，涉及社会影响面大的文化艺术内容的生产、传播准入门槛将会进一步提高；广电、影视、出版、报业等内容生产的产业规模、增加值不会有大幅度的增长，产业集聚将更加凸显，环渤海、长三角两个区域将依托其基础设施、国有文化产业集团和政策红利，成为广播影视、新闻出版产业的集聚区，竞争力更加明显。第二，文化和旅游的融合将促进大众文化消费市场的变化，带动文化和旅游新兴业态的发展，为中西部地区特色文化产业发展带来红利；地方文化、历史文化、民族文化和生态文化资源在保护基础上的活化将催生文化旅游新的展演型产品、体验型产品，文化创意与地方特色经济的融合发展将迈上新台阶；城市博物馆、主题公园、科技馆、历史文化街区等良好的公共文化服务体系将引发城市文化旅游的快速发展，环渤海、长三角和东南地区城市文化资源将引领文化旅游的发展，都市文化旅游将成为区域文化产业新的增长点。第三，区域文化产业新的生态系统将使得不同区域之间的差异化竞争更加明显，区域文化产业的不平衡将会进一步凸显，国家和地方需要在体制机制改革的过程中积极应对新的文化生态系统，启动必要的政策调适机制，出台相关政策、措施，在完善文化生态系统的基础上，调适区域文化产业之间可能出现的不平衡和差距进一步拉大的问题。

（二）数字技术、互联网和5G商用将进一步推动区域文化产业的两极化发展

围绕5G技术商用引发的2019年中美贸易摩擦，既是全球化时代国家利益的博弈，也是科技与文化融合互动引发的全球新文化创意生态的重构。新文化创意生态系统的重构，势必引发全球视阈下北美、欧盟、亚洲地区不同区域文化产业发展格局的改变，也将对中国区域文化产业的竞合发展产生重大影响，引发系列变化。从中国的宏观区域格局看，东部环渤海、长三角和东南地区文化与科技的融合将会促进新的文化业态占领主流市场，

如网络剧、短视频、手游、动漫、电子竞技等。5G 技术与移动终端技术的快速迭变，超级数字平台企业的内容集聚，引发的“平台＋新业态＋市场拓展”，将进一步改变文化产品的分配、消费和商业模式，培育新生代消费群体，创生文化消费方式，拓展产业发展的空间。基于此，东部三大区域相关产业的规模会不断扩大，发展速度也将加快，与中西部地区的差距进一步拉大。

中产阶层迅速崛起，城乡居民文化生活诉求迅速提升，将进一步促进大众文化消费全面渗透到日常生活之中，大众文化成为日常生活的有机组成部分，大众文化具有的“属性的商品化、传播的媒介化、制作的标准化、审美的日常化娱乐化、区位的时尚化”的文化特征，将成为影响当代文化艺术、促进地方民艺审美范式转化的重要力量。数字技术对中西部地区的影响将主要体现在以文化和旅游的融合、文化旅游营销和文化旅游服务体系建设、促进文化和相关产业的融合、实践生产生活器具为主体的地方工艺美术产品的创新、展演型文化旅游演艺产品的转型、地方和民族文化展示与体验的升级等方面。5G 和虚拟现实（VR）、增强现实（AR）、人工智能（AI）等新技术在文化旅游产品生产和营销中的运用，将促进在地性文化产品与服务向数字产品与服务转化，加强市场的监管，有效提升服务能力。数字技术的全面应用，在拉动地方文化旅游转型升级、提质增效，促进地方经济可持续发展方面将发挥更重要、更显著的作用。

（三）影响要素多元化将导致区域间、区域内、中心和边缘之间文化产业竞合发展的变化更加复杂

区域经济发展不均衡带来的不同区域之间公共文化基础设施、文化产业发展整体水平的差异，还将成为影响区域文化产业在规模、发展方式、产业增加值和发展空间方面体现更多复杂性的重要因素。大众审美潮流的变幻莫测以及全球人际流动、消费搬动给区域文化产业带来了新的发展机遇，劳动密集型的手工艺产业，在现代工业、数字技术下的复制、定制生产，为地方文化资源转化为文化创意产品和服务提供了新的发展平台。区域文化消费水

平的提升、区域文化的变迁，以及民族、族群、多元社会层级和城乡居民文化消费偏好的进一步凸显，都将构成区域文化生产更大的差异性。影响区域文化产业竞合发展的因子更加复杂，将引发区域之间、区域内和区域中心与边缘更加复杂的变化。

区域与区域之间尽管在竞争力格局上没有发生大的变化，影响区域文化产业竞争力的核心因子也没有太大的变化，但在产业规模和产业发展的路径、产业结构、产业类型、产品质量和服务方式上会有较大的差异。环渤海地区依托政治文化经济中心，其文化产业发展要素齐备，拥有良好的产业发展整体环境，在文化内容的生产、产业集聚、文化创意集聚区方面的核心聚集地位将进一步得以巩固。长三角地区依托良好的文化发展氛围和城市群多元互补的优势，在文化创意、展演、对外文化展示、国际文化贸易方面的活力将进一步得到凸显。东南地区依托科技、创新力量，将进一步引领新兴文化业态、现代文化生产体系和现代服务平台的创生、融合与发展。中西部地区在文化和旅游融合、新型城镇化、乡村振兴和区域产业结构调整的大环境下，文化产业发展的整体环境将进一步向好，其发展路径趋于相似。影响区域文化产业发展的因素除了区域经济发展水平、本土文化消费市场等主要因子外，气候环境、公共服务体系、文化旅游基础设施、从业人员服务意识和素质等也成为影响其产业发展的因素。受气候环境、人口外流、产业发展基础等因素的影响，中西部四大区域将呈现中部地区和西南地区相对活跃、创新能力提升、规模和发展速度加快的态势；东北地区和西北地区则呈现整体发展相对稳定、规模和创新能力相对不足的态势。

全球化、现代科技与新型城镇化的发展，势必影响区域内中心和边缘、省域之间的竞争和差异化发展。环渤海区域中心与边缘产业发展之间差距拉大，中心集聚、联动边缘的格局还将维系。长三角地区上海、南京、杭州等大城市引领竞合发展，不同层级城市文化赋能，三足鼎立、层级发展的格局将进一步凸显。东南地区两城对峙、点状环绕、叠加港澳，市场更趋活跃，创新能力将得到进一步激发。中部地区和西北地区、东北地区的省域层面发展方式各自不同，规模不一，竞合发展态势不强，中心与边缘产业发展差距较大，中心散点并行发展格局不会有较大变化。西南地区在中心散点并行发展的格局下，省域层面的竞争明显，四川、重庆、云南、贵州依托内外两个市场，挖掘各自的文化资源，发挥各自的优势，形成竞合发展的格局。

（四）全面融合创新发展将多方位多层次拓展区域文化产业发展的空间

在国家产业转型升级、完善经济发展方式、新型城镇化、乡村振兴以及国家现代社会治理的进程中，文化产业渗透性、融合性强的特征已然被政府、社会、企业和文化创意阶层、文化生产者认可，为产业发展所明证。文化和旅游部的组建、现代科技的快速发展、相关产业的提质增效、新型城镇化进程等重大变革和变化，将在国家现代社会治理体系建设中体现到现代文化治理的方方面面。文化产业与公共文化服务的边界将更加模糊，博物馆、图书馆、科技馆、历史文化街区等不仅是城市公共文化服务的内容、城市公共文化空间，也成为城市文化旅游、演艺产业、文博服务、文化体验等的产品和服务。文化旅游综合服务体，景区、景点也将成为满足地方民众精神文化需求的公共文化产品。

文化创意、现代科技与地方特色经济、产业的融合，将有效提升地方特色经济产品的创意附加值和科技附加值，文化赋能、科技赋能将进一步延展地方特色经济的产业链，培育诸如设计、包装印刷、工业体验、庄园经济、茶文化、花文化、饮食文化和手工艺等创新型业态和特色文化产业业态，将为乡村振兴、农村脱贫致富，提供大量就业岗位。文化产业的边界将更加模糊，文化产业的功能、价值在区域经济、政治、文化、社会和生态文明“五位一体”发展中的功能和作用将会更加明显。

从2004年到2018年我国文化产业统计指标体系做了三次大的调整，2004年第一次统计指标体系的确立，参照了联合国教科文组织关于文化的定义，确定了文化产业核心层、外围层和关联层三个层级的统计指标；2012年将文化产业定义为“提供文化产品生产与服务”，2018年又在2012年版本的基础上对具体业态做了调整，形成了目前9个大类、43个中类、146个小类。三次统计指标体系的调整，顺应中国文化产业发展的态势，推动了中国文化产业的发展。但是，面对新时代文化和旅游的融合、现代科技与文化产业的融合、文化产业与相关产业的融合等更为复杂的局面，尊重文化产业的发展规律，凸显文化产业发展中个体、中小企业、民营文化企业以及社会文化组织的作用，强调文化产业为社会解决就业、带动其他社会效益的实现等理念应当在统计指标中得到体现。实时调整文化产业的统计指标体系，完善对个体、中小企业和就业等社会效益的统计，依托地方政府、行业协会和研究机构，充分运用大数据、云计算，构建新的文化产业数据采集、统计分析、追踪评估机制，将会促进中国区域文化产业的协调发展。

2019 年初，中央召开的深改会强调“经济体制改革是全面改革的重点，核心问题是处理好市场与政府的关系，使市场在资源配置中起决定性作用和更好发挥政府作用”。在市场这只“无形的手”的推动下和政府的引领下，中国区域文化产业的迭代更新、转型发展将呈现更为复杂的态势。文化与旅游的机构合并很大程度上为文化与旅游、文化与科技、文化与相关产业融合发展创造了政策红利，但从国家到区域再到省域，各层面目前的机构合并未从根本上打破传统的“竖井式”管理体制和运行机制。要更好地发挥政府引领的作用，不仅需要在机构设置上改革，更需要突破各级政府在观念上的桎梏，改革创新“让市场真正发挥决定性作用”涉及的重要领域和关键环节，减少行业部门管理融合过程中的“扯皮成本”，提升政府在推动文化产业发展中资源配置的能力，相信中国区域文化产业在新时代将会有更好的发展。

区 域 篇

Regional Reports

B.2
环渤海地区文化产业发展报告（2019～2020）

杨传张　张晓丹*

摘　要： 环渤海地区文化产业发展基础较好，增速平稳。文化产业固定资产投资稳步增长，结构持续优化，创新能力较强。规模以上文化企业数量、R&D活动文化企业数占规模以上文化企业总数的比重、单位R&D项目资本投入等反映区域文化产业创新能力的数据均在全国占据领先地位。随着京津冀一体化战略、雄安新区等国家重大项目的布局实施，环渤海地区文化产业协同发展趋势不断增强，在政策和制度创新方面不断探索，高端产业集聚能力不断提升。

* 杨传张，中国传媒大学博士研究生，主要研究方向：文化产业、文化政策。张晓丹，北京观恒文化发展研究院助理研究员，主要研究方向：文化产业、文化政策。

关键词： 文化产业 产业集聚 区域发展战略 环渤海地区

环渤海地区是指以首都北京为中心，包括河北、天津和山东范围内的地区。环渤海地区地处华北要地，依托北京“政治中心、文化中心、国际交往中心、科技创新中心”的区位优势，拥有较好的人才、资本、技术等要素条件。2017年，环渤海地区文化产业增加值为7439.5亿元，占GDP比重为4.79%，2014～2017年环渤海地区文化产业增加值年均增速为11.00%，文化产业总体呈现平稳发展态势。

一 环渤海地区文化产业发展现状

（一）区域文化产业发展平稳，年均增速低于全国水平

2014～2017年，环渤海地区各省市文化产业呈现平稳发展态势，文化产业增加值由2014年的5439.6亿元增加到2017年的7439.5亿元，占GDP比重由2014年的4.32%提高到2017年的4.79%。2014～2017年，环渤海地区文化产业增加值年均增速达到11.00%，高于同期地区生产总值（GDP）7.30%的年均增速，但低于同期全国文化产业12.27%的增速。根据当前发展态势，预计2018年环渤海地区文化产业增加值将超过8257.85亿元，占GDP比重预计为4.96%。

分省市来看，北京、山东文化产业发展位居环渤海地区前列，2017年，北京、山东文化产业增加值分别达到2700.4亿元、3018.0亿元，占GDP比重分别为9.64%、4.15%。2014～2017年，北京年均增速达到16.78%，呈现快速发展态势，山东以11.38%的年均增速紧随其后。河北文化产业增加值总量较北京和山东低，但仍然保持9.12%的较高年均增速。天津文化产业增加值较其他三省市差距较大，年均增速为－4.52%，呈现负增长情况（见图1）。

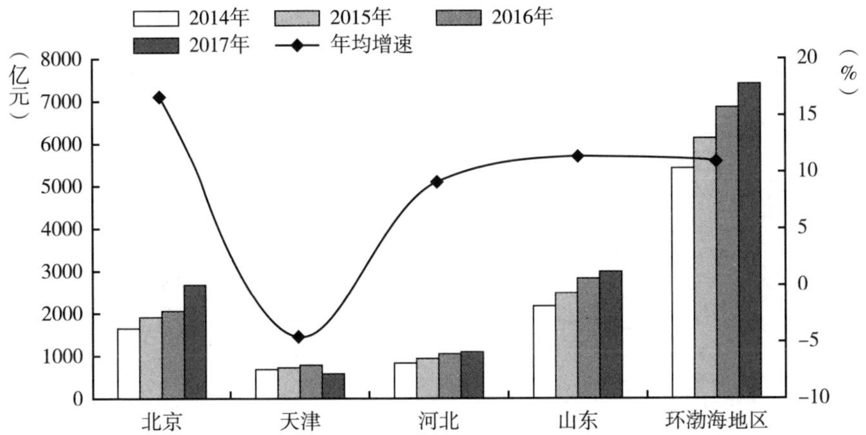

图1　2014～2017年环渤海地区文化产业增加值及占GDP比重情况

资料来源：《中国文化及相关产业统计年鉴》（2015～2018）。

（二）人均文化产业增加值呈上升趋势，产业集聚度有升有降

环渤海地区人均文化产业增加值呈现增长态势，2014～2017年年均增长率为10.28%。分地区来看，北京增长最快，年均增长率为16.43%，山东、河北年均增长率紧随其后，天津呈现下降趋势，年均增长率为-5.35%（见图2）。

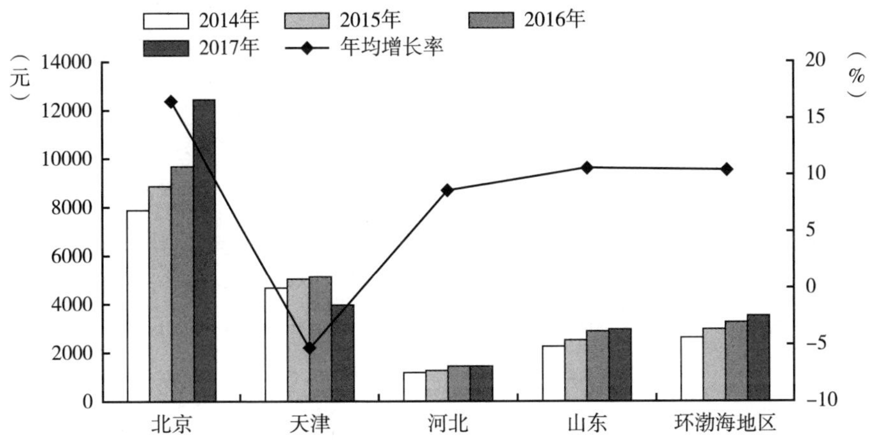

图2　2014～2017年环渤海地区文化产业人均产出情况

资料来源：《中国文化及相关产业统计年鉴》（2015～2018）。

2014～2017年，环渤海地区劳均文化产业增加值总体呈下降趋势（年均增长率为－4.58%），其中北京、河北、山东的下降幅度较大，天津的劳均文化产业增加值呈上升趋势，为2.77%（见图3）。

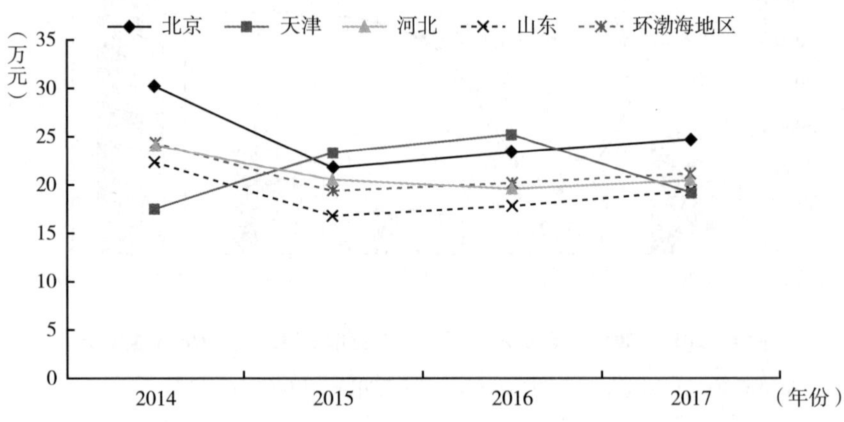

图3　2014～2017年环渤海地区文化产业劳均产出情况

资料来源：《中国文化及相关产业统计年鉴》（2015～2018）。

产业集聚是当前衡量文化产业发展的一项重要指标，2014～2017年，环渤海地区文化产业集聚发展（除北京外）总体呈下降态势。分地区来看，2014～2017年，北京文化产业集聚程度先降后升，文化产业专业化程度也随之提高；天津、河北和山东产业集聚程度都处于下降趋势（见图4）。

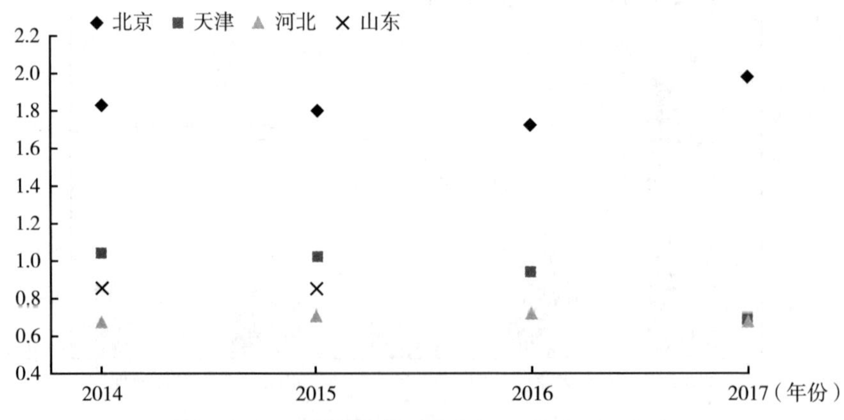

图4　2014～2017年环渤海地区文化产业区位熵

资料来源：《中国文化及相关产业统计年鉴》（2015～2018）。

（三）文化产业结构持续优化，文化服务业比重显著提升

环渤海地区文化产业法人单位资产总计分行业构成由2013年的22.46∶14.03∶63.51调整为2017年的15.91∶9.13∶74.96，文化服务业比重显著提升，文化制造业比重显著下降，文化批零业比重小幅下降（见图5）。

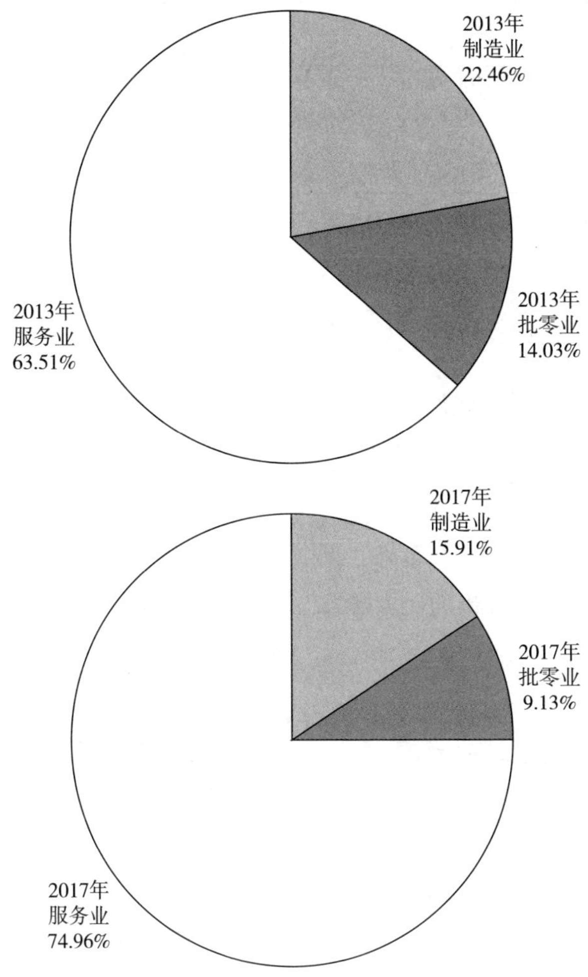

图5　2013年与2017年环渤海地区文化及相关产业法人单位资产总计分行业构成对比

资料来源：《中国文化及相关产业统计年鉴》（2014、2018）。

分地区来看，环渤海四省市文化制造业占比均呈下降趋势，文化批零业占比都有不同程度的下降；四省市文化服务业占比增幅较大，北京、天津服务业占比已超过80%，河北、山东服务业占比也均在60%以上（见表1）。

表1　2013年与2017年环渤海地区文化及相关产业法人单位资产总计构成情况

单位：%

地区	2013			2017		
	制造业	批零业	服务业	制造业	批零业	服务业
北京	5.07	18.82	76.11	3.13	9.72	87.15
天津	19.08	10.85	70.07	9.17	8.30	82.53
河北	38.39	12.08	49.54	22.97	9.11	67.92
山东	37.55	11.02	51.43	31.07	8.75	60.17

资料来源：《中国文化及相关产业统计年鉴》（2014、2018）。

（四）居民文化消费增长缓慢

环渤海地区居民文化消费呈现缓慢增长态势，全部居民平均文化消费支出由2013年的614.1元提高到2017年的865.8元，年均增长率达到8.97%。分地区来看，2013～2017年，北京、山东的居民文化消费支出先升后降，天津、河北都呈现出稳步增长态势（见图6），环渤海地区居民人均文化消费支出占居民人均消费总支出的比重增长总体缓慢，甚至有下降趋势（见图7）。

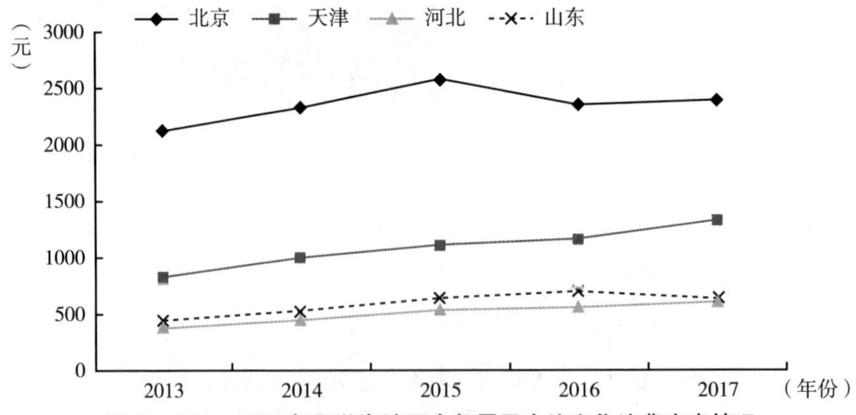

图6　2013～2017年环渤海地区全部居民人均文化消费支出情况

资料来源：《中国文化及相关产业统计年鉴》（2014～2018）。

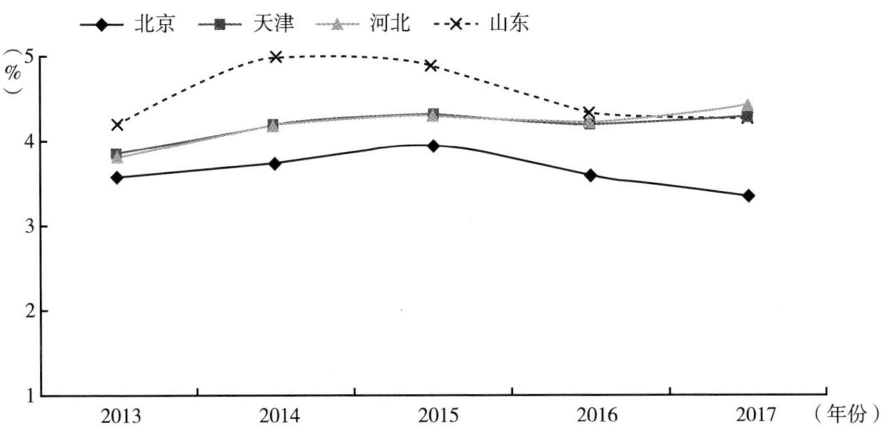

图7　2013～2017年环渤海地区居民人均文化消费支出占居民人均消费支出比重情况

资料来源：《中国文化及相关产业统计年鉴》（2014～2018）。

分城镇和乡村来看，环渤海地区四省市城镇、乡村居民文化消费支出都呈现整体增长态势。从城镇与乡村对比来看，北京城市和乡村居民文化消费比仍然较大，天津、河北、山东城镇和乡村居民文化消费比变化不大（见图8和图9）。

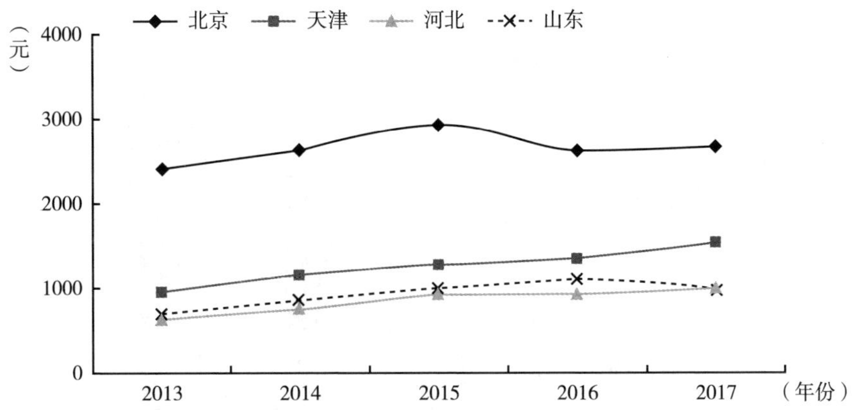

图8　2013～2017年环渤海地区城镇居民人均文化消费支出情况

资料来源：《中国文化及相关产业统计年鉴》（2014～2018）。

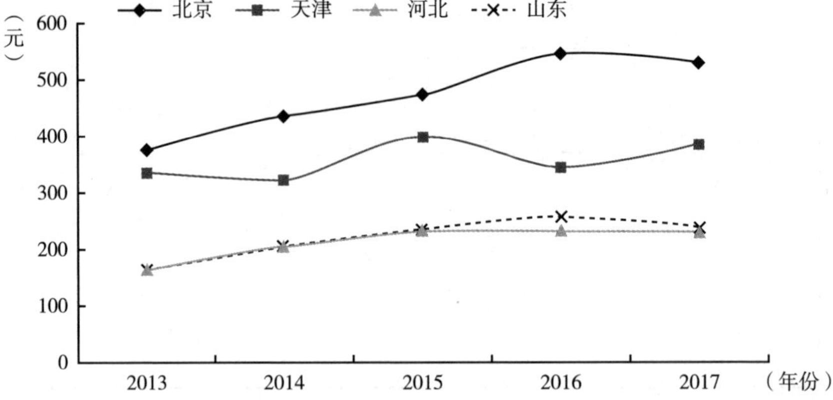

图 9　2013 ~ 2017 年环渤海地区乡村居民人均文化消费支出情况

资料来源：《中国文化及相关产业统计年鉴》（2014 ~ 2018）。

（五）文化产业固定资产投资稳步增长，占全社会比例相对平稳

环渤海地区文化及相关产业固定资产投资稳步增长，由 2013 年的 4205 亿元增加到 2017 年的 7273 亿元，年均增长率达到 14. 68%。分地区来看，河北 2017 年文化及相关产业固定资产投资增长较快，北京、天津、山东均呈现平稳增长态势（见图 10）。

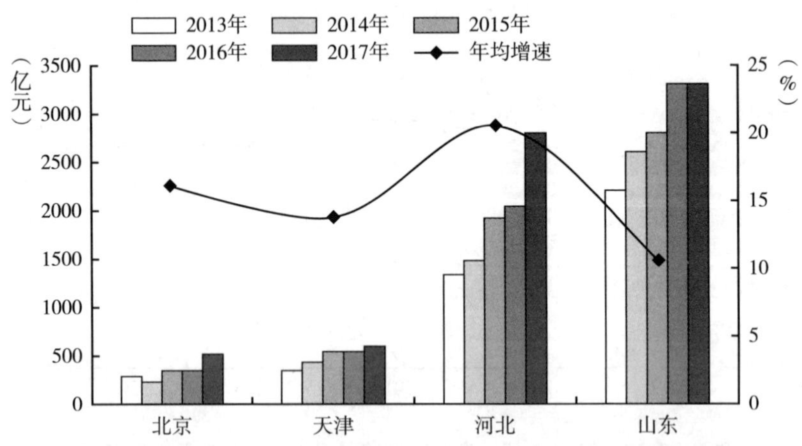

图 10　2013 ~ 2017 年环渤海地区文化及相关产业固定资产投资情况

资料来源：《中国文化及相关产业统计年鉴》（2014 ~ 2018）。

从文化及相关产业固定资产投资占全社会固定资产投资比重来看，环渤海地区从2013年到2017年占比维持在5.5%左右，相对平稳。北京和天津有小幅增长，山东基本维持原状。其中，河北占比较高，2017年已经达到8.4%（见图11）。

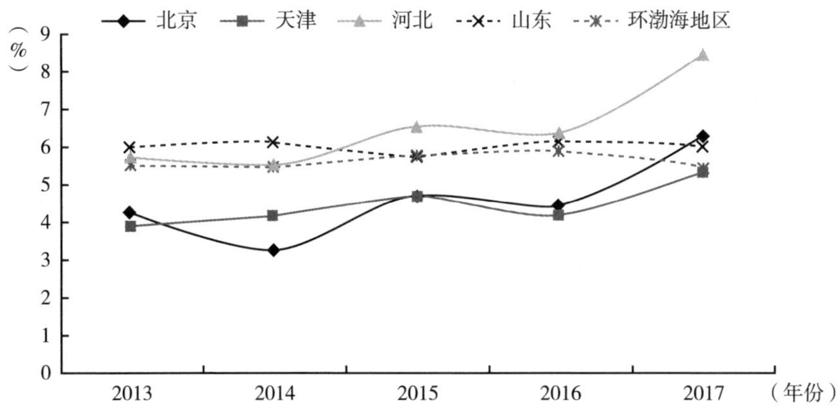

图11　2013～2017年环渤海地区文化及相关产业固定资产投资占全社会固定资产投资比重

资料来源：《中国文化及相关产业统计年鉴》（2014～2018）。

（六）文化企业规模与收益持续增长，带动就业能力显著

环渤海地区规模以上文化企业总数从2013年的9043家增加到2017年的11401家，增长了26.08%，其中河北、山东增长较快，增幅分别达到78.83%、48.44%，北京、天津增长幅度较小，分别为0.33%、3.41%。河北、山东规模以上文化企业总数增长较快，北京在良好发展基础上，规模以上文化企业的数量增长较为缓慢，天津局限于较小的区域，规模以上文化企业增加数量较少（见图12）。

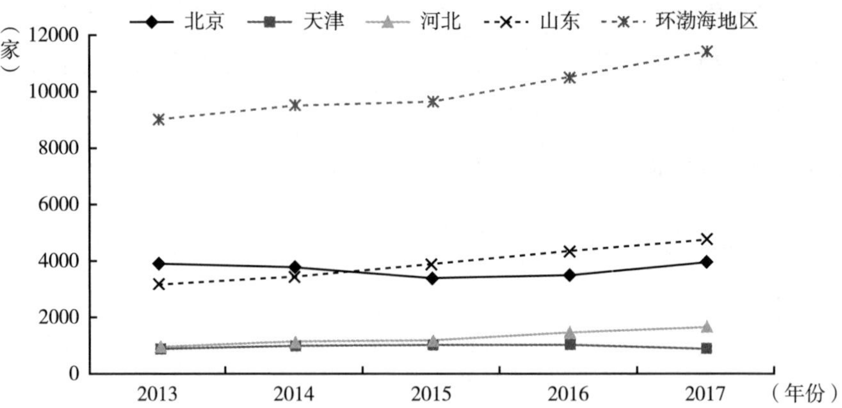

图 12　2013～2017 年环渤海地区规模以上文化企业数量增长情况

资料来源：《中国文化及相关产业统计年鉴》（2014～2018）。

2013～2017 年，环渤海地区文化企业主营业务收入、资产总计都呈现较快增长，其中主营业务收入、资产总计年均增长率分别达到了 12.95% 和 20.78%。环渤海地区文化产业带动就业进一步提高，年末从业人员数虽然 2013 年到 2017 年年均增长率为 6.46%，但是带动就业人数的总量较大，2017 年已经超过了 350 万人（见图 13）。

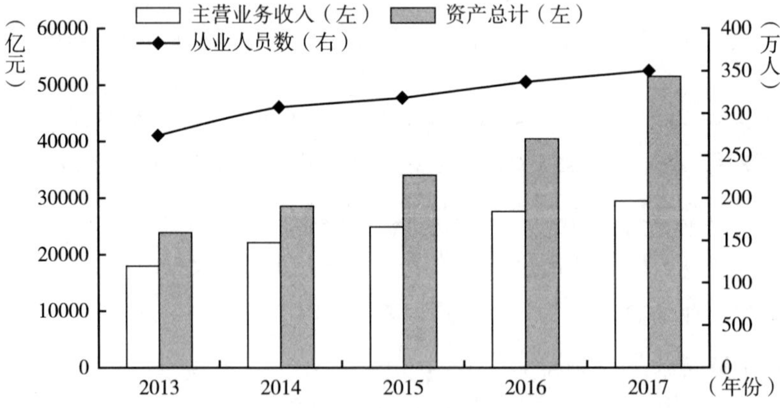

图 13　2013～2017 年环渤海地区文化产业法人单位经营情况

资料来源：《中国文化及相关产业统计年鉴》（2014～2018）。

（七）文化产业研发持续活跃，市场转化效果显著

环渤海地区规模以上文化制造业企业的研发投入保持持续增长态势，2013～2017年，有R&D活动文化企业数和研发自筹投入资金规模年均增长率分别达到26.13%和14.14%（见图14）。

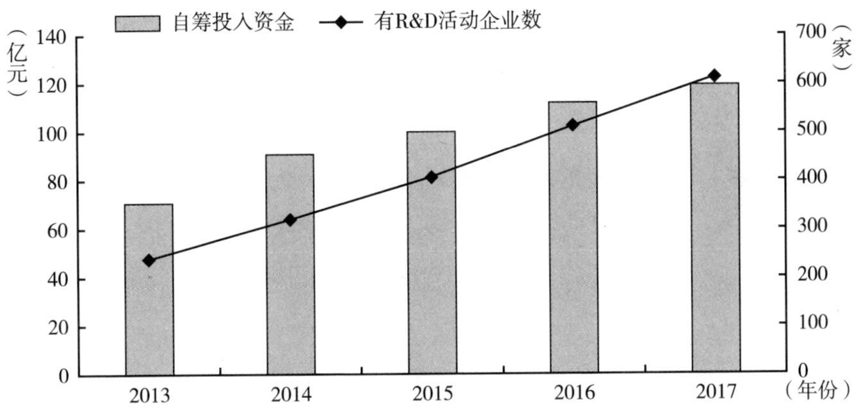

图14　2013～2017年环渤海地区文化研发投入情况

资料来源：《中国文化及相关产业统计年鉴》（2014～2018）。

2013～2017年，环渤海地区有R&D活动文化企业数占规模以上文化企业总数的比重总体呈现平稳增长态势，除天津呈下降态势外，北京、河北和山东均呈增长态势（见图15）。

从单位R&D项目资本投入情况来看，环渤海地区由2013年的291.13万元提高到2017年的396.63万元，年均增速高达8.04%，但分地区来看，山东单位R&D项目资本投入最多，河北2017年单位R&D项目资本投入大幅减少，北京、天津单位R&D项目资本投入呈稳定增长态势（见图16）。

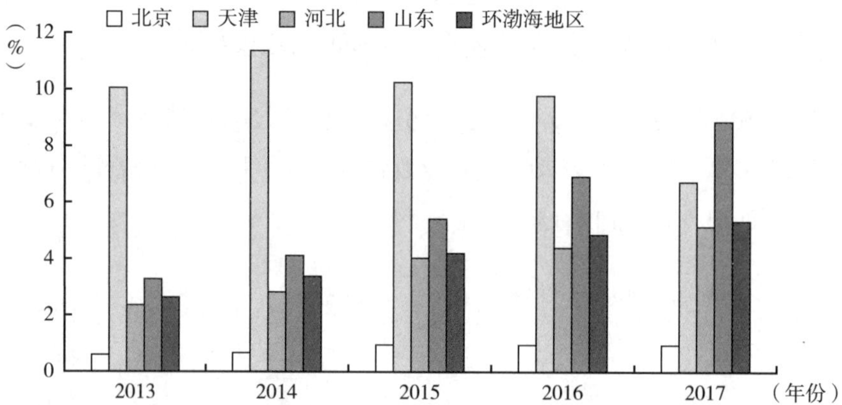

图15　2013～2017年环渤海地区有R&D企业占规模以上文化企业总数比重情况

资料来源：《中国文化及相关产业统计年鉴》（2014～2018）。

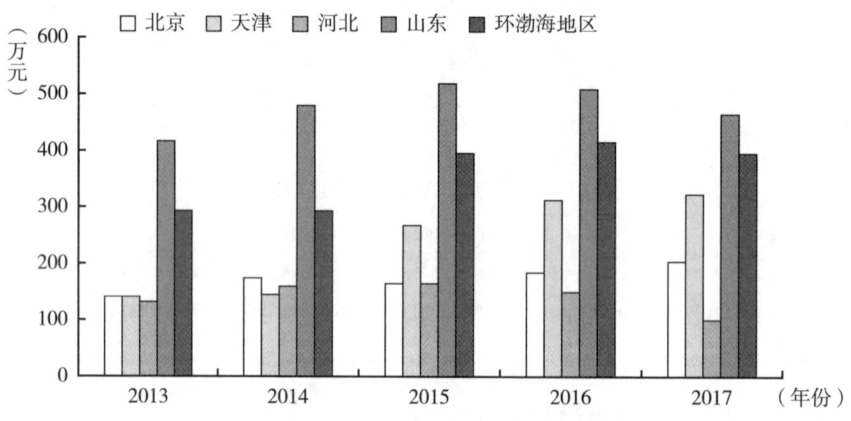

图16　2013～2017年环渤海地区单位R&D项目资本投入情况

资料来源：《中国文化及相关产业统计年鉴》（2014～2018）。

2013～2017年，环渤海地区有效发明专利数增长较快，年均增长率为42.97%，文化制造业新产品销售收入增长率较低，为0.47%（见图17）。

从各省市来看，山东文化制造业新产品销售收入在环渤海地区占比较大，达到73.4%，其他省市占比相对较小。从年均增速来看，北京增长相对较快，增速达13.4%，河北和山东增速缓慢，天津则下降明显，年均增速为-14.77%（见图18）。

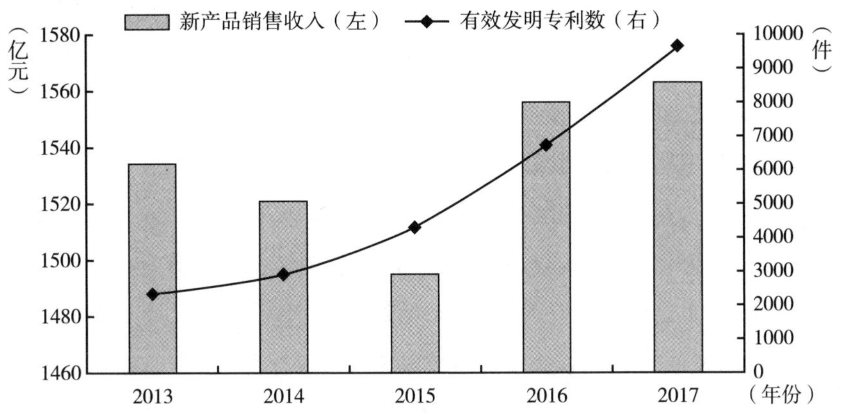

图 17　2013～2017 年环渤海地区文化研发产出情况

资料来源：《中国文化及相关产业统计年鉴》（2014～2018）。

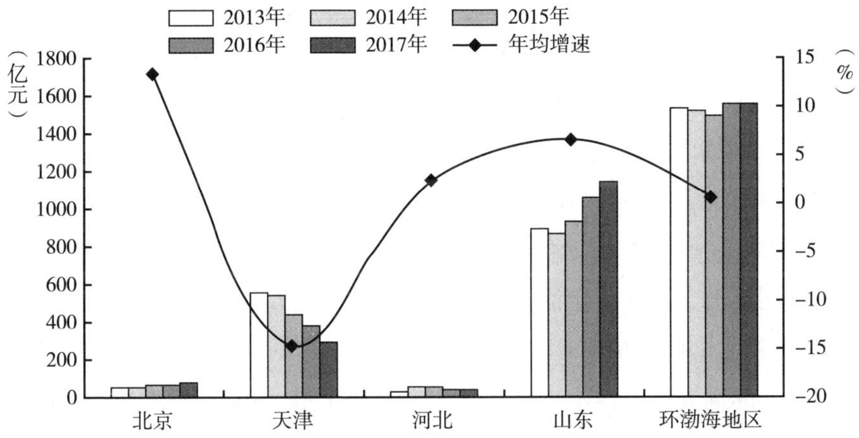

图 18　2013～2017 年环渤海地区文化制造业新产品的销售收入情况

资料来源：《中国文化及相关产业统计年鉴》（2014～2018）。

二　环渤海地区文化产业发展热点

（一）重大区域战略推动环渤海地区协同发展

近年来，环渤海地区区域协同发展趋势明显，实施了较多重大区域发展政策，对地区文化联动发展起到重要推动作用。从国家级的区域政策来看，为了疏解北京非首都功能，京津冀协同发展战略、雄安新区建设、北京城市副中心建设等战略举措逐步实施，大运河文化带、“一带一路”等重大政策贯彻落实，京津冀三地文化协同发展举措也不断开展，签署了一系列框架合作协议，例如《京津冀三地文化领域协同发展战略框架协议》《京津冀三地文化人才交流与合作框架协议》《京津冀演艺领域深化合作协议》《京津冀文化文物单位文化创意产品开发合作协议》《京津冀三省（市）群众艺术馆（中心）协同发展合作协议》《京津冀动漫游戏产业“一带一路”走出去战略合作平台》《京津冀文化和旅游协同发展战略合作框架协议》等。

从实践来看，首先，在延续区域文脉、促进文化相融方面，京津冀在签署一系列战略框架协议的基础上，正在合作开展大运河文化带、长城文化带、西山永定河文化带建设，构建三地长城保护、运河航道等文化遗产保护协调合作机制。特别是在雄安新区文物保护工作上，河北和北京重点文保单位联合成立雄安新区联合考古队，共同实施雄安新区文物的考古调查。其次，在公共文化服务建设方面，积极实施共建共享策略。北京市朝阳区、天津市和平区、河北省唐山市等十一地共建“京津冀公共文化服务示范走廊”，共同推动三地在文化活动举办、文化设施建设，以及文化人才、公共文化资源和文化管理机制建设等方面共建共享。同时，建立“京津冀演艺联盟”，共同推动剧目演出、信息交流、剧场统筹、推广营销和融资创业平台建设，在三地剧场、院团、经纪方面形成联动机制，联合打造精品演艺剧目。最后，在文化和旅游发展方面，三地在文化和旅游投融资渠道、文化和旅游项目招商引资、京津冀文旅试点示范区建设、文旅品牌建设方面重点发力。同时，在文旅信息互通、文旅交通服务网络体系、文旅服务规范与质量标准体系、诚信体系、联合执法等方面也将进行实质性的突破。①

---

① 《京津冀签署协议　加快推进三地文化和旅游产业发展》，河北新闻网，https：//www. baidu. com/link？url = mUroL31nmvLMeI3SnX12e0RrDRCOdZ73aQcv6NnZ3Oq215pMuN0 hl9X_ FNEUskcKtjsWw0LhCzJu5moIfLydEkMrNIdgnVXOfRot2hMlEP_ &wd = &eqid = d16ec82c 0023930a000000035db1472e，最后访问时间：2020 年 3 月 13 日。

（二）扩大开放政策提升高端产业集聚能力

环渤海地区是我国经济发展水平相对较高，且区域条件相对优越的地区，近年来在扩大产业开放程度、努力提升高端产业集聚能力、推动产业持续优化升级等方面持续发力。天津和河北分别建立了自贸试验区，北京也在积极实施服务业扩大开放综合试点工作。其中，河北自贸试验区在创新服务国家战略、促进高端产业开放发展、集聚高端要素上亮点突出，对于积极承接非首都功能疏解、京津科技成果转化，落实京津冀协同发展战略和高标准建设雄安新区具有重要意义。[①] 天津自贸试验区借助港口贸易优势，其重点是对标国际投资和贸易规则，推进先进制造业和金融等开放，构建开放型经济新体制，建设京津冀协同发展的示范区。北京服务业扩大开放综合试点则在不断优化国际交往软硬环境、营造一流的创新创业生态、构建京津冀协同开放格局等基础上，进一步扩大文化行业的对外开放。而山东则是以新旧动能转换和文化强省战略等重大工程的实施，不断推动文化产业结构的升级。如济宁以国家文化产业示范园区为抓手，策划了以尼山圣境为代表的一批引擎项目。老工业城市淄博积极发展以工业旅游为特色的陶瓷文化创意园。潍坊则是以风筝会、中国画节、青州花博会、高密红高粱文化艺术节、昌乐宝石节等众多文化节会作为着力点，着力发展文化会展经济。

由于环渤海各地区发展基础和优势不同，其扩大开放、推动产业升级的重点和特色也有所侧重。总体来看，北京重在从具体行业经营方面，扩大开放经营领域，据统计，北京2017～2018年国家文化出口重点企业和重点项目公示名单的数量在全国占比分别为12.2%、15.7%，领先优势明显。[②] 2018年，北京文化贸易进出口额达60.2亿美元，同比增长17.5%，从具体分类看，北京核心文化服务（广告、电影、音像）进出口额达37.8亿美

① 陈元秋、耿建扩：《打造京津冀协同发展新的开放平台——专家解读〈中国（河北）自由贸易试验区总体方案〉》，《光明日报》2019年9月3日，第11版。

② 《标准化体系研究助力北京市文化“走出去”》，人民日报海外网，https://baijiahao.baidu.com/s?id=1607140203884106406&wfr=spider&for=pc，最后检索时间：2020年3月13日。

元，同比增长24.2%，核心文化产品进出口额达22.4亿美元，同比增长7.7%。[①] 总体上来看，文化出口规模不断扩大、文化出口结构优化、对外文化贸易持续增长，对外文化贸易的质量和效益不断提高。与此同时，北京的文化"走出去"方式，不断从文化宣传向文化交流再向文化贸易转变，从文化生产到文化服务转变，推广模式由单一走向丰富。而天津则由于传统的港口优势，重在对京津冀区域文化及相关行业的国际投资和贸易规则进行创新。河北侧重于通过政府职能转变、深化投资改革和金融创新举措，吸引京津冀地区文化等服务业和高端业态集聚。山东的主要举措是挖掘省内各市特色文化资源，以重大项目带动的方式，促进特色文化资源的利用，实现各地区产业结构升级。据统计，2018年，山东省文化产业重点项目完成投资同比增长15%，亿元以上项目完成投资同比增长26.8%。济南文化旅游新项目开工344个，济宁314个文化旅游项目竣工。[②]

（三）数字经济快速布局成为文化产业新支撑

随着大数据、5G、人工智能等新一代信息技术的快速发展，数字创意产业成为当前文化产业发展的重要增长点，数字技术是文化产业发展的重要支撑。京津冀地区借助其经济发展优势，数字经济加速布局。积极构建以北京为创新核心，天津为综合支撑，河北张家口、廊坊、承德、秦皇岛、石家庄为应用拓展的数字经济产业一体化布局。

其中，北京通过资本优势、创新驱动和产业引领在京津冀数字经济发展中发挥着龙头作用，已经成为三地科技创新的核心驱动力，培育出百度、京东、360等近百家人工智能、大数据、云计算等相关领域的上市企业，数字先导产业和数字支柱产业遥遥领先。天津数字基础设施水平不断提升，在实现经济新旧动能转换的关键时期，通过不断应用互联网、大数据、人工智能

---

① 《北京市文化贸易进出口额达60.2亿美元》，新华网，http://www.xinhuanet.com/2019-05/29/c_1124558815.htm，最后检索时间：2020年3月13日。

② 刘瑞：《"奋进的山东"70年文旅发展亮点纷呈》，《中国文化报》2019年9月26日，第4版。

等新一代信息技术，助推产业数字化转型升级，不断完善数字经济政策体系，如确立“1+16”的承接格局。河北是京津冀数字经济发展新增长极，通过积极承接北京数字企业迁移，利用雄安新区等发展机遇，加速发展以“大智移云”为重点的基础设施和网络信息产业。其中，石家庄数字先导产业和数字支柱产业发展最为活跃，先后建立高新技术产业开发区、信息产业园、互联网产业园等。截至2018年底，石家庄互联网企业数量高达2951家，云计算企业达到909家，位列全省第一。同时，承德、张家口承接北京云计算企业基地迁移，保定依托雄安新区的战略定位，打造高端高新产业发展核心区。廊坊、秦皇岛、唐山、沧州等地数字基础设施建设和相关产业也快速布局。[①] 山东也积极实施“数字山东”发展规划，2017年，山东信息技术产业实现主营业务收入1.4万亿元，居全国第三位，其中软件产业4933亿元。且产业集聚态势明显，济南、青岛、烟台等市信息技术产业规模占全省70%以上，拥有4个信息技术产业领域国家新型工业化产业示范基地、2个国家级软件产业园、39个省级特色产业园区，区域间错位发展、协同发展格局初步形成。[②]

三　环渤海地区文化产业发展趋势

（一）高质量高标准发展文化产业将成为基本要求

作为实施国家重大战略的重要区域，高质量高标准促进区域社会经济发展是京津冀，乃至环渤海地区未来发展的主线，文化产业作为区域经济社会发展的重要组成部分，也将顺应这一基本要求。高质量高标准发展文化产业

① 米彦泽：《〈2019京津冀数字经济发展报告〉发布》，新华网，http：//www.sohu.com/a/346645441_115402，最后检索时间：2020年3月13日。

② 《数字山东发展规划（2018～2020年）》，山东省人民政府网，https：//www.baidu.com/link？url=2QsOmdhWYOBXsg3cE8aM6EzEi8Mrd0Q2－28TCaeNkyosuUPk2M4kLGbUU3EVo1craabSMqg7zcwZdpm_n－tWUdoSWYV－GmeZ9zJtHsmfvLjjQx0d4ThByVEM 81DoAuh2&wd=&eqid=cbb281cd0004d024000000025db6f437，最后检索时间：2020年3月13日。

主要包括：一是发展高端文化业态。例如，北京市实施疏解和提升并重的发展策略，积极构建高精尖经济结构，重点发展以科技创新为中心的产业业态。二是构建良好的市场环境。如天津努力打造国际一流的营商环境，利用自贸区政策和港口优势，深入推进投资、贸易、金融、行政管理等300多项改革举措先试先行，大幅度降低营商成本。三是发挥好文化对产业结构转型升级的带动作用。如山东和河北两省，通过着力改造提升传统文化产业、发展新兴文化业态，促进文化与相关产业的融合发展，带动地方经济结构的转型升级。

（二）区域重大战略的实施为地区文化产业发展提供新空间

京津冀作为环渤海地区的核心发展区域，其协同发展国家战略的提出至2018年已经5年，目前通过建立文化领域的合作组织制度、各类平台、文化活动等一系列措施，全面深入地推进协同合作。同时，北京和河北联合举办的冬奥会正在积极推进，交通、场馆和基础设施加快建设，相关产业投资不断引入。雄安新区“1+N”政策的出台，在推进文化领域改革创新和文化产业发展方面提出了诸多新思路、新模式及新政策。另外，大运河文化带、黄河文化带、“一带一路”等重大政策，对未来京津冀三地发展文化体育制造业、共建共营文化产业园区、借力借势推动本地文化企业崛起和吸引“高质量”文化产业项目落户产生了积极的影响，为推进京津文化产业互通共融、区域整合和提质增效带来了难得的机遇。① 山东地区作为环渤海经济圈的经济主体，需要更加主动地融入京津冀协同发展的战略中，发挥好山东半岛的港口资源、海洋风景、面对日韩和东北亚的区位优势，积极发挥海洋蓝色经济、康养、文化教育等产业优势，承接好京津冀地区教育、健康、旅游产业转移发展。同时，支持山东聊城、德州、滨州、东营等周边地市与京津冀地区形成产业承接、分工协作的联动关系。

---

① 陈璐：《新形势下加快推进河北省文化产业高质量发展的思路与对策》，载康振海主编《河北蓝皮书：河北文化产业发展报告（2018～2019）》，社会科学文献出版社，2019，第1～23页。

（三）文化要素市场的共建互补是区域文化产业的重要方向

区域联动和协同发展重在文化业态互补、文化平台项目共建、文化企业互通、区域文化体制机制共融，这将是环渤海，特别是京津冀地区未来发展的重要需求和趋势。在北京疏解非首都城市功能、雄安新区建设快速推进的同时，天津、河北、山东也面临着产业结构升级、城市转型发展等迫切需求。因此，环渤海地区的协同发展从各地的需求层面来看是相辅相成、互惠互利的。要推动文化产业领域的协同发展，除了共建文化产业项目活动、共享区域文化消费市场之外，更重要的是推动金融、人才、技术等要素市场的自由合理流动。尤其是天津、河北和山东地区，要加大地方投资政策、人才政策、营商环境等相关制度的优化力度，构建好承接和吸引转移要素资源的政策制度环境，推动环渤海及京津冀文化产业发展走向更深层次的协同。

B.3
长三角地区文化产业发展报告（2019～2020）

胡慧源　魏晨如*

摘　要： 基于国家统计局最新公布的《中国文化及相关产业统计年鉴》相关数据，综合运用统计分析、归纳总结和演绎推理等方法，从现状、热点和趋势三个层面直观展现了长三角地区文化产业最新发展态势。当前，长三角地区文化产业已经成长为地区支柱产业，在产业增速、人均产出、产业集聚、固定资产投资等方面稳中有进，产业结构中服务占比凸显、文化消费有待激发、规模以上文化企业蓬勃发展、研发投入效果显著。结合区域一体化、文旅融合、会展业与数字创意产业蓬勃发展等热点，长三角地区文化产业发展将在“三高两大”方面开启未来新格局。

关键词： 产业规模　产业结构　文化产业　长三角地区

长三角是长江三角洲地区的简称，以不到全国1/20的国土面积，承载了接近全国1/6的人口。良好的区位和经济优势，推动了区域文化产业的高质量发展，但区域内要素资源分配的不均衡、不充分，形成了长三角文化产

* 胡慧源，华东政法大学传播学院副院长，副教授，硕士生导师，主要研究方向：文化与传媒经济，创意集聚与城市转型。魏晨如，华东政法大学传播学院硕士研究生，研究方向：文化创意产业。

业与其他地区迥然不同的发展现状、特点与趋向。当前，长三角文化产业发展呈现出产业态势总体向好、人均增值有所下降、服务占比显著提高、文化消费持续增长等特点，并且在“一体化”联动、文旅高质量融合、数字创意产业高地形成等领域异常活跃。随着该地区文化产业发展朝着更高起点的深化改革、更高质量的分工合作、更高程度的产业集聚、更大领域的融合协同、更大范围的对外开放等方向发展，可以预见未来3～5年内长三角文化产业的竞争力、影响力和号召力将进一步凸显，区域文化产业将描绘出更加绚丽多彩的发展蓝图。

一　长三角地区文化产业发展现状

（一）产业态势总体向好，增长速度有所放缓

2014～2017年，长三角地区三省一市文化产业呈现健康平稳的发展态势，产业增加值由2014年的7477.4亿元增长到2017年的10351.2亿元，占GDP比重由2014年的5.0%提高到2017年的5.3%，年均增速达到11.45%，但低于同期全国12.27%的增速。根据当前发展态势，预计2018年长三角地区文化产业增加值将超过11500亿元，占GDP比重将会达到5.4%。

分地区来看，江苏文化产业发展领跑长三角，2017年文化产业增加值达到3979.2亿元，占GDP比重也达到了4.6%，产业增加值居全国之首；2014～2017年安徽文化产业发展迅速，年均增速达到了14.50%，但产业增加值远低于苏浙沪地区；浙江、上海文化产业保持较快的增长势头，年均增速达13.50%以上；江苏文化产业增速虽不如长三角其他地区，但总量不容小觑（见图1）。

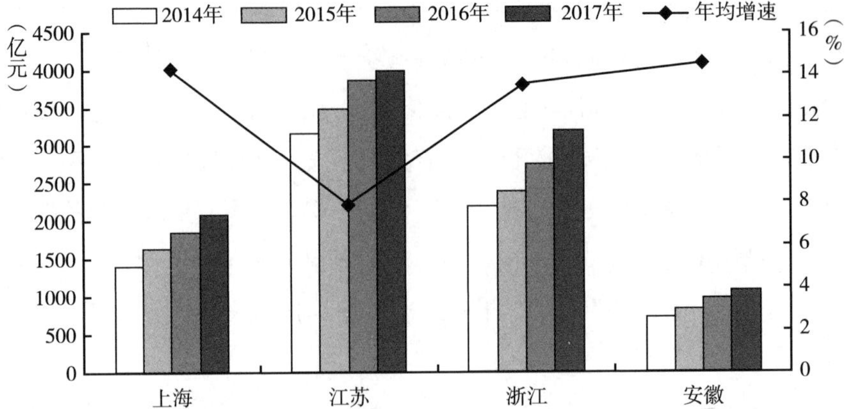

图1　2014～2017年长三角地区文化产业增加值及年均增速

资料来源：《中国文化及相关产业统计年鉴》（2015～2018）。

（二）人均增加值有所下滑，集聚水平稳步上升

长三角地区人均文化产业增加值呈现稳步增长态势，2014～2017年实现年均增长率10.81%，分地区来看，上海、浙江、安徽增长相对较快，江苏增长相对较慢（见图2）。文化产业劳均产出总体呈下降趋势（年均增长率为-4.25%），其中上海和安徽下降幅度相对较大（见图3）。

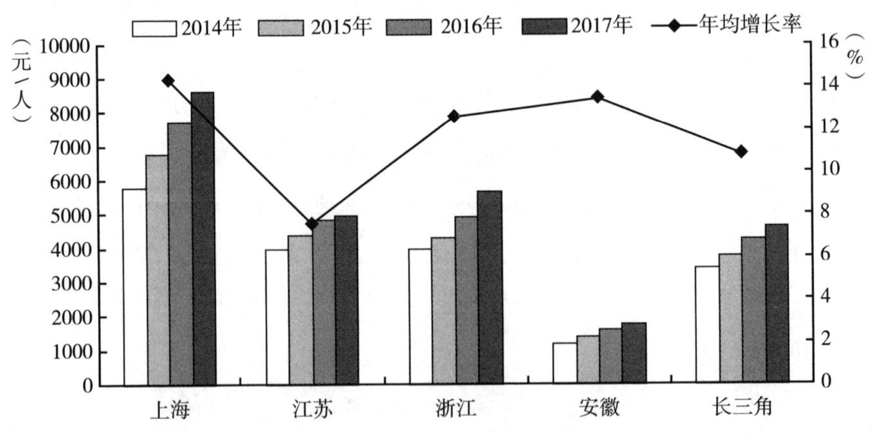

图2　2014～2017年长三角地区分地区文化产业人均产出情况

资料来源：《中国文化及相关产业统计年鉴》（2015～2018）。

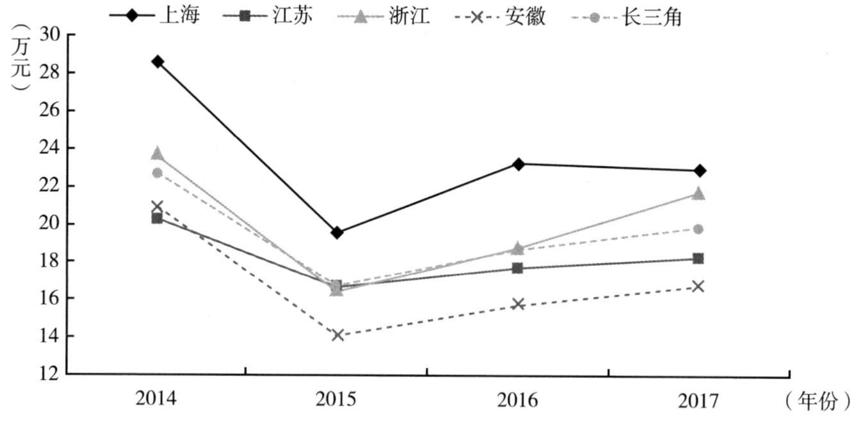

图3　2014～2017年长三角地区分地区文化产业劳均产出情况

资料来源：《中国文化及相关产业统计年鉴》（2015～2018）。

2014～2017年，长三角地区文化产业集聚发展呈稳步增长态势。分地区来看，上海文化产业集聚发展特征显著，文化产业专业化程度最高；江苏文化产业集聚程度逐年下降，处于相对劣势区间；与长三角其他地区相比，安徽文化产业集聚水平低，但朝着向好的方向发展（见图4）。

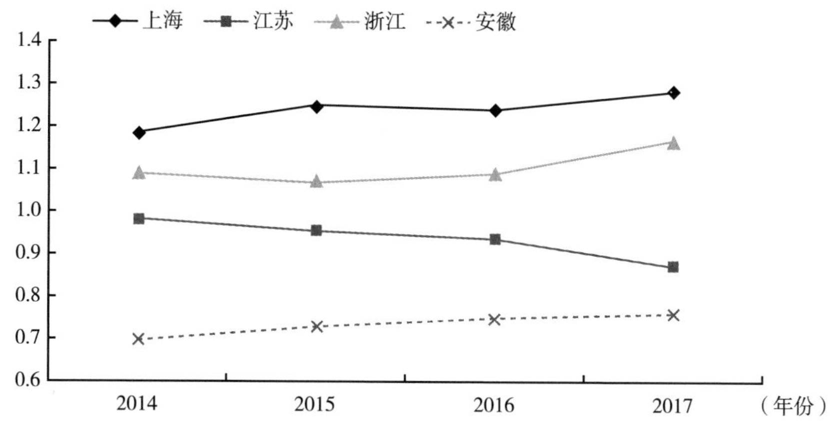

图4　2014～2017年长三角地区分地区文化产业区位熵

资料来源：《中国文化及相关产业统计年鉴》（2015～2018）。

（三）产业结构特点突出，服务占比显著提高

长三角地区文化产业法人单位资产总计分行业构成由 2013 年的 34.75∶12.76∶52.49 调整为 2017 年的 22.51∶12.08∶65.41，文化服务业比重显著提升（12.92 个百分点），文化制造业比重显著下降（12.24 个百分点），文化批零业比重小幅下降（0.68 个百分点）（见图 5）。

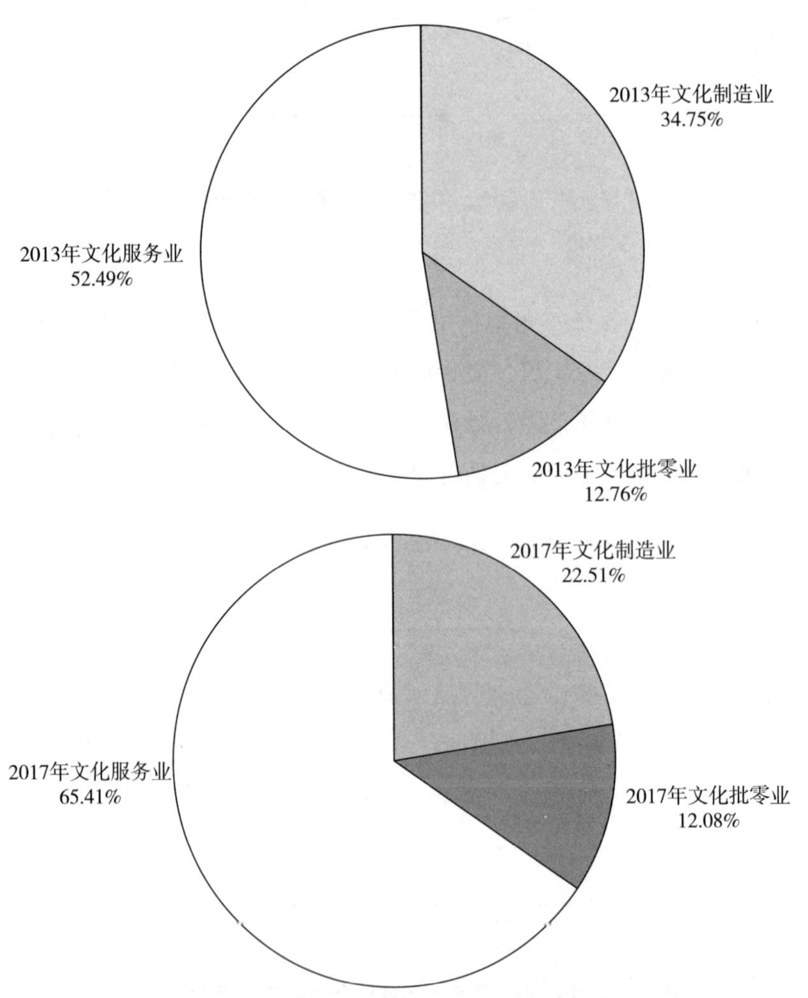

图 5　2013 年与 2017 年长三角地区文化及相关产业法人单位资产总计分行业构成对比

资料来源：《中国文化及相关产业统计年鉴》（2014、2018）。

分地区来看，除了安徽和江苏外，其余地区文化批零业占比都不同程度地下降；文化服务业占比增幅较大，与2013年相比较，上海和浙江的增幅达到11.37个百分点和19.3个百分点；2017年三省一市文化服务业占比均已超过58%，其中上海占比高达79.76%，排在第一位（见表1）。

表1　2013年与2017年长三角地区文化及相关产业法人单位资产总计构成情况

单位：%

地区	2013年			2017年		
	文化制造业	文化批零业	文化服务业	文化制造业	文化批零业	文化服务业
上海	12.36	19.25	68.39	7.01	13.24	79.76
江苏	42.96	8.53	48.51	28.80	12.95	58.25
浙江	42.72	12.92	44.36	26.98	9.36	63.66
安徽	38.32	12.46	49.22	28.28	12.87	58.85

资料来源：《中国文化及相关产业统计年鉴》（2014、2018）。

（四）文化消费持续增长，城乡差距有所拉大

长三角居民文化消费呈持续增长态势，人均消费支出由2013年的921.1元增至2017年的1280.9元，年均增长率达到8.6%，低于全国增长率1.14个百分点（见图6）。分地区来看，三省一市文化消费支出都呈现增长态势，其中上海表现最好，人均文化消费支出于2017年突破3000元大关，年均增速达到13.35%，比全国和长三角的增长率分别高出3.61个百分点与4.75个百分点。江苏居民人均文化消费支出在2017年达到1399.5元，仅次于上海，然而文化消费增长率却最低，仅为5.21%。除此之外，浙江增长率达到7.82%，在2017年人均文化消费支出达到1190.0元，极有希望赶超江苏；安徽增长率达到15.43%，位居长三角第一，然而安徽2017年的人均文化消费支出仅有544.0元，与其他地区也有较大差距。

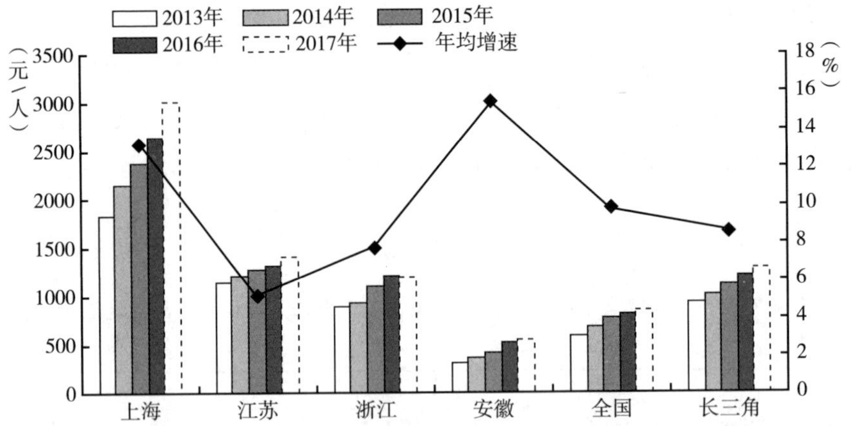

图6　2013～2017年长三角地区分地区全部居民人均文化消费支出情况

资料来源：《中国文化及相关产业统计年鉴》（2014～2018）。

长三角地区城镇、乡村居民文化消费支出都呈现稳步增长态势，但对比来看，城镇与乡村居民人均文化消费支出差距进一步拉大。其中上海城镇居民人均文化消费支出位于第一位。与此同时，江苏乡村居民人均消费支出位于第一位。浙江城镇居民的文化消费保持缓慢增长，乡村居民的文化消费则有波动。安徽无论是城镇还是乡村居民的文化消费支出与其他地区的支出相比仍有较大差距（见图7和图8）。

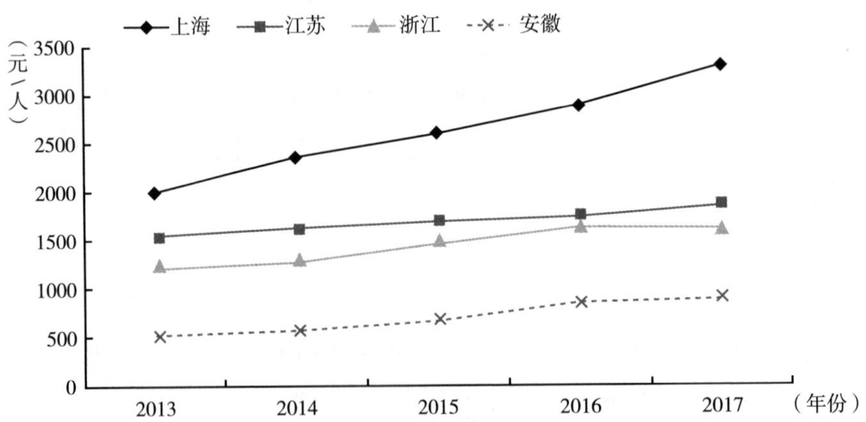

图7　2013～2017年长三角地区城镇居民人均文化消费支出情况

资料来源：《中国文化及相关产业统计年鉴》（2014～2018）。

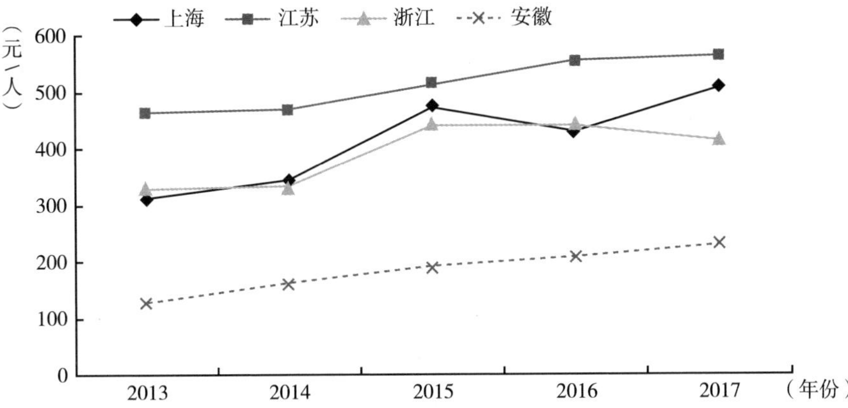

图8　2013～2017年长三角地区乡村居民人均文化消费支出情况

资料来源：《中国文化及相关产业统计年鉴》（2014～2018）。

（五）固定资产投资高企，社会热情触顶下落

长三角地区文化及相关产业固定资产投资增长相对平缓，由2013年的3719亿元增加到2017年的6200亿元，五年来一共增加了2481亿元，年均增长率为13.63%。分地区来看，浙江、江苏和安徽增长相对较快，上海则呈现下降趋势（见图9）。

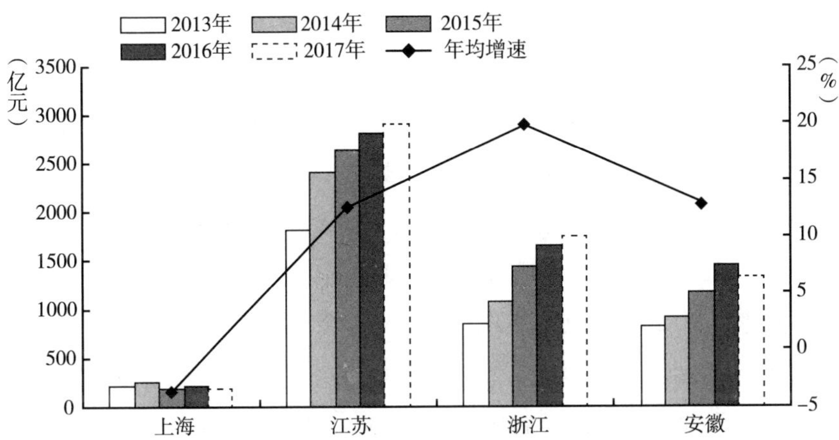

图9　2013～2017年长三角地区分地区文化及相关产业固定资产投资情况

资料来源：《中国文化及相关产业统计年鉴》（2014～2018）。

从文化及相关产业固定资产投资占全省（市）固定资产投资比重来看，长三角地区由2013年的4.57%提升到2017年的5.10%，总体上提升幅度不大。浙江呈现稳定增长态势；江苏增速前期增长较快，后期则有所回落；而安徽增速在2016年达到最快，之后出现下降的趋势；上海则总体呈现下滑的态势（见图10）。

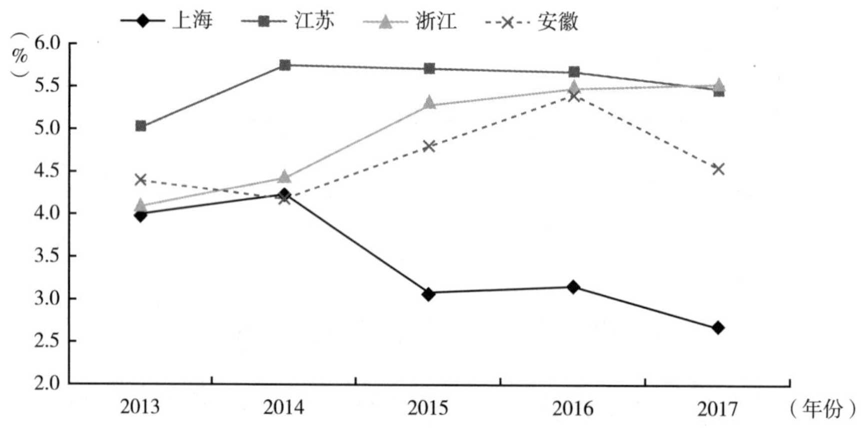

图10　2013~2017年长三角地区文化及相关产业固定资产投资占全社会固定资产投资比重

资料来源：《中国文化及相关产业统计年鉴》（2014~2018）。

（六）规模以上企业效益明显，亏损占比相对平稳

2013~2017年，长三角地区规模以上文化企业数、主营业务收入、资产总计都呈现较快增长，其中主营业务收入、资产总计年均增长率分别达到了12.95%和18.55%。地区文化产业发展带动就业进一步提高，规模以上文化企业年末从业人员数由2013年的205万人增长到2017年的243万人，年均增长率为4.34%，其中2013~2016年增幅较大，2016年后较为平缓（见图11）。此外，规模以上文化企业人均产出值在总体上也保持增长趋势，但增长幅度不大；上海文化企业人均产出远高于其他三省，是排名倒数第一安徽的近2倍；浙江略高于其他两省，位居第二；江苏和安徽分列第三和第四（见图12）。

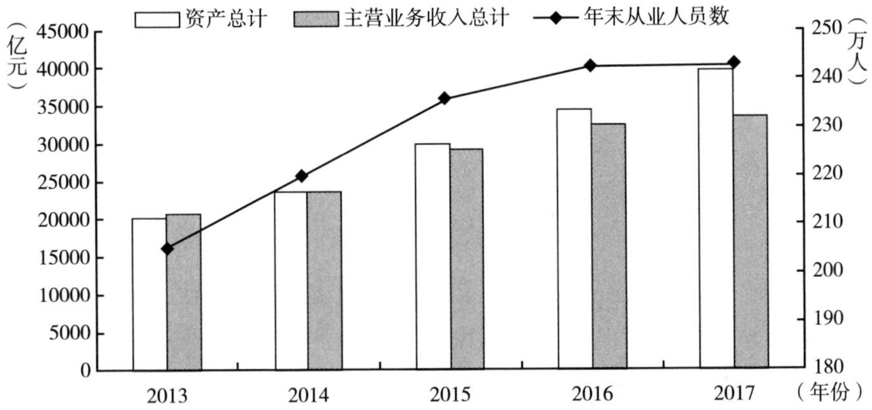

图 11　2013～2017 年长三角地区规模以上文化企业经营情况

资料来源：《中国文化及相关产业统计年鉴》（2014～2018）。

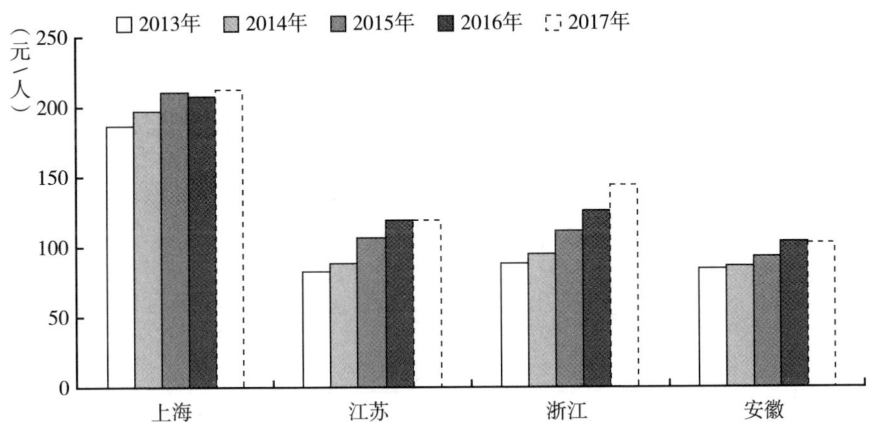

图 12　2013～2017 年长三角地区规模以上文化企业人均产出情况

资料来源：《中国文化及相关产业统计年鉴》（2014～2018）。

规模以上文化企业总数从 2013 年的 12922 家增加到 2017 年的 17700 家，增长了 36.98%，其中安徽增长较快，增幅达到 92.38%，上海、浙江增长较为缓慢，分别为 28.22% 和 27.86%，江苏相对适中，为 33.79%（见图 13）。规模以上文化企业亏损企业占比整体相对平稳，但安徽和浙江亏损企业占比增幅相对较大，上海小幅下降，江苏变化不大（见图 14）。

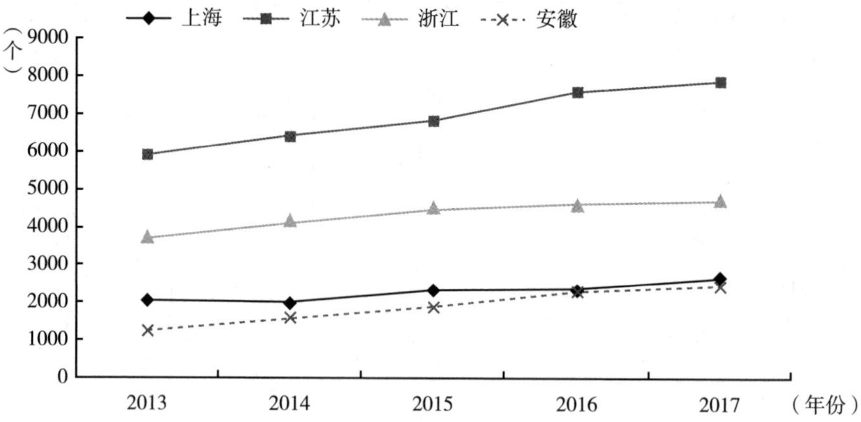

图 13　2013～2017 年长三角地区分地区规模以上文化企业数量增长情况

资料来源：《中国文化及相关产业统计年鉴》（2014～2018）。

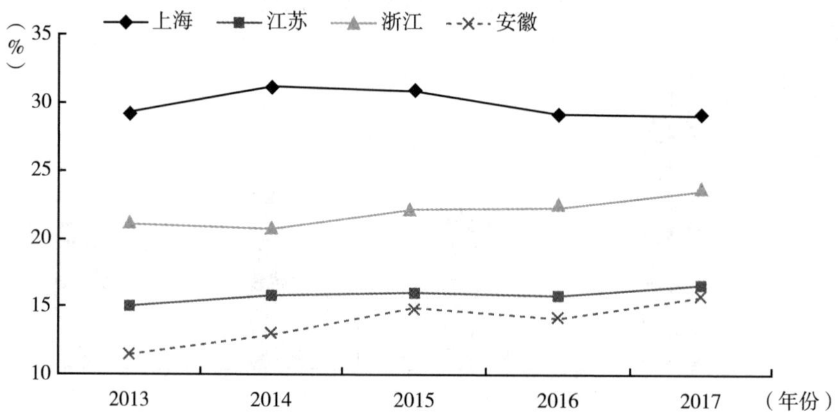

图 14　2013～2017 年长三角地区分地区规模以上文化企业亏损企业占比情况

资料来源：《中国文化及相关产业统计年鉴》（2014～2018）。

（七）研发活动较为活跃，投入转化效果显著

长三角地区规模以上文化制造业企业的研发活动持续增长，2013～2017 年有 R&D 活动文化企业数和研发投入资金规模年均增长率分别为 12.30% 和 15.54%（见图 15）。

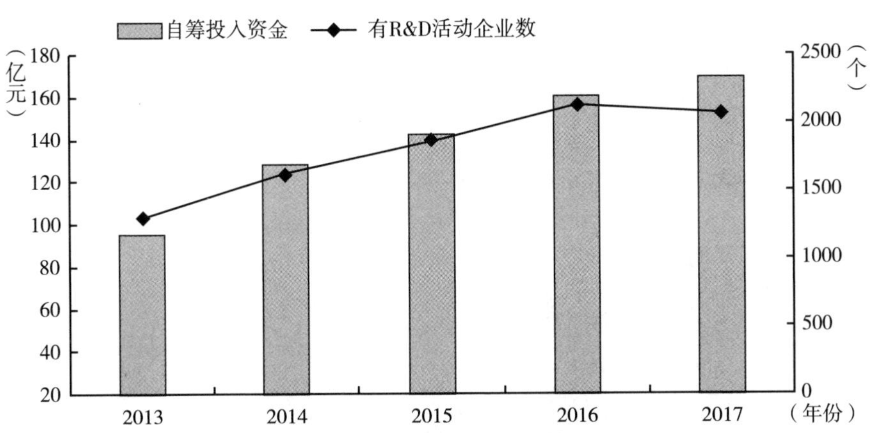

图 15　2013～2017 年长三角地区文化制造业企业研发投入情况

资料来源：《中国文化及相关产业统计年鉴》（2014～2018）。

长三角地区有 R&D 活动文化企业数占规模以上文化企业总数的比重总体呈现逐步增长态势（3.80%），其中江苏（5.29%）、浙江（3.86%），增长较快，安徽（1.35%）较为平稳，上海（－1.26%）出现负增长（见图 16）。

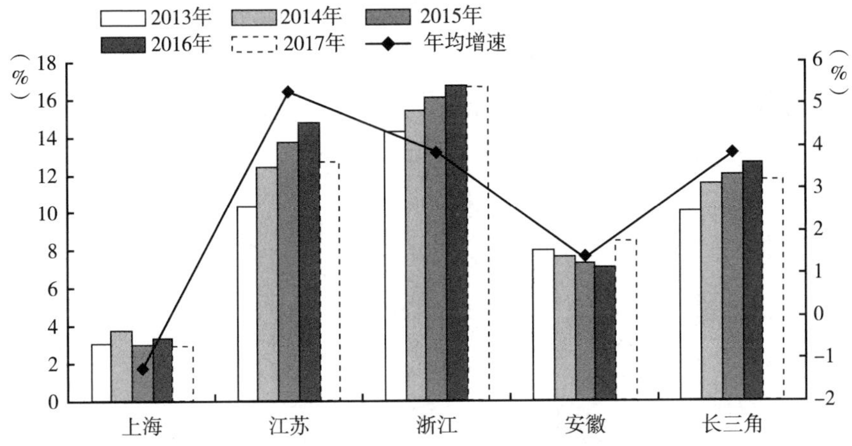

图 16　2013～2017 年长三角地区分地区有 R&D 活动企业占规模以上文化企业总数比重情况

资料来源：《中国文化及相关产业统计年鉴》（2014～2018）。

从单位 R&D 项目资本投入情况来看，长三角地区由 2013 年的 192.7 万元提高到 2017 年的 227.2 万元，年均增速为 4.20%；分地区来看，除上海、浙江之外，其余省份年均增速相对较高（见图 17）。

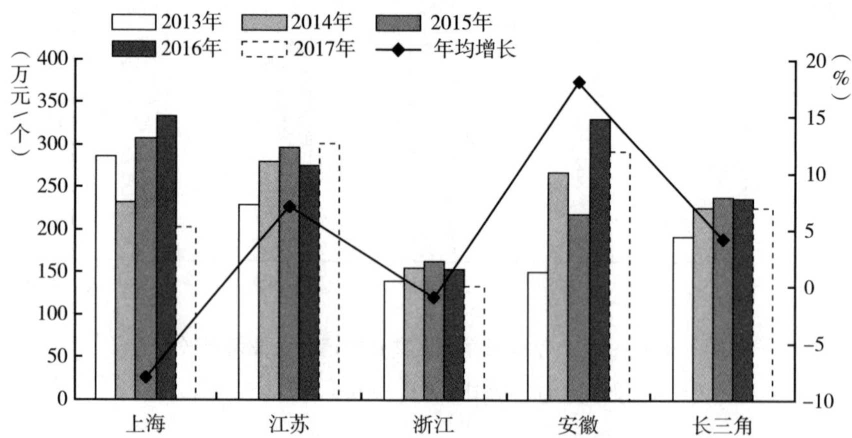

图 17　2013～2017 年长三角地区分地区单位 R&D 项目资本投入情况

资料来源：《中国文化及相关产业统计年鉴》（2014～2018）。

2013～2017 年长三角地区有效发明专利数、新产品销售收入呈持续上涨态势（见图 18）。从文化制造业新产品销售收入绝对值来看，江苏和浙江比较靠前；从文化制造业新产品销售收入年均增速来看，安徽（24.09%）增长最快，江苏（10.56%）和浙江（8.78%）居中，上海（2.65%）最慢（见图 19）。

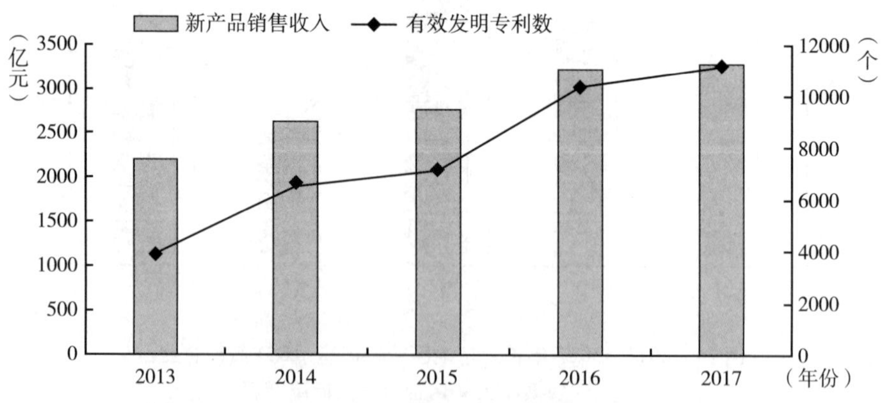

图 18　2013～2017 年长三角地区文化制造业研发产出情况

资料来源：《中国文化及相关产业统计年鉴》（2014～2018）。

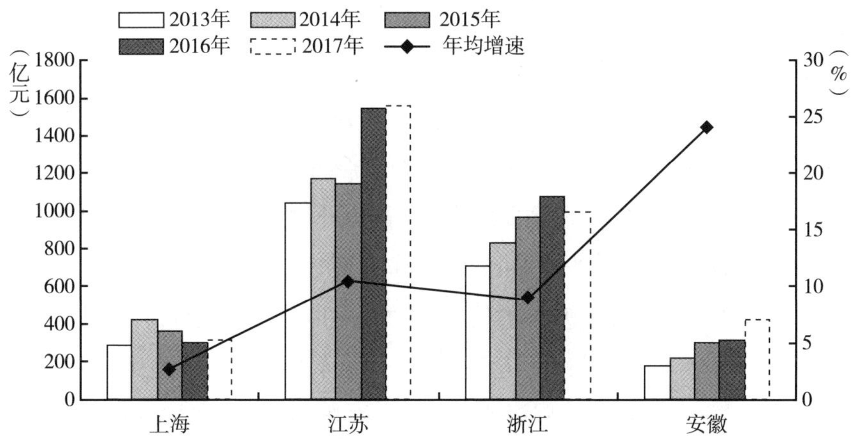

图 19　2013～2017 年长三角地区分地区文化制造业新产品的销售收入情况

资料来源：《中国文化及相关产业统计年鉴》（2014～2018）。

二　长三角地区文化产业发展热点

（一）“一体化”联动推动区域融合创新

凭借良好的区位、经济和文化优势，长三角文化产业发展水平始终居全国前列，新闻出版、广播影视、原创动漫、网络游戏以及文化旅游等重点门类在全国均具有较大知名度和影响力，基本形成了文化与创意、文化与科技相融合的特色发展模式①。目前，长三角地区以江南文化为基础，推动苏浙沪皖四地文化产业创新联动，促进地区经济一体化发展，不断提升区域整体竞争力。2019 年政府工作报告明确将长三角区域一体化发展上升为国家战略，标志着长三角区域一体化发展进入新阶段。

长三角城市群通过搭建高质量、多样性、国际化合作平台，推进各地

① 成长春：《推动长三角文化产业协同发展》，中国经济网，http：//www. ce. cn/culture/gd/201812/11/t20181211_ 31004770. shtml，最后检索时间：2019 年 10 月 12 日。

资源优势互补，助力融合发展更上一层楼。以“联盟”的方式形成多条合作链条，建立了非物质文化遗产、青年创新创业、文化产业发展、企业服务、影视制作基地等多样化合作联盟①，将各自的资源禀赋形成合力，深化区域联动发展。以长三角国际文化产业博览会开拓产业合作新空间，通过展览、论坛、“区域联动”三种主要形式吸引国内外优秀文化产业资源集聚，打破地域界限，为长三角及中外的文化产业合作交易提供服务平台②。

创新是推动地区经济发展的持续动力，一体化极大地促进了长三角城市群之间的协同创新。一是以“互联网+”为模式的创新为地区经济带来新的利润增长点。二是打造创新网络基地，构建创新合作链条，按照“一个上海总部、四个地区分部、N个特色基地”③的总体设计进行创新投入，形成点线面相结合的创新格局。三是共建园区促进产业转型升级，形成“产业集聚+产业链细分+区域分工”的区域发展模式④。

（二）文旅融合高质量发展特色凸显

长三角城市群地域相近、文化相亲，富集的旅游资源和共通的江南文化为文旅深度融合发展奠定了良好的基础，文旅产业在促进长三角一体化发展中一直发挥着“主力军”作用。上海文化旅游局积极推动文旅深度融合发展工作，把重心放在产业、空间、服务、交流四方面的融合上，致力于将上海建设成为国际文化大都市和世界著名旅游城市⑤。浙江省将文化和旅游工作概括为

---

① 李荣：《长三角以“联盟”方式搭建一体化合作新平台》，新华网，http：//www.xinhuanet.com/fortune/2017－04/03/c_1120746989.htm，最后检索时间：2019年10月12日。

② 沈则瑾：《首届长三角国际文化产业博览会开拓产业新动能新空间》，中国经济网，http：//www.ce.cn/xwzx/gnsz/gdxw/201812/03/t20181203_30930471.shtml，最后检索时间：2019年10月12日。

③ 朱丽娜：《长三角四省市共建数字出版协同创新中心》，中国新闻出版广电报网，https：//zgcb.chinaxwcb.com/info/548307，最后检索时间：2019年10月12日。

④ 李娜、张岩：《长三角城市群创新驱动发展特征与对策建议》，《上海城市管理》2018年第2期，第26页。

⑤ 陈雨康：《上海市文旅局：推进上海文旅产业融合　加快建成国际文化大都市》，中国证券网，http：//news.cnstock.com/news，bwkx－201909－4430179.htm，最后检索时间：2019年10月12日。

“1个目标，3个聚焦，10大任务”，着力建设全国文化和旅游融合发展样板地[①]。江苏文旅产业发展的步伐不断提速，在机制上强调“+旅游”，内容上注重“旅游+”，以改革创新推动文化和旅游的深度融合[②]。安徽致力于打造旅游强省和文化强省，从文化旅游产业发展、文化遗产保护利用、文旅公共服务水平、创作优秀文艺作品四方面发力，积极推动长三角文化旅游一体化建设[③]。

在制度层面，长三角区域一体化上升为国家战略为旅游一体化带来了历史性发展机遇。一是国家加强顶层设计将为区域联动规划发展方向、提出任务要求、明确重点领域、建立合作机制，有利于加快推进长三角旅游一体化。二是长三角一体化发展示范区的建设，将成为贯彻新发展理念的试验田，有望为旅游一体化发展做出率先突破。三是长三角区域现代化综合交通体系的建设，能为游客流动提供物质保证，放大“同城效应”，有利于区域旅游一体化的快速推进。四是进博会提升对外开放水平，将为长三角区域文化旅游服务贸易发展、文化旅游一体化发展提供重大的服务平台[④]。

2019年上半年，长三角三省一市的文化和旅游部门已经共同签订“江南文化”协议，打造G60“江南文化”走廊，构建目标协同、行动统一的文旅合作协调机制，深化长三角地区文化和旅游高质量协同发展。

（三）区域会展业异彩纷呈促进发展

会展业发展状况在一定程度上直接体现了一个国家文化、经济和社会的综合发展水平，它是现代服务业的重要组成部分，具有影响面广、关联度

---

① 靳畅：《浙江：确定“1+3+10”目标任务　建设文旅融合发展样板》，中国旅游新闻网，http://www.ctnews.com.cn/art/2019/2/14/art_116_34562.html，最后检索时间：2019年10月12日。

② 雷琛烨：《文旅融合成江苏高质量发展新引擎》，《中国旅游报数字报》，http://news.ctnews.com.cn/zglyb/html/2018-08/22/content_326428.htm?div=-1，最后检索时间：2019年10月12日。

③ 朱琳琳：《安徽省加快文化和旅游融合发展》，《安徽日报》，http://www.gov.cn/xinwen/2019-01/16/content_5358257.htm，最后检索时间：2019年10月12日。

④ 李萌：《以文旅融合推动长三角旅游高质量发展》，《中国旅游报》2019年3月12日，第3版。

高、发展潜力大等特点。会展业的发展能够汇聚人流、物流、资金流等，直接拉动和间接带动相关行业的综合发展，引导产业升级与转移，促进就业和消费，优化资源配置，推动产业综合创新发展。长三角地区的会展业在会展数量、规模等方面都处于全国领先地位，其优势来源于地理位置优越、经济基础良好，以及政府对发展会展业的重视和支持。

2018 年上海市商务委为加快建设国际会展之都，制定《上海市建设国际会展之都专项行动计划（2018～2020 年）》，并详细列举了一些重点工作：全力办好中国国际进口博览会、注重品牌企业引领、提升品牌展会能级、提升运营能力、培育产业联动品牌项目等，目的是形成引领上海会展业发展的重大展会的服务保障、运行模式，在集聚有全球影响力的重大会展活动的同时，要打造出具有国际领先水平的品牌会场。另外推动会商旅文体联动等，促进会展业转型，最终提升会展业服务长三角以及全国的能力，创造出良好的营商环境以及更优质的公共服务①。

目前，浙江正处于由会展大省向会展强省转变的道路上，地方会展区域优势互补，杭州、温州、宁波、义乌分别形成了以时尚与文化创意、制造业、轻工产品和小商品为主的会展区域特色。随着产业结构的不断调整和服务功能的继续完善，浙江会展产业的市场运作将继续优化发展。

江苏提出依托特色产业优势，打造世界级会展品牌，提高企业竞争力的目标要求。为此，江苏会展业必须继续推进会展品牌建设，包括：规划特色产业优势品牌展会、培养和引进紧缺的会展人才、培育以本土会展企业为主体的会展龙头企业、鼓励会展场馆创新管理模式，创造出“一业为主、多种经营、多种活动”模式，共同推进展馆体制改革和运营创新，促进江苏会展业的发展建设。2018 年，江苏会展业以“推动形成全面开放新格局”“发展更高层次的开放型经济”为指导，在会展发展中推动工作提质增效，以及相关产业转型升级，实现由规模速度型向质量效益型的转

① 《市商务委关于印发〈上海市建设国际会展之都专项行动计划（2018～2020 年）的通知》（沪商会展〔2018〕248 号），http://www.sohu.com/a/252466543_100005996，2018 年 9 月 4 日。

变，由成本价格优势向综合竞争优势的转变，为江苏会展业的全面发展做出较大贡献[①]。

（四）数字创意产业高地正在形成

数字创意产业是融合现代数字技术与创意产业形成的一种新经济形态，依托数字信息技术，以网络智能、共创分享的生产和传播方式为主导，结合文化艺术与创意经济，涵盖设计、制造、传播、消费等产业发展全过程，是跨界融合的新型产业。目前，长三角地区数字创意产业基础良好，国家及地方政府都出台了相关政策加以扶持，加之深厚的文化底蕴和强劲的地区经济实力，其在授权专利、研发经费支出方面都处于全国前列。

上海在促进数字创意产业蓬勃发展时提出：构建生态创意环境，实现数字创意产业与传统文化艺术产业的有机结合；建立健全知识产权体系，创立尊重原创和深度开发 IP 的氛围；优化顶层设计，加大对数字创意企业的扶持力度；建立数字创意企业产业园，促进共同发展；重视创意人才的培养，为数字创意企业输出优秀人才[②]。浙江积极响应文化发展政策，把打造全国数字文化产业中心作为工作重点，加强“重大政策引领”、“重大平台支撑”、“重点行业示范”和“高端人才引育”四个方面的工作。江苏以网络文学 IP 全产业链开发为抓手，加快推进数字文化产业发展。建设了“江苏网络文学谷”、中国·江苏网络文学创意产业园和江苏网络作家村等文化集聚区，还设立了一系列艺术周、竞赛、文化活动，与网络文学产业一起合力发展江苏数字文化产业，致力于打造“江苏网络文学新高地”。安徽在数字技术和装备、创意内容与形式方面不断创新，数字创意产业呈现文化带头、技术相辅、链条完整的特点。当地还强化对地方特色文化的开发，支

① 《第七届江苏会展论坛在泰州召开》，搜狐网，http://www.sohu.com/a/209503316_816429，最后访问时间：2019 年 10 月 12 日。

② 朱政平：《关于促进数字创意产业蓬勃、健康发展的建议》，上海政协，http://shszx.eastday.com/node2/node5368/node5376/node5388/u1ai99535.html，最后检索时间：2019 年 10 月 12 日。

持传统媒体和新兴媒体融合发展，引导影视、动漫、音乐、游戏、新媒体艺术创新发展。

三 长三角地区文化产业发展趋势和展望

（一）更高起点的深化改革

长三角地区是国家发展“一轴两翼”[①] 空间战略布局的重要组成，随着长三角区域一体化上升为国家战略[②]，将在更高起点上全面深化改革。考虑到目前三省一市的制度环境、法治水平差异较大，未来改革的重点将是突破体制机制障碍、打破地区间行政壁垒、构建一体化营商环境。上海、苏州、杭州等城市已推广长三角一体化“一网通办”综合服务[③]，未来将以普惠性的企业专项政策支持、规范化的政策执行程序、标准化的营商环境评估指标体系，共同打造市场化、法治化的文化产业营商环境，增强文化企业发展信心和竞争力。

（二）更高质量的合作分工

地理相邻、文化相近的三省一市具备协同合作的良好基础，在文化产业发展上又各有所长。其中，上海区位优势独特，拥有领先全国的全球资源配

① 所谓一轴，就是由长江经济带和长三角一体化发展所构成的横贯中国东西的经济龙脉；所谓两翼，即在一轴的南北两侧进行大手笔的区域规划，为一轴这一经济巨龙的腾飞插上两个有力的翅膀。其中，北面是京津冀协同发展，雄安新区建设是其画龙点睛之笔；南面则是粤港澳大湾区建设和海南全岛的自由贸易港建设。（来源：胡伟：《怎么理解长三角一体化上升为国家战略丨一轴两翼：中国战略发展的空间布局雏形初现》，上观新闻，https：//www. jfdaily. com/news/detail？ id = 114627，最后检索时间：2019 年 10 月 12 日。）

② 2018 年 11 月 5 日，在首届中国国际进口博览会开幕式上，中国国家主席习近平发表主旨演讲时指出，为了更好发挥上海等地区在对外开放中的重要作用，决定将支持长江三角洲区域一体化发展上升为国家战略。（来源：任小璋：《长三角一体化为何上升为国家战略？专家解读背后原因》，第一财经，https：//www. yicai. com/news/100053335. html，最后检索时间：2019 年 10 月 12 日。）

③ 郑超：《杭州携手上海推动长三角营商环境一体化》，《杭州日报》，https：//hzdaily. hangzhou. com. cn/hzrb/2019/09/05/article_ detail_ 1_ 20190905A205. html，最后检索时间：2019 年 10 月 12 日。

置能力；江苏拥有多个国家级数字基地，创新能力强；浙江开创中国文化产业多个“第一股”，产业实力雄厚；安徽作为工美大省，文化底蕴深[①]。上海将持续发挥龙头带动作用，各地区立足于自身的资源禀赋和比较优势，共同打造长三角城市群文化品牌。此外，长三角城市群目前以联盟、服务平台、文博会的形式，已建立如动漫产业合作联盟、文化产业发展合作联盟、非遗联盟、文艺联盟、出版联盟、影视制作基地联盟和文化金融等合作平台[②]。在长三角地区交通、物流等基础设施互联互通的支持下，资金、人才、技术等要素资源将更便捷地流动，未来三省一市将立足于新闻出版、广播影视、原创动漫、网络游戏以及文化旅游等门类，继续细化产业链环节的分工，推动地区间信息共通、资源共享与项目合作。

（三）更高程度的产业集聚

文化产业集聚主要有企业集聚、项目集聚、要素集聚三种相互渗透的形态[③]。长三角地区当前已形成了以上海为核心，杭州、苏州、南京、宁波、合肥等为中心，沪宁线、沪杭线、杭甬线为基本走势的“Z”字形文化产业集聚（城市）网络[④]。政府也着力改善过去为集聚而集聚的粗放式模式，关注点从企业、项目向更为微观、具体的要素层面转移。以“上海文创50条”（上海市《关于加快本市文化创意产业创新发展的若干意见》）为代表的利好政策，将在金融支持、人才支持等方面营造创新创业的生态环境，发挥产业集聚的知识溢出和扩散效应。未来长三角文化产业将更加突出要素集聚，文化产业资源要素和业态间的共生与互补关系将得到进一步提升。

---

① 王彦：《“更高质量”是长三角文化产业一体化的“牛鼻子”》，《文汇报》2018年12月1日，第5版。

② 张理想：《长三角成立动漫产业合作联盟》，《安徽日报》，http：//ah. sina. com. cn/news/2018－11－30/detail－ihpevhcm4080288. shtml，最后检索时间：2019年10月12日。

③ 祁述裕：《把握文化产业集聚发展的特点与趋势》，《光明日报》，http：//news. gmw. cn/2018－12/03/content_ 32090185. htm，最后检索时间：2019年10月12日。

④ 胡慧源：《长三角文化产业发展——现状、特点与趋势》，《文化产业研究》2019年第1期，第193页。

（四）更大领域的融合创新

融合是文化产业发展的战略支点和主要特征，能够加快文化产业的规模扩张和业态的多元发展，科技则为融合发展植入创新基因。长三角地区长期重视数字科技的研发和应用，上海在基础装备、基础研发方面已形成集聚，浙江在数字影视、旅游演艺科技的具体应用等方面已形成产业，江苏在动漫与数字创意等细分领域占据优势①。长三角“G60 科创走廊”为文化产业发展注入新引擎，以 5G、人工智能、虚拟现实、大数据等为主的信息技术与文化产业的未来融合，将推动制造型产业形态向知识型、信息化、创意化产业形态转变。

（五）更大范围的对外开放

长三角作为对外开放的“先行者”之一，形成了全国领先的国家对外文化出口重点企业集群和文化出口重点项目集群②，为国际文化贸易、跨国文化企业培育提供了发展土壤。目前如浙江宋城演艺、浙江华策影视和江苏凤凰出版集团等重点文化企业纷纷在海外投资③。中小微文化企业抱团出海，将进一步加快长三角文化产业国际化进程。

① 陈抒怡：《文化科技融合激发产业新动能》，《解放日报》，https：//www. jfdaily. com/journal/2018 - 11 - 28/getArticle. htm？ id =261930，最后检索时间：2019 年 10 月 12 日。

② 长三角国际文化产业博览会：《长三角地区总体概况》，长三角国际文化产业博览会官网，http：//www. yrdicie. com/channel. aspx？ id =2&site = cn，最后检索时间：2019 年 10 月 12 日。

③ 孔令君、陈抒怡、施晨露：《“借长三角大平台，容易走得更远”》，《解放日报》，https：//www. jfdaily. com/journal/2018 - 11 - 30/getArticle. htm？ id =262088，最后检索时间：2019 年 10 月 12 日。

B.4

东北地区文化产业发展报告（2019～2020）

高学武　赵婷婷　雷宏霞*

摘　要： 在政策、科技、金融不断赋能的大环境下，我国文化产业跨界融合快速发展，但东北地区文化产业并未搭上这列产业发展快车，依旧止步不前甚至出现“滞增长”现象。这主要归因于两方面，其一为东北地区经济结构失衡，导致区域经济大幅下滑；其二为东北地区文化产业内生增长动力不足，区域文化资源丰富、生态资源优化，但文化产业发展意识淡薄、文化消费和创新的内生驱动力不足、文化产业固定资产投资不足、文化企业盈利能力较差。辽宁省作为东北地区的文化大省，近两年文化经济大幅衰退，吉林、黑龙江相对平稳发展，具有稳中向好的发展态势，但传统产业比重较大，新生力量不足，区域文化产业竞争力有待进一步提升。为此，加大文化产业投入、完善文化金融服务体系、培育文化产业生态、加强文化企业资本市场参与度成为推动东北地区文化产业快速发展的重要举措。

关键词： 文化产业　文化消费　文旅融合　东北地区

* 高学武，东北财经大学经济与社会发展研究院副研究员，主要研究方向：文化经济与政策、东北经济与政策。赵婷婷，北京清科创业信息咨询有限公司咨询顾问，主要研究方向：私募股权投资。雷宏霞，东北财经大学经济与社会发展研究院硕士研究生，研究方向：财政学（公共政策）。

本报告研究对象为东北地区辽宁、吉林和黑龙江三省的文化产业发展情况。2016 年是东北地区文化产业打破过往十余年缓慢增长态势继而下行的拐点年，2017 年继续延续 2016 年产业下行趋势，产业发展不容乐观。产业增加值小幅增长，文化服务业增加值占比达到 78% 以上，已形成绝对的主导优势。虽然居民文化消费有所扩张，但城乡居民消费差距进一步加大；固定资产投资缓慢增长；文化企业盈利能力较差，部分企业出现亏损经营；企业研发活力不足，市场转化总体效果不理想。对比来看，2017 年东北地区文化产业发展呈现一些阶段性特点：一是文化产业区域发展的不均衡性。在东北三省中，辽宁省的文化产业发展规模和潜力远高于吉林省和黑龙江省，黑龙江省发展程度处于最弱势地位。二是区域产业发展分化明显。辽宁省是东北地区的产业发展大省，2017 年辽宁省文化产业经济的衰退导致东北地区整体产业发展不景气，但吉林、黑龙江省依然延续其增长态势，特别是黑龙江具有稳中向好的发展态势。三是东北地区文化产业内生动力缺乏。东北三省文化产业领域企业研发投入不足，企业创新能力不强、成长性不优，导致区域文化产业竞争力不足，周而复始，东北地区文化产业难以为继。四是文化产业生态不完善。伴随科技、金融对经济发展的赋能，跨界融合已成为我国文化产业发展的加速器。但东北地区文化产业与科技、金融等高端要素相对割裂发展，同时，东北地区围绕各细分产业链的资源整合和引进能力较差，文化产业市场发展相对欠发达。

一 东北地区文化产业发展现状

（一）区域文化产业发展缓慢，年均增速远低于全国水平

2014～2017 年东北地区各省文化产业呈现缓慢发展态势，文化产业增加值由 2014 年的 1173 亿元增长到 2017 年的 1197.3 亿元，占 GDP 比重由 2014 年的 2.04% 提高到 2017 年的 2.21%。2014～2017 年，东北地区文化

产业增加值年均增速为 0.69%，高于同期地区生产总值（GDP）-15.85%的年均增速，低于同期全国文化产业 12.27%的增速。根据当前发展态势，预计 2018 年东北地区文化产业增加值预计将超过 1200 亿元，占 GDP 比重预计达到 2.23%。

分省份来看，辽宁省是东北地区文化产业大省，2017 年文化产业增加值达到 594.7 亿元，占 GDP 的比重达到 2.54%，但两项数据分别只排在全国第 18 位、第 22 位，而且近几年出现文化产业增加值负增长现象；2014～2017 年吉林文化产业发展相对迅速，年均增速达到了 8.33%，为东北三省产业规模扩张最快省份，但仍低于同期全国平均水平；黑龙江省文化产业处于缓慢发展的状态，2014～2017 年年均增速为 3.16%，2017 年黑龙江省文化产业增加值为 418.4 亿元，占 GDP 比重 2.63%，为三省中文化产业增加值占 GDP 比重最高省份（见图 1）。

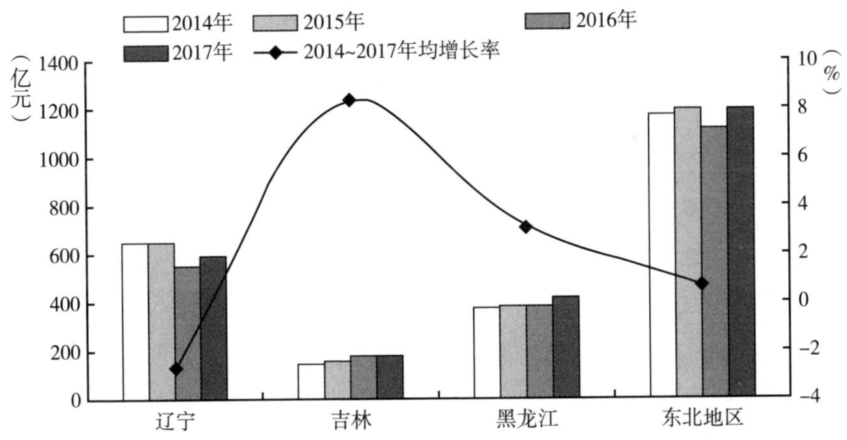

图 1　2014～2017 年东北地区文化产业增加值及年均增速

资料来源：《中国文化及相关产业统计年鉴》（2015～2018）。

（二）人均文化产业增加值与产业集聚均呈现下降态势

东北地区人均文化产业增加值呈现缓慢增长态势，2014～2017 年人均文化产业增加值年均增长率为 1%，产业增长速度处于我国七大区域最低水平。分地区来看，吉林省增长相对较快，增速达到 8.80%，黑龙江省以 3.56% 的增速位列第二，人均文化产业增加值增长相对缓慢，辽宁省则呈现负增长的发展态势（见图 2）。2014～2017 年东北地区劳均文化产业增加值总体呈下降趋势（年均增长率为 -2.53%），其中，黑龙江、吉林省下降幅度相对较大（见图 3）。

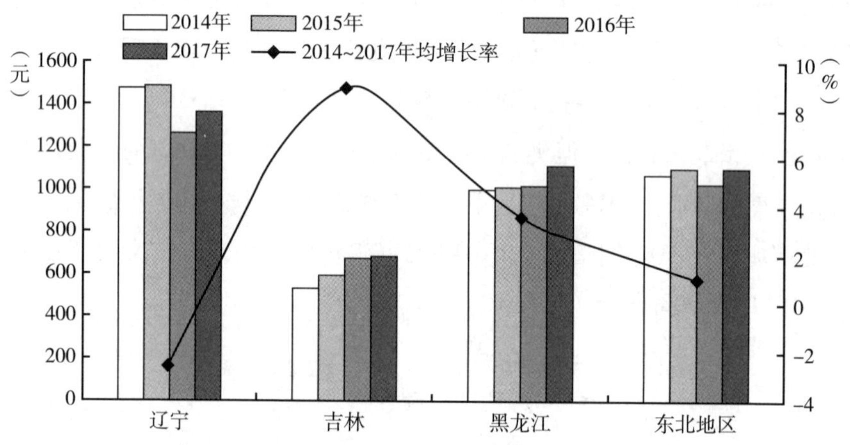

图 2　2014～2017 年东北地区文化产业人均产出情况

资料来源：《中国文化及相关产业统计年鉴》（2015～2018）。

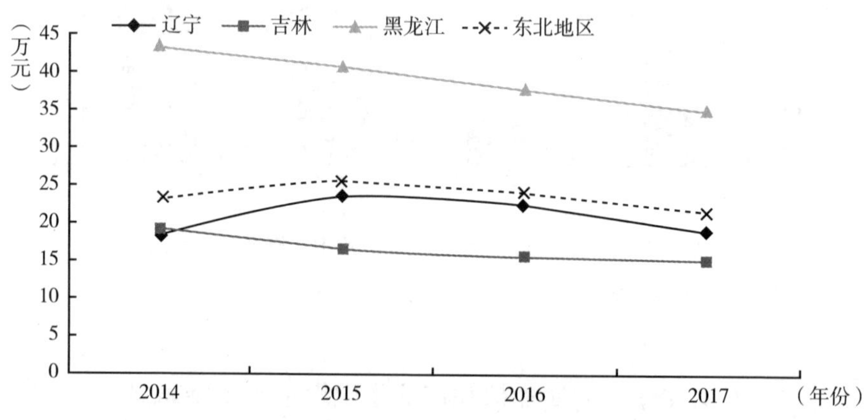

图 3　2014～2017 年东北地区文化产业劳均产出情况

资料来源：《中国文化及相关产业统计年鉴》（2015～2018）。

产业集聚是当前衡量文化产业发展的一项重要指标，2014～2017年东北地区文化产业集聚发展呈缓慢增长态势。分地区来看，吉林省文化产业集聚发展特征显著，文化产业专业化程度最高；辽宁文化产业集聚发展具有一定优势，黑龙江文化产业集聚化程度具有逐年提升的态势，但仍处于相对劣势区间（见图4）。

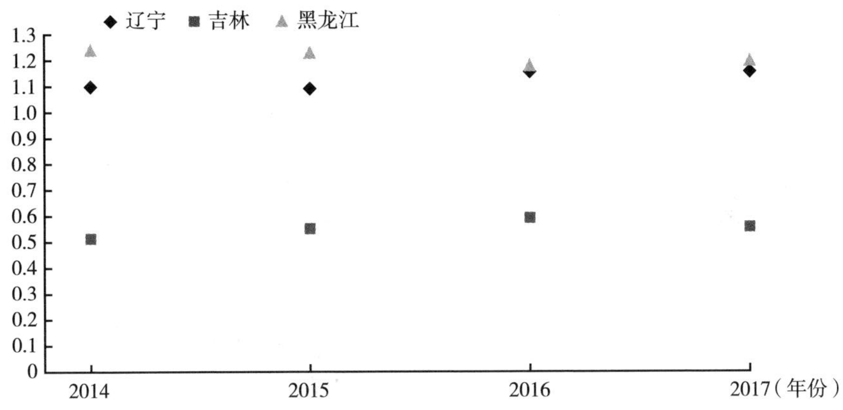

图4　2014～2017年东北地区文化产业区位熵

资料来源：《中国文化及相关产业统计年鉴》（2015～2018）。

（三）文化产业结构逐步调整，文化服务业比重显著提升

东北地区文化产业法人单位资产总计分行业构成由2013年的28.76∶9.62∶61.62调整为2017年的14.2∶7.69∶78.11，文化服务业比重显著提升，文化制造业比重显著下降，文化批零业比重小幅下降（见图5）。

分地区来看，辽宁、吉林、黑龙江三省文化制造业占比均呈现下降的态势；东北三省文化批零业占比小幅下降；三省文化服务业占比增幅较大，吉林、黑龙江两省服务业占比已超过80%（见表1）。

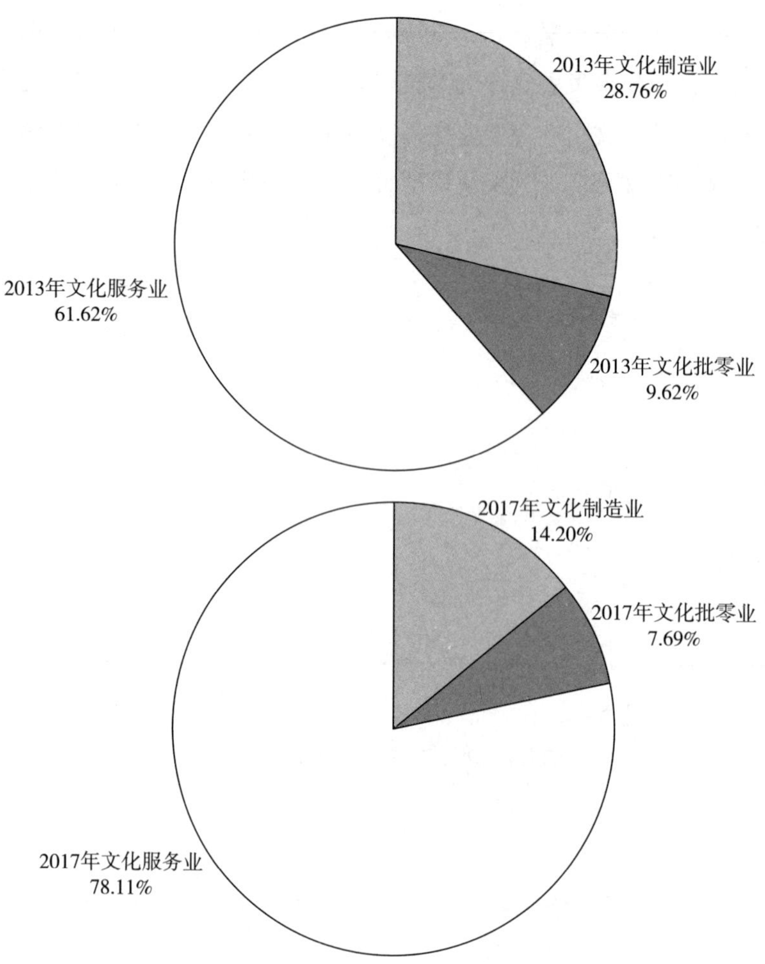

图 5　2013 年与 2017 年东北地区文化及相关产业法人单位资产总计分行业构成对比

资料来源：《中国文化及相关产业统计年鉴》（2014、2018）。

表 1　2013 年与 2017 年东北地区文化及相关产业法人单位资产总计构成情况

单位：%

地区	2013 年			2017 年		
	制造业	批零业	服务业	制造业	批零业	服务业
辽宁	32. 62	10. 26	57. 13	14. 61	9. 27	76. 12
吉林	21. 84	7. 73	70. 44	15. 47	4. 5	80. 02
黑龙江	20. 48	9. 13	70. 39	11. 39	7. 49	81. 13

资料来源：《中国文化及相关产业统计年鉴》（2014、2018）。

（四）居民文化消费快速增长，城乡差距进一步拉大

东北地区居民文化消费呈现较快增长态势，全部居民文化消费支出由2013 年的 520.9 元提高到 2017 年的 774.7 元，年均增长率达到 10.43%。分地区来看，各省文化消费支出均呈现稳步增长态势（见图 6），其中，辽宁省人均文化消费支出水平增长最快，达到 11.90% 的年均增长率，而居民文化消费支出占居民消费支出的比重总体呈现缓慢增长态势，2017 年吉林省居民文化消费占比最高，辽宁次之，黑龙江最低（见图 7）。

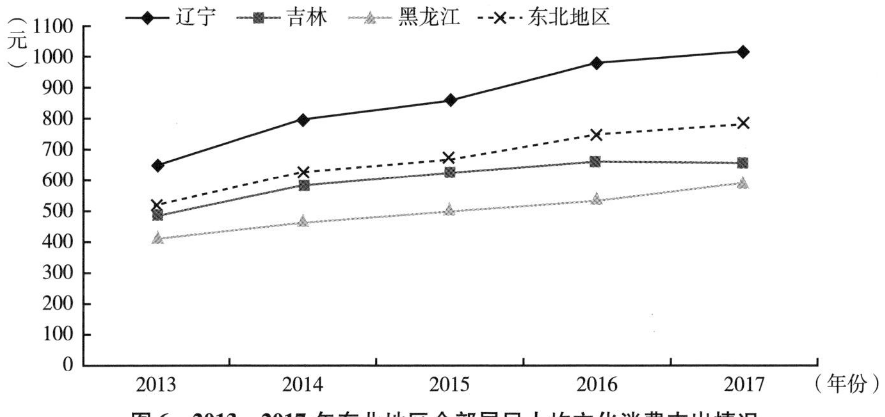

图 6　2013～2017 年东北地区全部居民人均文化消费支出情况

资料来源：《中国文化及相关产业统计年鉴》（2014～2018）。

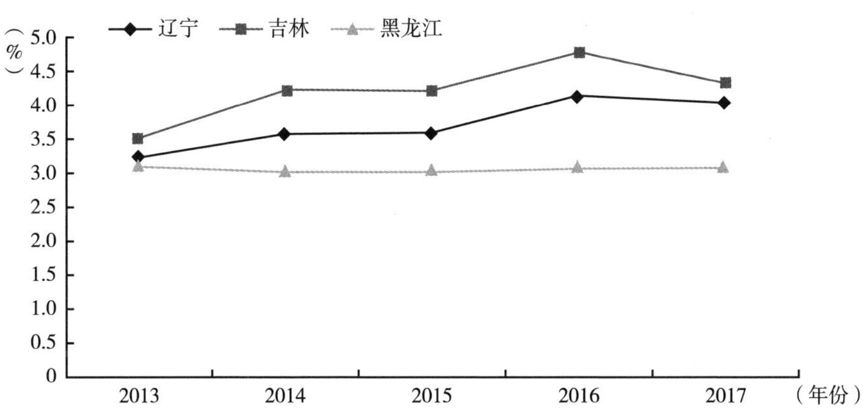

图 7　2013～2017 年东北地区全部居民人均文化消费支出占居民人均消费支出比重情况

资料来源：《中国文化及相关产业统计年鉴》（2014～2018）。

分城镇和乡村来看，东北三省城镇、乡村居民文化消费支出均呈现稳步增长态势，但从城镇与乡村对比来看，辽宁、吉林、黑龙江三省城镇和乡村居民文化消费比逐步拉大。分地区来看，辽宁、吉林、黑龙江三省的城镇居民文化消费水平具有一定差距，辽宁省城镇居民文化消费水平最高，2017年，辽宁省城镇居民人均文化消费达到1393元；三省农村居民文化消费水平逐渐趋同；黑龙江省城镇和乡村居民文化消费差距较小，吉林省城镇、农村居民文化消费差距具有缩小趋势（见图8和图9）。

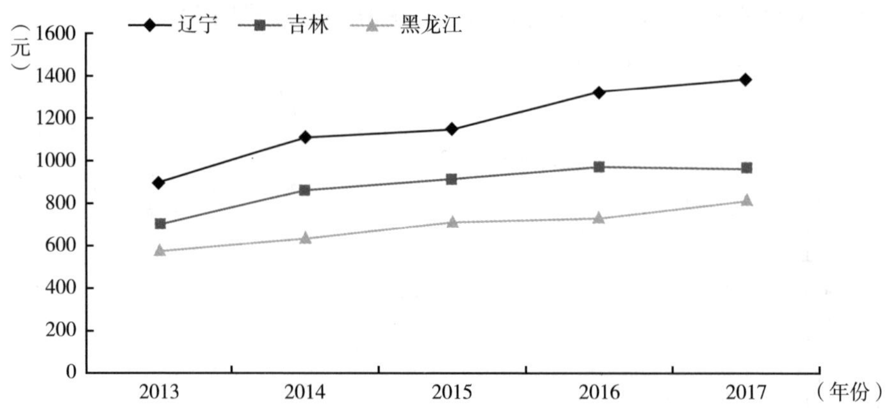

图8　2013～2017年东北地区城镇居民人均文化消费支出情况

资料来源：《中国文化及相关产业统计年鉴》（2014～2018）。

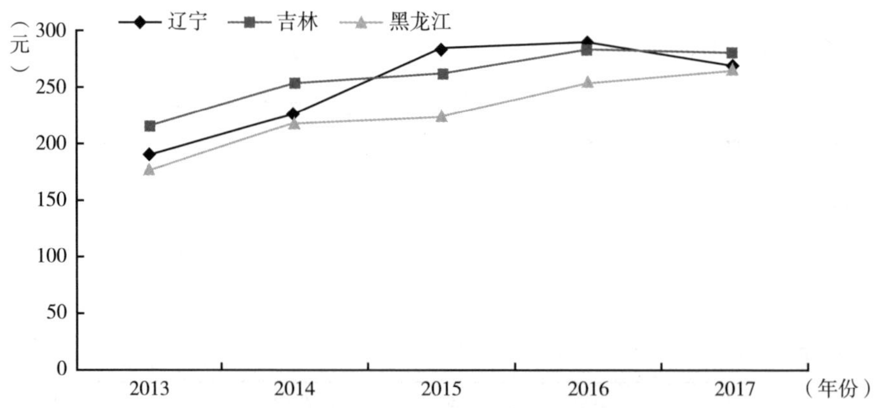

图9　2013～2017年东北地区乡村居民人均文化消费支出情况

资料来源：《中国文化及相关产业统计年鉴》（2014～2018）。

（五）文化产业固定资产投资逆势下滑，占全社会比重总体提高

东北地区文化及相关产业固定资产投资逆势下滑，年均增速为－2.36%，是中国七大区域中唯一实现文化产业固定资产投资负增长的区域，这主要是受辽宁省固定资产投资大幅下降的拖累，辽宁省文化产业固定资产投资自2015年以来出现大幅下降，因为是东北三省的文化大省，对东北地区文化产业总体发展产生重要影响。吉林省和黑龙江省呈现较稳定增长，年均增速分别为21.77%和9.56%（见图10）。

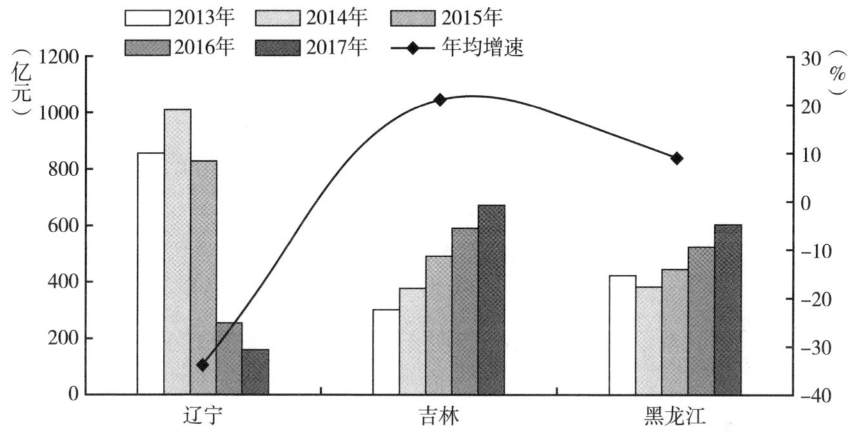

图10　2013～2017年东北地区文化及相关产业固定资产投资情况

资料来源：《中国文化及相关产业统计年鉴》（2014～2018）。

从文化及相关产业固定资产投资占全社会固定资产投资比重来看，东北地区由2013年的3.42%提升到2017年的4.63%，吉林省和黑龙江省平稳增长，辽宁省大幅下滑，整体呈现先增后降的倒U形增长态势，2015年后的大幅下滑主要与文化及相关产业固定资产投资大幅下滑相关（见图11）。

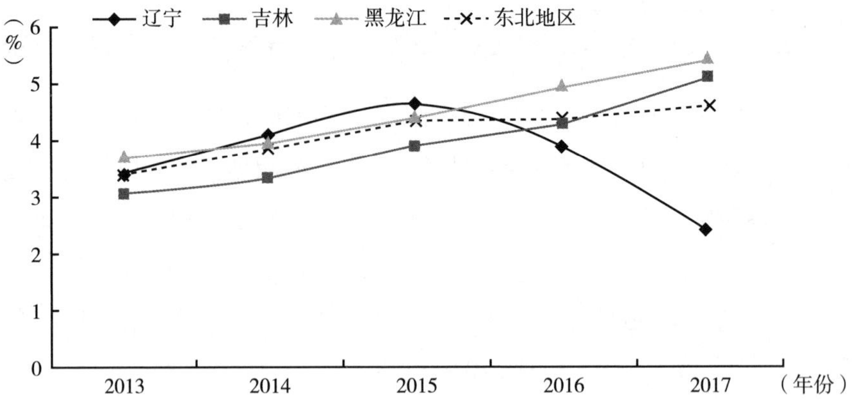

图11　2013～2017年东北地区文化及相关产业固定资产投资占全社会固定资产投资比重

资料来源：《中国文化及相关产业统计年鉴》（2014～2018）。

（六）文化企业规模与收益持续增长，区域就业带动能力下降

东北地区规模以上文化企业总数从2013年的1467家增加到2017年的1615家，增长了10.09%，其中吉林省、黑龙江省增长较快，增幅分别达到151.32%、44.16%，辽宁省企业总数出现负增长（见图12）。

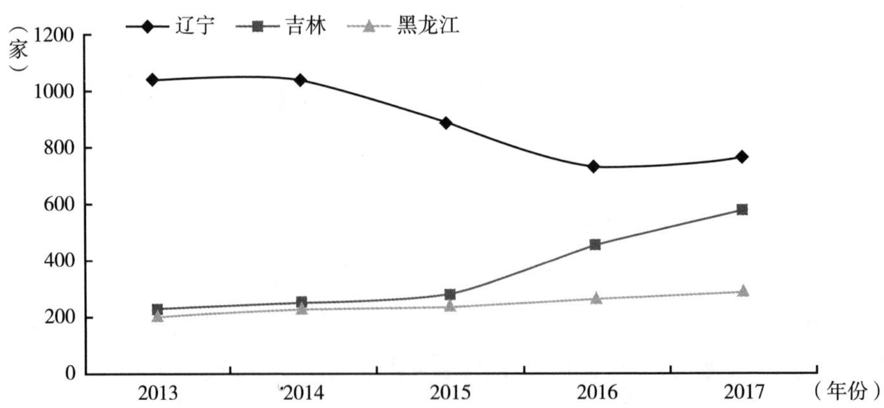

图12　2013～2017年东北地区规模以上文化企业数量增长情况

资料来源：《中国文化及相关产业统计年鉴》（2014～2018）。

2013～2017 年东北地区规模以上文化企业主营业务收入规模整体呈现逐渐收缩的态势；资产总计呈现稳步增长的态势，其中主营业务收入、资产总计年均增长率分别达到了 -10.69% 和 14.16%。东北地区文化产业带动就业能力有所下降，规模以上文化企业从业人员数由 2013 年的 23 万人缩减到 2017 年的 20 万人，年均增长率为 -3.43%（见图 13）。

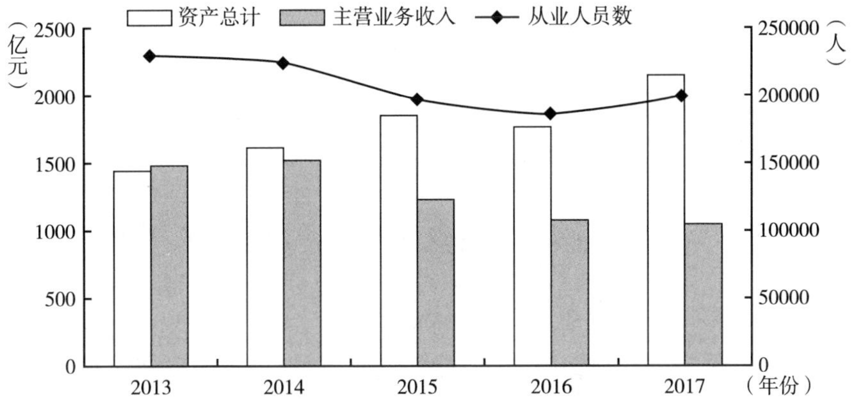

图 13　2013～2017 年东北地区规模以上文化产业法人单位经营情况

资料来源：《中国文化及相关产业统计年鉴》（2014～2018）。

（七）文化产业研发活力不足，市场转化效果不理想

东北地区规模以上文化制造业企业的研发活力不足，2013～2017 年有 R&D 活动文化企业数和研发投入资金规模年均增长率分别达到 3.93% 和 -15.11%（见图 14）。

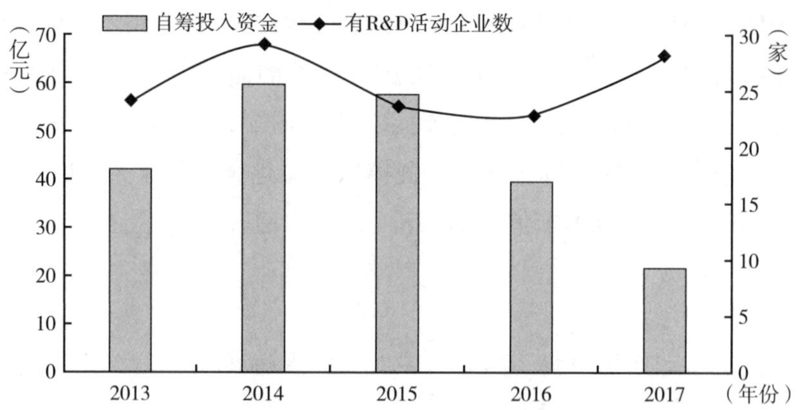

图14　2013～2017年东北地区规模以上文化研发投入情况

资料来源：《中国文化及相关产业统计年鉴》（2014～2018）。

东北地区有R&D活动文化企业数占规模以上文化企业总数的比重总体呈现小幅增长态势（见图15）。从单位R&D项目资本投入情况来看，东北地区由2013年的336.95万元下降到2017年的200.41万元，年均增速为-12.18%，但分地区来看，辽宁、吉林省单位R&D项目资本投入水平相对较高，黑龙江省相对较低（见图16）。

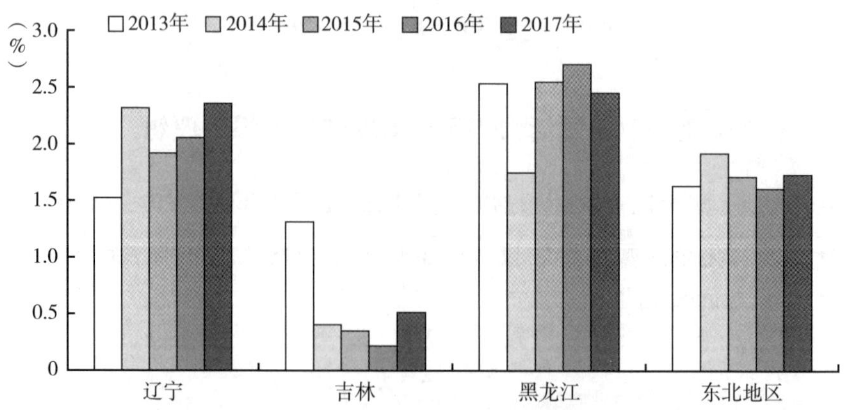

图15　2013～2017年东北地区有R&D活动文化企业数占规模以上文化企业总数比重情况

资料来源：《中国文化及相关产业统计年鉴》（2014～2018）。

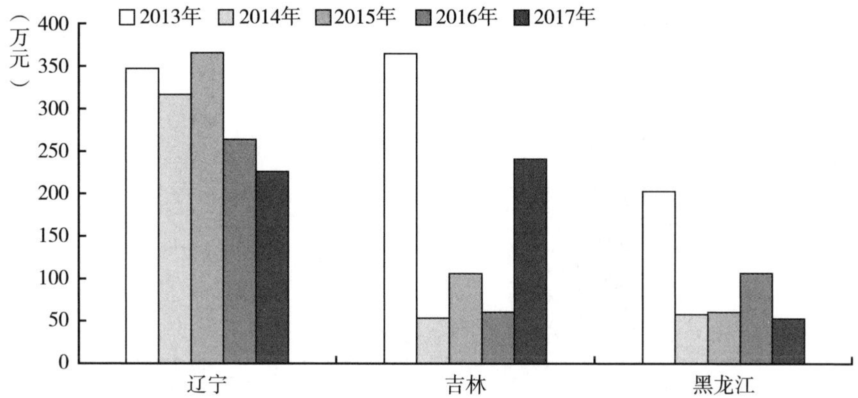

图16　2013～2017年东北地区单位R&D项目资本投入情况

资料来源：《中国文化及相关产业统计年鉴》（2014～2018）。

2013～2017年东北地区有效发明专利数、新产品销售收入年均增长率分别为－5.12%和－2.05%（见图17）。从文化制造业新产品销售收入绝对值来看，辽宁省一家独大，占东北地区销售总值的比重达到84.40%，其余省份占比相对较小；从文化制造业新产品销售收入增速来看，仅辽宁省维持正增长，年均增长率为0.2%，吉林、黑龙江均出现大幅下降（见图18）。

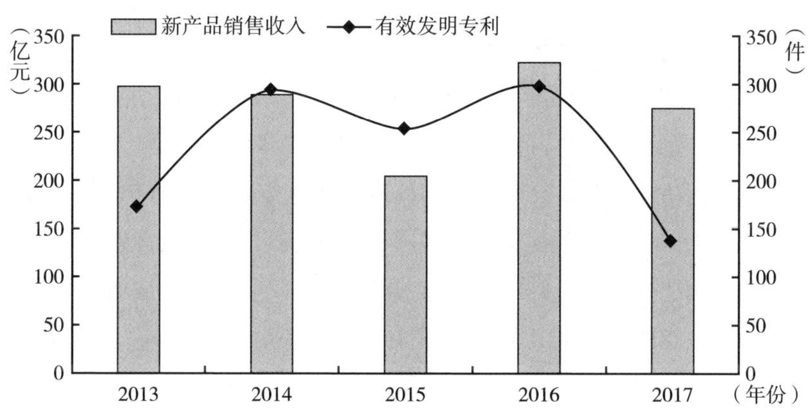

图17　2013～2017年东北地区文化研发产出情况

资料来源：《中国文化及相关产业统计年鉴》（2014～2018）。

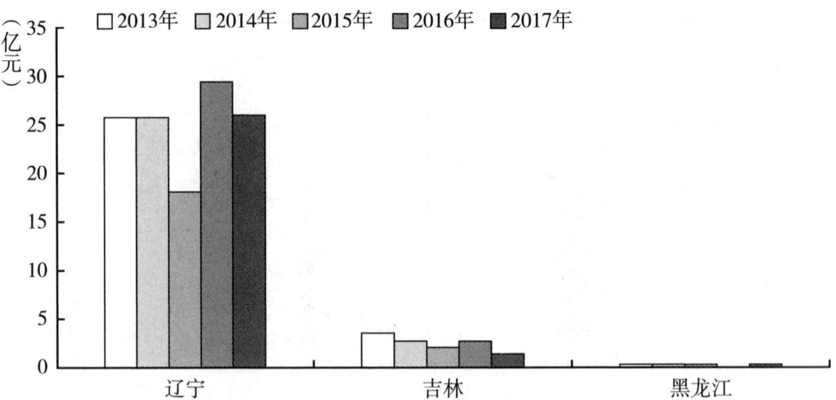

图 18　2013～2017 年东北地区文化制造业新产品的销售收入情况

资料来源：《中国文化及相关产业统计年鉴》（2014～2018）。

二　东北地区文化产业发展热点

（一）文旅融合、乡村旅游促进整体经济向前发展

乡村振兴战略的提出促进了乡村文化旅游、田园综合体和乡村特色产业等新兴业态的发展，多元化的资本开始推动乡村经济发展。基于东北地区丰富的物资、良好的地缘及丰富的历史文化资源，文化旅游逐渐成为区域文化产业的主导业态。从旅游业的多元形态来看，冰雪旅游、工业遗产旅游、避暑旅游等正在兴起，新的旅游需求受到越来越多人的青睐，加之与乡村旅游的结合，东北地区不断推出多样化的旅游产品和服务。

黑龙江作为中国生态资源大省和冰雪旅游大省，近年来积极发挥生态资源优势，大力推动旅游产业发展。2018 年，黑龙江省旅游业实现持续发展，预计共接待国内外游客 1.84 亿人次，同比增长 12%；实现旅游收入 2253 亿元，同比增长 18%[①]。2019 年，黑龙江再接再厉，加快推进各类文化和旅

① 汪晓涛：《2018 年黑龙江接待国内外游客 1.84 亿人次　实现旅游收入 2253 亿元》，人民网－黑龙江频道，http://hlj.people.com.cn/n2/2019/0114/c220024－32527030.html，最后检索时间：2019 年 9 月 2 日。

游产业重点项目建设，包括哈尔滨波塞冬海洋王国二期、齐齐哈尔奥悦冰雪体育运动公园、铁力全域旅游项目等，促进哈尔滨中艺文化创意园、中米包装印刷文创基地、伊春永达木艺文化旅游体验基地等尽快建成投产。在夯实原有产业基础的同时，黑龙江积极推出文旅产业的新布局，提出黑河、牡丹江、佳木斯、鹤岗、大兴安岭等对俄沿边市县，开展各具特色的对俄文化和旅游交流活动，构建"1+10"沿边城市文化旅游交流走廊新格局；探索对俄文化交流项目和旅游活动融合途径，推动中俄跨境自驾游常态化发展，指导黑河、绥芬河—东宁、抚远创建国家级边境旅游试验区，深化文化和旅游产业供给侧结构性改革，大力发展全域旅游。①

吉林省依托得天独厚的地理资源、历史文化资源及民俗文化大力发展文化旅游业，已形成"旅游业为主体，牵动一产、托举二产"的发展格局。2018年3月29日中共长春市委印发了《中共长春市委长春市人民政府关于全面推进乡村振兴战略的实施意见》（长发〔2018〕10号），文件提到促进农村一二三产业融合发展，不断拓宽农民增收渠道，其中最重要的一点是要发展壮大农村新产业新业态，以进一步挖掘乡村旅游资源。吉林省将加快精品民宿、农耕体验、果蔬采摘、健康养生、民俗节庆等特色民宿旅游产品开发，注重与文化旅游、工业旅游、生态旅游等旅游产品的优化整合。2018年8月，吉林省委、省政府再次出台《关于进一步优化区域协调发展空间布局的意见》，深耕"长通白延吉长避暑冰雪生态旅游大环线"和"长松大白通长河湖草原湿地旅游大环线"的双线布局，政策强调要加快建设东部避暑冰雪生态旅游大环线和西部河湖草原湿地旅游大环线，加快构建区域旅游协同发展的新格局，突出6个方面，出台了17条政策措施，加快构建吉林省旅游区域协同发展新格局，促进"双线"联动、"区域"带动"全域"，推动旅游业高质量发展。2017年前三季度，吉林省乡村旅游实现总收入约160亿元，同比增长43.7%，到2022年全省乡村旅游力争实现收入550亿元。2017年吉林省旅游总收入3507.04亿元，同比增长21.04%；全

① 杨拓：《黑龙江：深化文旅融合　促进优质发展》，《中国旅游报》2019年3月26日，第1版。

年接待旅游者总数19241.33万人次，同比增长16.06%，分别高于全国平均水平5.9个和4.98个百分点。2020年，吉林省旅游总收入目标为5000亿元①。

辽宁省通过完善旅游产业链条、引进战略合作伙伴、搭建产业发展载体、开发乡村文化旅游项目等举措推动辽宁省文旅融合发展。一方面建立辽宁省旅游产业联盟，发展华侨城旅游投资管理有限公司等文化领域投资机构作为战略合作伙伴，共同推进辽宁省文旅融合发展进程；另一方面，充分挖掘古村落传统历史文化内涵，加大营销宣传力度，讲好古村历史故事，打造特色文化名片，提高社会知名度。加强古村落文化旅游资源保护，在保护的基础上合理开发，从而形成保护与开发的良性循环，但辽宁省乡村旅游正处于从单纯的观光式农业旅游向体验式农业旅游转型的过渡时期，从农家乐到生态采摘园、特色乡村小镇，农业旅游已成为辽宁旅游业的新增长点。此外，为满足不同层次、不同年龄运动爱好者的需求，辽宁省政府大力推动和开发温泉冰雪旅游项目、大力推动滑雪场地建设。目前，辽宁省已经形成了以沈阳和大连为中心的两大旅游圈，从整体来看，辽宁省冰雪产业发展速度虽然较快但仍处于起步阶段，冰雪行业的经营状况，包括滑雪场数量、规模及滑雪游客的人数都有待进一步提高。新时代，辽宁省如果要发展文化产业，就必须对冰雪产业进行整合升级，塑造独特的文化旅游品牌。

（二）工业文化遗产的合理开发与利用

东北老工业基地曾是中国“一五”时期苏联援建的“奠定中国现代工业基础”的156个项目最集中的工业区之一，形成了一些重要的文化景观遗产，是中国156个项目工业遗产的优秀代表，也是新中国工业遗产的典范。近年来，东北三省不断强化对工业文化遗产的保护和开发，包括铁路建设站房、机车库、机车厂铁路俱乐部、铁路医院、工程师办公楼等，构

① 丁飞洋：《吉林省地区乡村旅游发展模式及对策探析》，《经济研究导刊》2018年第31期，第1页。

成了东北地区最早的铁路干线建筑，是东北地区主要城市建设的源头，记载了东北一个世纪以来从开发建设到民族独立、国家复兴的艰苦历程。第一汽车制造厂的建成，开创了中国汽车工业新的历史；通化葡萄酒厂，是中国最早的葡萄酒生产地之一；丰满电站，是我国最早的大型水力发电厂，也曾是亚洲最大的水电站；还有以钢铁、化工、煤炭制造业为主的传统重工业以及以机器人研发、造船业、核潜艇制造、飞机制造等为主的现代重工业遗址，均蕴藏着丰富的工业遗产资源，对我国经济建设和社会发展做出了重大贡献。

近年来，东北三省的政府部门通过强化宏观控制、政策导向、资金投入等手段，为相关企业提供服务，助力工业遗产旅游的发展，加大工业文化遗产的保护和开发。政府搭建起信息平台，宣传本省的工业遗产旅游，依托智慧旅游，提高社会知名度，增强东北地区工业遗产旅游的影响力。但东北地区工业遗产旅游仍然存在旅游产品较为单一、游客逗留时间短、经济效益低等问题。

（三）“文化＋金融”模式助力文化产业发展

随着文化产业体系进入加速发展期，黑龙江省加大了金融对文化产业的扶持力度，已基本形成“股权＋债券”的融资体系。中国人民银行哈尔滨中心支行确定了哈尔滨银行作为“金融支持文化产业园区示范点建设”牵头行，签署了《金融支持黑龙江省文化产业园区示范点建设合作备忘录》，探索开展文化创意产业版权质押贷款、广告收益贷款、文化创意小微企业联保贷款三种融资模式，不断优化信贷模式，优先向文化创意产业配置信贷资金，为省内文化创意有关项目和企业提供了稳定的资金来源。此外，2019年7月，哈尔滨市政府设立哈尔滨市产业引导基金及哈尔滨新区产业引导基金，计划引导社会资本在哈尔滨成立产业投资基金，主要引导设立产业并购、通用航空、生物医药、旅游文化体育、绿色食品、服务贸易、高新技术等产业基金，将有效集聚闲置社会资本投资于黑龙江省文化领域一级市场，为文化企业提供充足的资金支持。

吉林建立起股债结合、一级股权市场、二级证券市场兼备较完善的文化产业融资体系。信贷层面，吉林省先后出台了《关于促进金融业发展支持吉林老工业基地加快振兴的指导意见》《吉林省商标专用权质押贷款工作指导意见》等政策，进一步引导金融机构加大支持力度，相关机构加大信贷投放力度，优化信贷结构，创新适应文化、旅游产业的信贷产品和服务方式，以支持吉林文化、旅游产业做大做强。股权层面，由吉林省文化产业投资控股公司牵头，在省文化厅的大力支持下，搭建起文化产业投融资信用担保平台，该平台与基金、法务和财务等多家中介机构进行了有效资源链接，设立两支文化领域投资基金，打通吉林省文化产业投融资渠道，逐步实现文化产业与金融资本的有效对接。此外，吉林省文化企业深度融入资本市场，进一步拓宽了企业融资渠道。

三　东北地区文化产业发展趋势和展望

（一）加大文化产业投入，推动产业提质增效发展已迫在眉睫

东北地区公共文化产品和服务供给滞后甚至不足严重制约了产业创新发展。伴随我国数字化技术与文化产业的融合，催生了电竞、沉浸式文娱活动等新生业态和载体，文化产业已逐步演进为生产数字化、流通数字化、消费数字化的发展范式，这对区域公共文化资源及服务的供给提出更高的要求，包括网络基建保障，博物馆、图书馆等的数字化建设以及出版印刷、主流媒体的数字化建设等。另外，由于研发能力差、原创不足，东北地区文化产业发展较低端，始终摆脱不了东北亚地区文化产业的“代工厂”角色，处于产业链的简单加工制造环节。为此，解决这一问题以实现产业链的跃升，还需政府打造良好的文化产业硬件发展环境，其一要加大地方公共文化投入，打造良好的公共文化基础环境，设立文化产业发展专项资金，实施东北地区传统文化资源的开发和保护工程，利用数字化技术建立传统文化资源数据库，并将其纳入文化创作和生产体系，加强内容端的素材供给，提升文化企

业的产品竞争力；其二要通过税收、补贴等方式引导企业加大研发力度，焕发文化企业生命力。

（二）完善文化金融服务体系成为东北地区文化产业升级的重要选择

近年来，东北地区逐步构建起文化金融的信贷服务体系，包括探索开展文化产业项目的资产证券化；建立文化金融专业银行服务机构和服务团队；发展非银行文化类金融组织；引导符合条件的保险公司设立文化保险专营机构；支持设立并发展壮大文化类小额贷款公司；推动成立文化融资租赁公司；支持建立文化消费金融公司等。然而缺少直接融资渠道和机制的构建，虽有股权投资的探索和上市公司的存在，但直接融资对企业发展的支撑作用不强。纵观文化领域内的字节跳动、腾讯等独角兽公司背后均有数家头部股权投资机构的身影，“基金＋产业”的资本孵化发展范式已经得到无数成功案例的检验，东北地区需强化股权投资市场的培育和企业对资本市场的深度参与。

股权投资市场的培育，建议东北地区通过“一事一议”的优惠政策引进头部机构分支及文化领域巨头企业的拆分业务或总部机构落户东北地区，通过优质企业和头部机构实现跨地域优质项目的导流，为东北地区文化产业发展注入新活力，从而实现资本孵化。在资本市场的培育方面，支持推动文化企业直接融资，学习武汉等地的资本市场培育计划，建立企业上市备选库。支持文化企业在主板、创业板及纳斯达克等上市融资、再融资和开展并购重组，提升企业的发展竞争实力，同时为股权投资市场拓宽渠道。

（三）着力培育文化产业生态是东北地区文化产业升级提档的关键举措

东北地区文化产业面临产业结构不合理、创新驱动力不足、产业链条不完善、资源配置效率低、高精尖技术型人才缺失等问题，一言以代之就是东北地区文化产业生态尚未形成。首先，大部分细分行业产品研发—制作—消

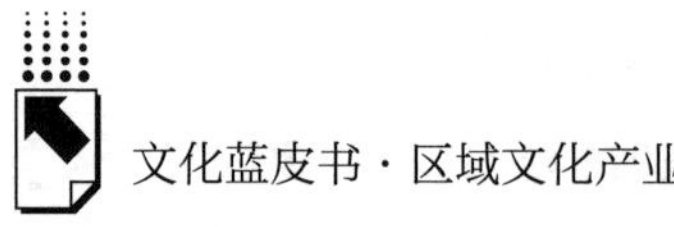

费产业链布局不完整。具体而言，研发环节内容供给不足，原创力不足，导致文化产品没有竞争力；生产制作环节，东北地区文化产业处于生产环节的企业多为传统文化产品的生产制造商，参与文化创意产业等新兴产业的企业较少，存在企业低端化生产的问题；消费环节，居民文化消费需求日益增长，但与本土文化企业供给的文化产品供需不匹配，不能形成本土文化产业发展的闭环。其次，从外围层面来看，区域文化产业发展优惠政策、文化产业人才、中介服务机构等要素供给和布局均不充足。为了破除这一发展困境，东北地区应该扎实推进各类文化产业园区、文化企业加速器等产业载体的建设，搭建专业化文化产业集聚区运营管理服务平台，通过政策、金融、人才、市场渠道等要素供给，引导、扶持企业协同创新发展，从而形成良好的文化产业发展生态，推动东北地区文化产业发展。

B.5

东南地区文化产业发展报告（2019 ~2020）

古珍晶*

摘　要： 东南地区地理区位优越，经济发展全国领先，产业要素集聚良好，文化产业发展基础十分优越。近几年，东南地区文化产业势头依旧强劲，尤其是新兴产业快速增长、文化科技进一步融合、文化现代市场体系建构、区域高度协同创新发展，文化产业发展成绩斐然。国家粤港澳大湾区战略、“21 世纪海上丝绸之路”、中国特色社会主义先进示范区建设等，又为东南地区文化产业腾飞提供了新机遇。尽管近年来周边环境偶有波动，外部区域合作速度放缓，但作为中国南部发展重镇，东南地区在文化产业跨区域合作、深化区域协作机制改革方面不断探索，为不同地区文化产业协同发展提供了新的思路。

关键词： 融合创新　数字媒体　协同发展　东南地区

东南地区是指广东、福建和海南三省的区域简称。近两年，随着国家加强部署区域发展战略，东南地区区域协同发展趋势和要求不断增强。近年来，东南地区文化产业总值依然强势增长，文化业态创新引领全国，文

* 古珍晶，深圳大学文化产业研究院博士研究生，主要研究方向：制度创新与文化创意经济。

化消费市场持续扩大，大规模文化创新创业频现，居民文化消费热忱持续增高。这一时期东南地区文化产业呈现新的特点：一是全域旅游与文旅融合的新发展，国家“十三五”期间，三省纷纷出台相应的规划政策，扩大了旅游业范围，鼓励跨界融合创新新业态，推动文化与旅游进一步融合发展；二是会展业加速文化产业发展，东南地区优越的地缘条件为其提供了极其便利的海内外交通支撑；三是技术变革下的媒体融合发展，广东省先进的通信技术引领东南地区乃至全国媒体产业技术革新，为5G时代的来临捕捉了最佳机遇；四是区域合作与文化产业“走出去”，扩大了区域合作范围，创新了合作机制；五是自由贸易区助力文化产业大发展，实现了现代文化市场体系构建。

一 东南地区文化产业发展现状

（一）区域文化产业发展持续递增，年均增速低于全国水平

2014～2017年东南地区各省份文化产业呈现健康快速发展态势。2014～2017年，东南地区文化产业增加值年平均增速达到10.56%，低于同期全国文化产业12.27%的增速。根据当前发展态势，预计2018年东南地区文化产业增加值将远超全国其他地区。

分省区市来看，广东省文化产业发展在东南地区处于绝对领先地位，2017年文化产业增加值达到4817.2亿元；2014～2017年海南文化产业发展迅速，年均增速达到了13.93%，是东南地区最接近于同期全国增速的省，但与此同时，海南省的文化产业增加值总量远远低于同区域的广东和福建两省，2014～2017年仅增长462.7亿元；福建省文化产业发展增速相对缓慢，2014～2017年年均增速为9.76%，文化产业增加值依旧逐年稳步增加（见图1）。

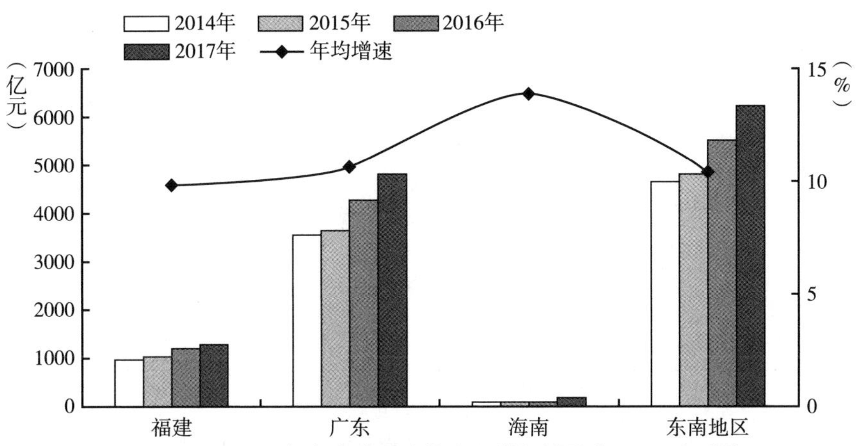

图1　2014～2017年东南地区文化产业增加值及占GDP比重情况

资料来源：《中国文化及相关产业统计年鉴》（2015～2018）。

（二）人均与劳均文化产业增加值呈正负增长，产业集聚不平衡

东南地区人均文化产业增加值呈现稳步增长态势，2014～2017年年均增长率达到9.23%，分地区来看，海南省增长相对较快，福建、广东增长相对缓慢（见图2）。2014～2017年东南地区劳均文化产业增加值总体呈下降趋势（年均增长率为－2.31%），其中福建和海南下降幅度相对较大，分别为－4.74%和－6.67%（见图3）。

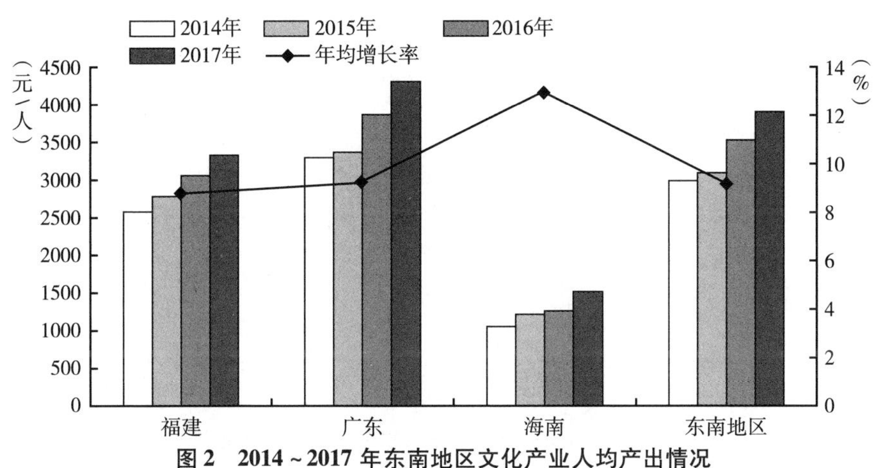

图2　2014～2017年东南地区文化产业人均产出情况

资料来源：《中国文化及相关产业统计年鉴》（2015～2018）。

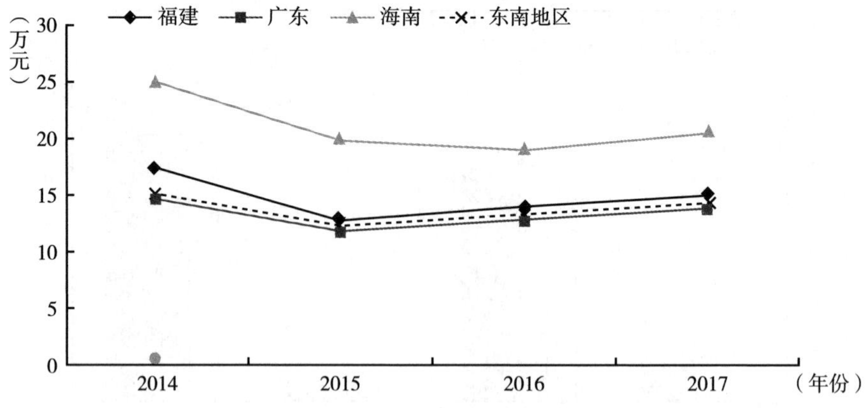

图3　2014～2017年东南地区文化产业劳均产出情况

资料来源：《中国文化及相关产业统计年鉴》（2015～2018）。

产业集聚是当前衡量文化产业发展的一项重要指标，2014～2017年，东南地区文化产业集聚发展有增有减。分地区来看，广东省文化产业集聚发展特征显著，文化产业专业化程度最高，在全国处于优势区间；福建文化产业集聚发展的相对优势自2015年逐年下降，产业专门化率依然处于相对劣势区间；而海南2014～2017年文化集聚程度增减相间，但一直处于比较劣势区间。因此除广东省外，东南地区其余两省文化产业集聚发展均处于相对劣势（见图4）。

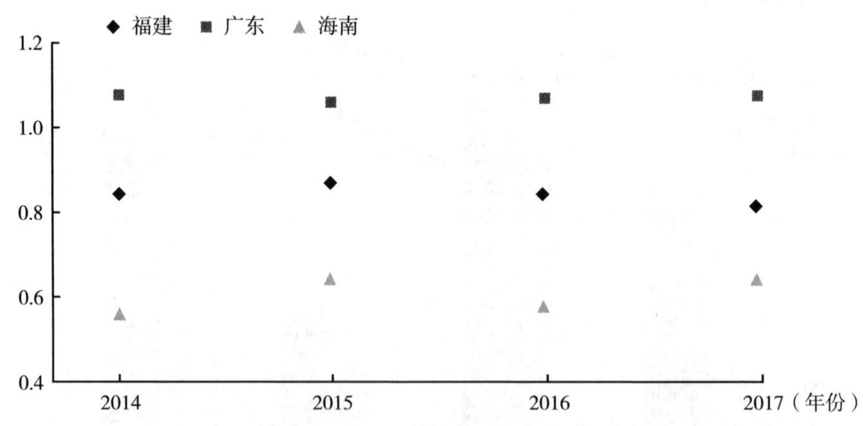

图4　2014～2017年东南地区文化产业区位熵

资料来源：《中国文化及相关产业统计年鉴》（2015～2018）。

（三）文化产业结构进一步优化，文化服务业比重显著提升

东南地区文化产业法人单位资产总计分行业构成由 2013 年的 48.54∶13.33∶38.13 调整为 2017 年的 32.03∶9.59∶58.38，文化服务业比重显著提升，文化制造业比重显著下降，文化批零业比重小幅下降（见图 5）。

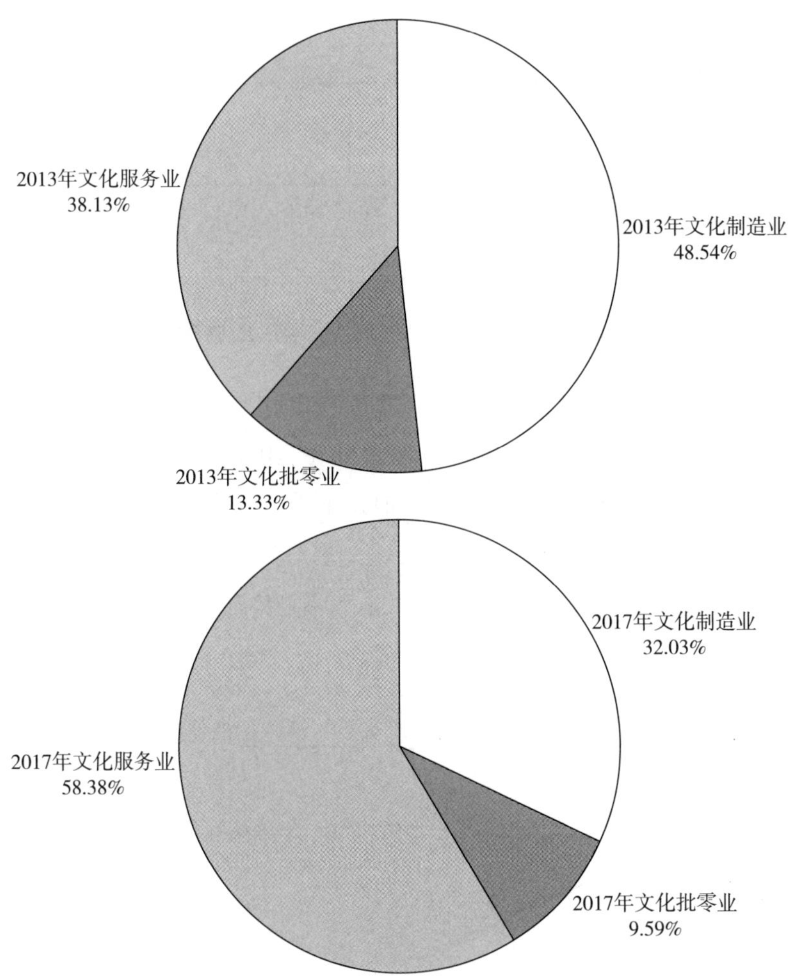

图 5　2013 年与 2017 年东南地区文化及相关产业法人单位资产总计分行业构成对比

资料来源：《中国文化及相关产业统计年鉴》（2014、2018）。

分行业来看，东南三省的制造业、批零业占比均有不同程度下降，服务业占比有较大增幅。其中海南省的服务业占比已达到70%，福建省的服务业比重相对较低（见表1）。

表1　2013年与2017年东南地区文化及相关产业法人单位资产总计构成情况

单位：%

地区	2013年			2017年		
	制造业	批零业	服务业	制造业	批零业	服务业
福建	48	14	38	37	13	50
广东	49	14	37	32	9	59
海南	38	6	56	25	5	70

资料来源：《中国文化及相关产业统计年鉴》（2014、2018）。

（四）居民文化消费持续增长，城乡差距逐步缩小

东南地区居民文化消费呈现稳步增长态势，全部居民文化消费支出由2013年的789元提高到2017年的1048元，在全国仅次于长三角地区，且人均文化消费年均增长率为7.35%。分地区来看，各省份文化消费支出都呈现稳步增长态势（见图6），而居民人均文化消费支出占居民人均消费支出的比重有所下降，广东、福建还呈现大幅下降趋势（见图7）。

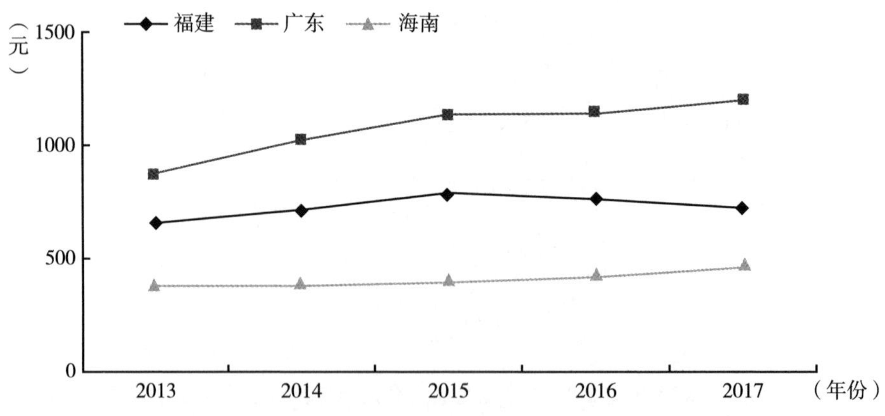

图6　2013～2017年东南地区全部居民人均文化消费支出情况

资料来源：《中国文化及相关产业统计年鉴》（2014～2018）。

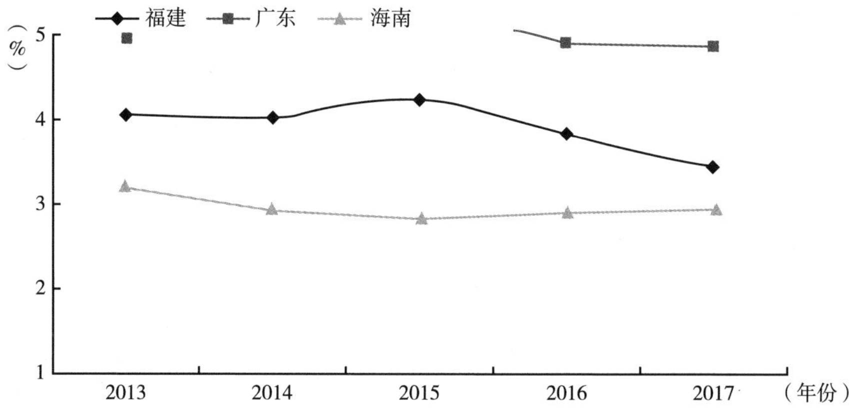

图7　2013～2017年东南地区全部居民人均文化消费支出占居民人均消费支出比重情况

资料来源：《中国文化及相关产业统计年鉴》（2014～2018）。

分城镇和乡村来看，东南地区三省份城镇、乡村居民文化消费支出都呈现整体增长态势，但从城镇与乡村对比来看，广东、海南城镇和乡村居民文化消费比逐步缩小，而福建城镇和乡村居民文化消费比变化较小（见图8和图9）。

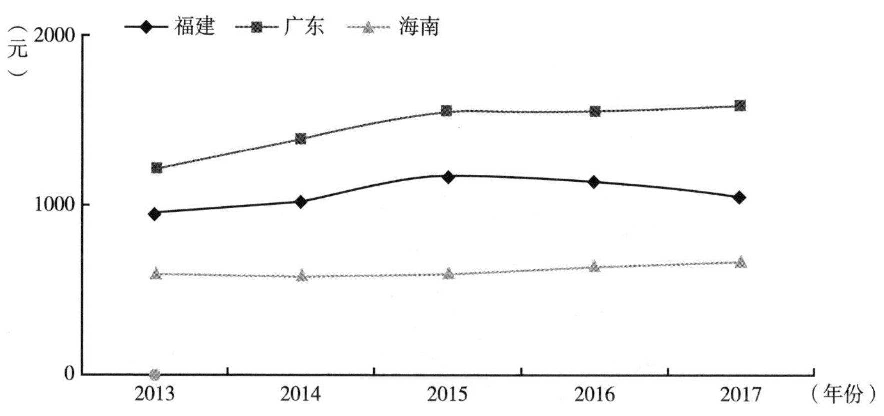

图8　2013～2017年东南地区城镇居民人均文化消费支出情况

资料来源：《中国文化及相关产业统计年鉴》（2014～2018）。

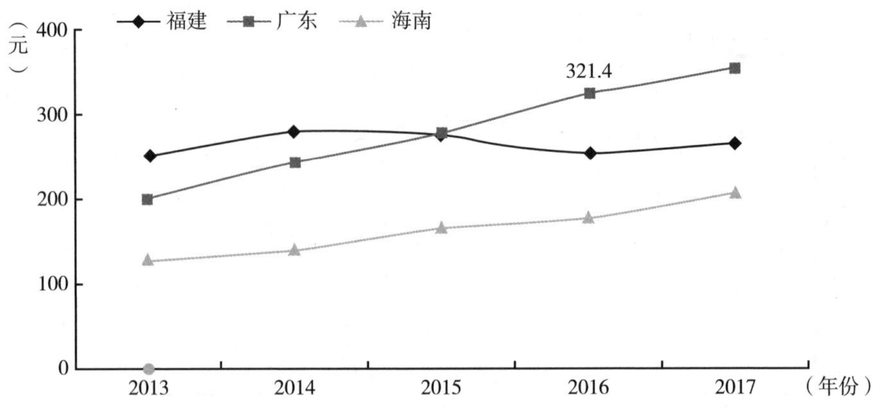

图9　2013～2017年东南地区乡村居民人均文化消费支出情况

资料来源：《中国文化及相关产业统计年鉴》（2014～2018）。

（五）文化产业固定资产投资平稳增长，占全社会比例缓慢上升

东南地区文化及相关产业固定资产投资增长较快，由2013年的1874亿元增加到2017年的3752亿元，年均增长率达到18.96%。分地区来看，福建省、海南省快速增长，广东省增长相对较慢（见图10）。

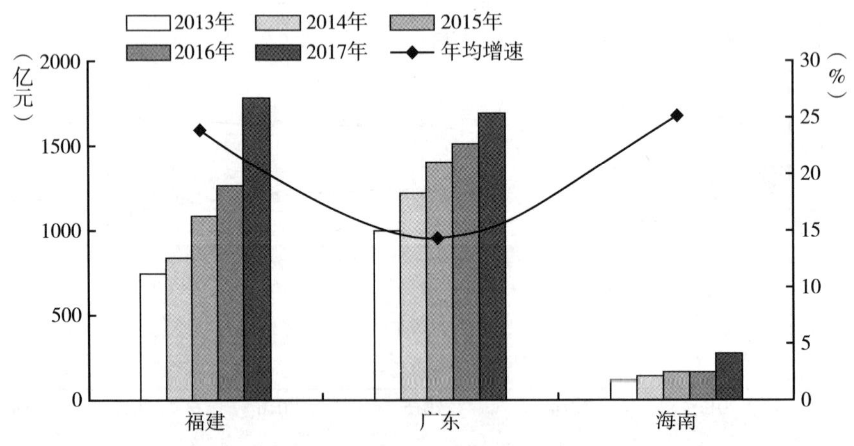

图10　2013～2017年东南地区文化及相关产业固定资产投资情况

资料来源：《中国文化及相关产业统计年鉴》（2014～2018）。

从文化及相关产业固定资产投资占全社会固定资产投资比重来看，东南地区由2013年的4.65%提升到2017年的5.48%，海南省和福建省增速较快，广东省呈现整体下降趋势（见图11）。

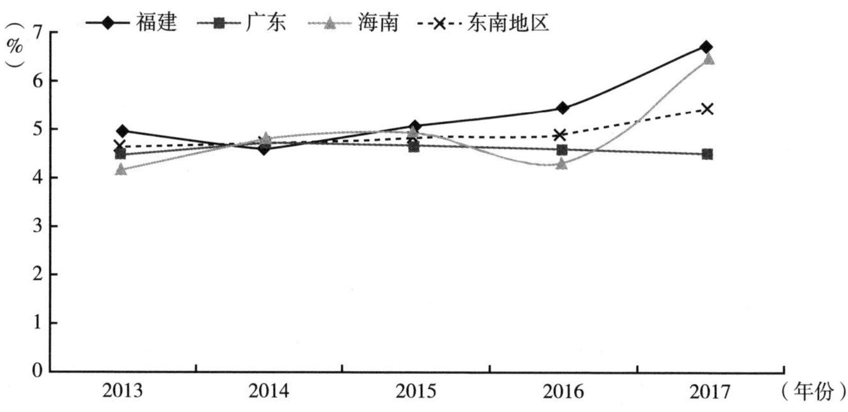

图11　2013～2017年东南地区文化及相关产业固定资产投资占全社会固定资产投资比重

资料来源：《中国文化及相关产业统计年鉴》（2014～2018）。

（六）文化企业规模与收益持续增长，带动就业能力显著

东南地区规模以上文化企业总数从2013年的8407家增加到2017年的11487家，增长了36.64%，其中福建省增长较快，增幅分别达到73.22%，海南增长可观，为35.58%；广东省增长相对缓慢，增长了25.82%（见图12）。

2013～2017年东南地区文化产业法人单位数、主营业务收入、资产总计都呈现较快增长，东南地区文化产业带动就业进一步提高，年末从业人员数由2013年的393万人增加到2017年的441万人（见图13）。

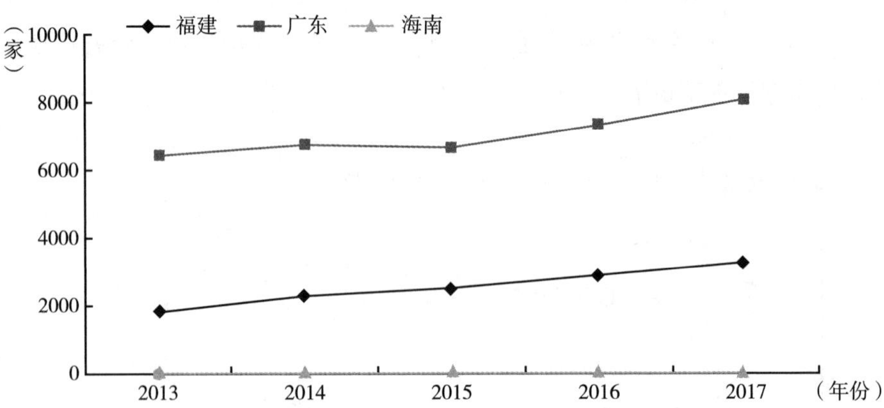

图12　2013～2017年东南地区规模以上文化企业数量增长情况

资料来源：《中国文化及相关产业统计年鉴》（2014～2018）。

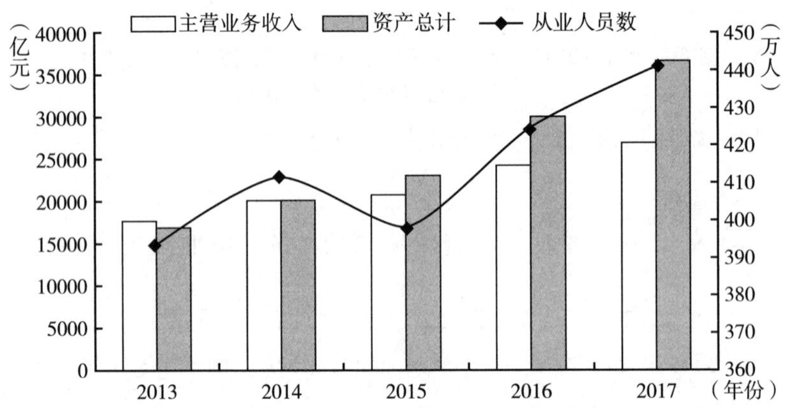

图13　2013～2017年东南地区文化产业法人单位经营情况

资料来源：《中国文化及相关产业统计年鉴》（2014～2018）。

（七）文化产业研发持续活跃，市场转化效果总体显著

东南地区规模以上文化制造业企业的研发持续活跃，2013～2017年有R&D活动文化企业数和研发投入资金规模年均增长率分别达到29.41%和6.78%（见图14）。

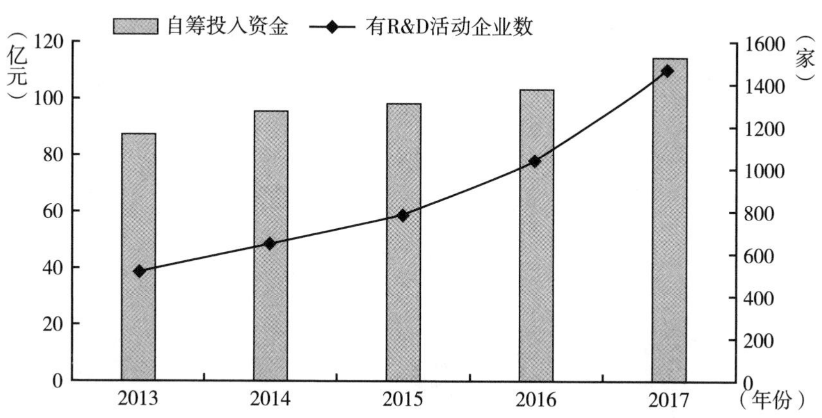

图14　2013～2017年东南地区规模以上文化企业研发投入情况

资料来源：《中国文化及相关产业统计年鉴》（2014～2018）。

东南地区有R&D活动文化企业数占规模以上文化企业总数的比重总体呈现较快增长态势，其中广东省增长最快（见图15）。从单位R&D项目资本投入情况来看，东南地区由2013年的210.91万元下降到2017年的187.91万元；从2013～2017年，前三年海南省科研项目资本投入总数最为显著，大幅领先于广东、福建两省，后降回平均水平；广东省总投入略低于海南省（见图16）。

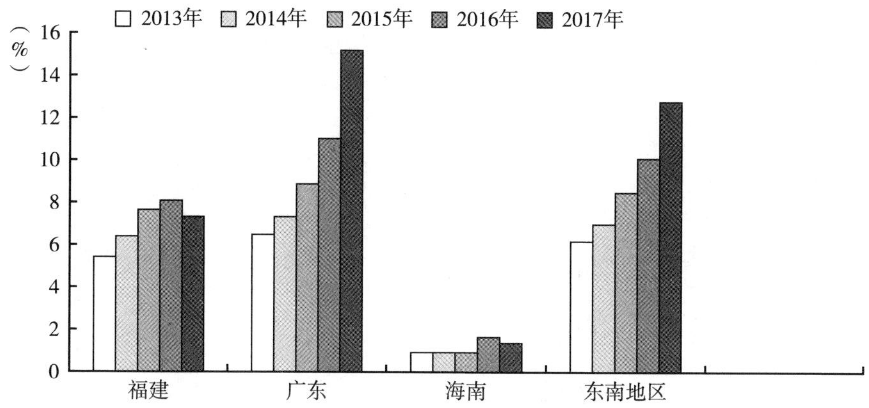

图15　2013～2017年东南地区有R&D活动文化企业占规模以上文化企业总数比重情况

资料来源：《中国文化及相关产业统计年鉴》（2014～2018）。

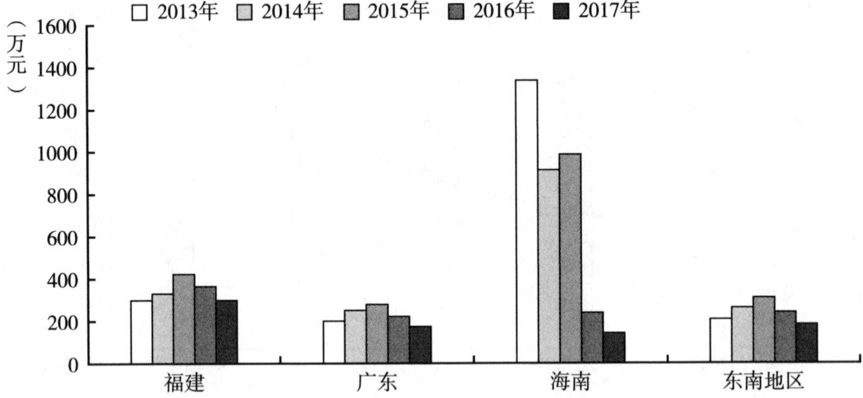

图 16　2013～2017 年东南地区单位 R&D 项目资本投入情况

资料来源：《中国文化及相关产业统计年鉴》（2014～2018）。

2013～2017 年东南地区有效发明专利数、新产品销售收入年均增长率分别为 21.73% 和 18.59%（见图 17）。从文化制造业新产品销售收入绝对值来看，广东省依然占比较高，而福建省比重相对较小；从文化制造业新产品销售收入增速来看，广东增长更快，年均增长率为 20.94%，福建增长较缓，为 6.66%；海南省此类数值均未统计（见图 18）。

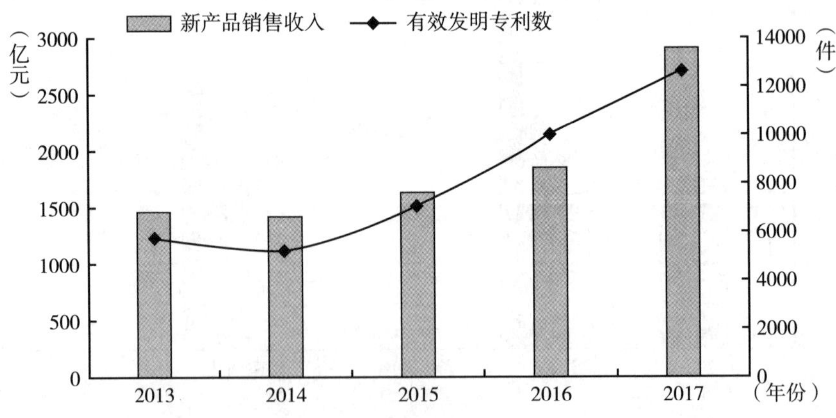

图 17　2013～2017 年东南地区文化研发产出情况

资料来源：《中国文化及相关产业统计年鉴》（2014～2018）。

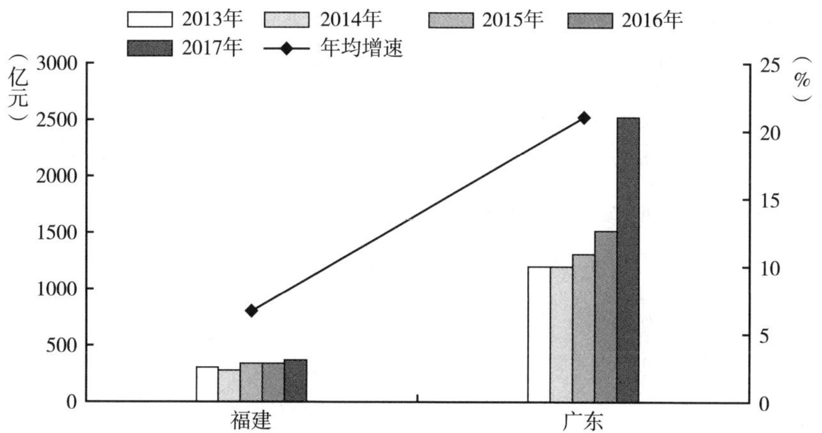

图 18　2013～2017 年福建、广东省文化制造业新产品的销售收入情况

资料来源：《中国文化及相关产业统计年鉴》（2014～2018）。

二　东南地区文化产业发展热点

（一）推进全域旅游建设，加速文旅融合新步伐

一是出台相应政策规划，力促文旅大融合。全域旅游的潜能伴随文化和旅游融合发展新形势不断释放，东南三省应对文旅融合趋势纷纷出台了相应政策，依据区域特色资源进行深度文旅融合探索。从《广东省南粤古驿道线路保护与利用总体规划》到《广东省旅游条例》的正式实施，广东省以切实行动推进文化与旅游大融合。福建省政府 2019 年 3 月 27 日印发了《全力打造“全福游、有全福”品牌总体方案》，实施“文化 +”“旅游 +”战略，共同推进文旅融合发展。海南省在 2018 年发布的《中共中央国务院关于支持海南全面深化改革开放的指导意见》指导下，结合《海南省全域旅游建设发展规划（2016～2020）》，全力推进文化与旅游融合。

二是善用资源特色，培育优势业态。东南三省依托各自优势资源，实现文旅特色融合。2017 年 3 月 1 日，以《三明市红色文化遗址保护管理办法》

实施为标志，福建省以红色资源塑造红色文化旅游品牌发展之路正式开启。同时，依托优越的区位条件及历史传统，大力推进两地文化交流和文创产业合作，做大做强闽都文化创意产品，扩大其在台湾地区的知名度与受众度，打造两岸文化产业交流合作的重要基地。广东省文旅融合走在全国前列，并形成了三种发展模式，即政府统筹资源保护、市场驱动创意投资、民众参与产品活化。广东省民间资本高度活跃是其突出优势，活跃的市场有利于推动资本与资源对接，极大地促进了民间资本和民间资源的活化，激发民众自主创新创业，丰富文旅产品多样化。海南省充分利用各县市的优势资源开发特色文旅新线路，对三亚千古情、槟榔谷、热带天堂公园等老品牌注入新内容、增添新元素，重新升级改造，力推 35 个重点旅游度假区，6 家省级旅游园区也被重新确定，三亚水稻国家公园等 4 家 A 级旅游景区重新评定。同时，对何家宅、溪北书院、海瑞墓等进行修缮和保护，加快水下文化遗产保护中心南海基地和国家南海文博产业园建设，“文物 + 旅游”效益初见端倪。

三是推动乡村振兴，呼应时代需求。文旅融合与乡村振兴计划是产业发展、社会和谐建构的必然。广东省 2017 年旅游营业收入约 680 亿元，共接待游客约 2.1 亿人次，分别同比增长 30.7% 和 10.5%。2018 年，广东省旅游部门推出了 40 条乡村旅游线路，分属八大主题，有南粤古驿道游、红色经典游、滨海渔村游等，不断提升乡村旅游的经济总量。[①] 福建省福州市每年投入 1000 万元用于发展乡村旅游，着力培育乡村旅游品牌。至 2018 年底，福州市建成了 91 个省级乡村旅游特色村、10 个省级旅游休闲集镇，其中有 11 个市级乡村旅游精品示范点，4 个星级旅游村，3 个星级乡村旅游休闲集镇，5 个闽台乡村旅游实验基地。[②] 海南省共认定旅游小镇 2 家，椰级乡村旅游点达 103 家，彰显了海南省蓬勃发展的乡村旅游业。全省乡村旅游

---

① 陈熠瑶：《广东：美丽乡村成为全域旅游重要支撑》，《中国旅游报》2018 年 7 月 26 日，第 1 版。

② 福建省旅游宣传中心：《福州：文旅融合发力乡村旅游振兴》，中国产业经济信息网，http://www.cinic.org.cn/xy/fj/477602.html，最后检索时间：2019 年 10 月 3 日。

点接待游客1024.64万人次，同比增长7.7%；实现收入32.16亿元，同比增长12.6%。①

（二）以会展业为纽带，推进文化及相关产业繁荣

会展业能广泛带动周边产业发展已成业界共识，成为地区经济增长的优先考虑指标，亦是城市国际化的重要参照指标。广东省会展业发展一直全国领先，广交会、中国（深圳）国际文化产业博览会、中国（广东）国际“互联网+”博览会、广东21世纪海上丝绸之路国际博览会、国际影视动漫版权保护和贸易博览会等不胜枚举。2018年广东省主要城市的展览数量为669个，比2017年增长4.86%，展览面积为2184.39万平方米，比2017年增长7.11%。其中，广州、深圳年办展数量超过100个，是全省展览业的“双核心”，两者占据了全省55.90%的展览数量、65.43%的展览面积。②广东省的会展业发展已经高度市场化，从展台搭建、装饰到会议活动策划再到宣传推广，以及后勤保障工作均由专业的运营公司负责。

21世纪海上丝绸之路战略构想实施以来，福建省作为核心区与国际沿线国家文化、经济交流日渐深厚，福建会展业也随之迅猛发展。福州市商务局数据显示，2015～2017年，250多场会议和展览在海峡国际会展中心举办，展览的面积均超100万平方米。2017年10月福州市会展服务有限公司成立，会展业向专业化方向发展。③根据《厦门市会展业“双千亿”提升发展行动方案2018～2022》的发展思路，厦门东部体育会展新城片区将被打造成国内一流的会展产业集聚区，构建公平竞争、合理分工的产业生态圈。

海南省的会展业发展势头十分强劲。2017年前三个季度，海南省超过

① 《2018年海南旅游成绩单：接待游客7627.39万人次总收入950.16亿元》，凤凰网海南，http://hainan.ifeng.com/a/20190123/7183264_0.shtml，最后检索时间：2019年10月3日。

② 《2018广东省展览业发展白皮书重磅发布，再创历史新高》，广东会展组展企业协会，https://www.mice.cn/news/3980，最后检索时间：2019年10月3日。

③ 《福建福州将发挥自贸区优势做强会展业》，中国（福建）自由贸易试验区官网，http://www.china-fjftz.gov.cn/article/index/aid/9795.html，最后检索时间：2019年10月3日。

百人以上的会议1.2万场，同比（下同）增长了8%；千人以上会议63场，增长14%；参会人数236万人次，增长了8.5%；会展业接待了1240万人次的过夜人数，增长了13.5%，约占1/3的旅游接待过夜人数。[①] 2018年11月，三亚国际文化产业博览交易会暨“一带一路”非物质文化遗产展举行，共汇集了300多家优秀企业，分别来自24个国内省市和32个丝路沿线国家，集中展示了30000多种展品。带动相关行业消费高达3950万元；现场签约项目累计金额14亿元；意向签约18个大项目，意向签约金额约42.5亿元，实际成交金额达3850.5万元。[②] 特别是2018年12月成功举办了首届海南岛国际电影节，这是率先落地的重大先导性项目之一。7天的电影节，嘉宾数以千计，活动参与者数以万计，来自全球36个不同国家与地区。在此期间，有关电影节的信息超750万条，全媒体平台传播覆盖率达到50亿人次。[③]

（三）把握新技术变革，推进媒体融合发展

2019年1月25日，习近平总书记在中共中央政治局举行的关于全媒体时代和媒体融合发展的第十二次集体学习上发表重要讲话并指出：在全媒体时代，舆论生态、媒体格局、传播方式发生了深刻变化，新闻舆论工作面临新的挑战。

在中央的号召下，各省积极推动全媒体的发展，实施融媒体改革。广东省大力发展媒体融合、建设新型主流媒体，全力落实党中央的战略部署。2016年11月南方财经全媒体集团成立，成为国内第一家全媒体集团，强力

---

① 《海南旅游产业与相关产业融合发展，成为经济发展巨大助推力》，人民网海南频道，http：//hi.people.com.cn/n2/2018/0108/c231190－31114562.html，最后检索时间：2020年6月4日。

② 《2018第三届三亚国际文化产业博览交易会暨“一带一路”非物质文化遗产展》，《海南日报》，http：//hnrb.hinews.cn/html/2018－11/13/content_8_2.htm，最后检索时间：2019年10月3日。

③ 《文旅融合新时尚海南文化产业如繁花绽放欣欣向荣》，腾讯网，https：//new.qq.com/omn/20190520/20190520A0PVRI.html？pc，最后检索时间：2019年10月3日。

助推广东媒体融合大发展，此后广东省新型媒体大量涌现，如2017年《羊城晚报》全媒体指挥中心全面升级改造，构建起了新型采编发网络。广东省借助媒体大省、金融大省的优势，加强资本运作，努力搭建媒体融资平台助力融合发展。2017年，南方财经全媒体集团与中国建设银行广东省分行在广州签订了战略合作协议和《全媒体文化产业基金合作协议》，百亿元规模的全媒体文化产业基金设立。媒体融合发展离不开高速网络硬件设施，而这方面广东省依旧走在前列。2019年5月8日发布了《广东省加快5G产业发展行动计划（2019～2022年）》，计划到2022年底，珠三角建成5G宽带城市群，粤东粤西粤北主要城区实现5G网络连续覆盖；全省共建17万座5G基站，并覆盖了4000万的5G个人用户；5G产值超万亿元；5G示范应用场景超过100个；持续推进国家智慧广电5G移动多媒体交互广播电视网试点建设。[①] 5G的到来为广东省融媒体发展插上了翅膀，加速了融媒体的发展和创新。截至2019年6月底，福建广电网络集团已与福建省的33个县（市）区签订了县级融媒体平台建设合作意向书，为各县区提供网络传输渠道、平台核心技术、网络运行与维护等各项县级融媒体所需支撑服务，2019年年底前全面接入，国家2020年底前将全面验收，加速建设县级融媒体平台，打通基层文化思想宣传工作“最后一公里”。

（四）扩大区域合作，助推文化产业“走出去”

“海上丝绸之路”使东南三省实现了全面互通。广东省以岭南文化为纽带，传承中华优秀传统文化，促进粤港澳三地文化交流合作。粤港澳大湾区以艺术、文化、文学等为主题，相应成立了粤港澳大湾区音乐艺术联盟、文化产业联盟、文化教育交流中心等，并筹备成立粤港澳大湾区博物馆联盟、广电联盟、演艺联盟等。2016～2018年，粤澳两地双向文化交流有229批5117人次，粤港两地双向文化交流达812批14163人次。自2017年12月

---

① 《广东省加快5G产业发展行动计划（2019－2022）》发布，《南方日报》，http：//www.gov.cn/xinwen/2019－05/15/content_ 5391701.htm，最后检索时间：2020年6月28日。

起，“粤港澳大湾区动漫联委会”“粤港澳大湾区美术家联盟”“粤港澳大湾区文学工作坊”等已相继成立。[①] 2019 年 7 月 24 日召开的中央全面深化改革委员会第九次会议强调，支持深圳建设中国特色社会主义先行示范区，给粤港澳三地提供了全新的发展机遇。

福州市在贯彻落实“一带一路”发展倡议和“21 世纪海上丝绸之路枢纽城市”发展规划，促进两岸文化产业发展方面取得了诸多成果。截至 2019 年底，厦门自贸片区基地共有台资文创企业 112 家入驻。厦门口岸对台图书进出口份额为全国之最，分别占中国大陆的 70% 和 60%。为此，在 2018 年 6 月，厦门自贸片区被中宣部和商务部等部委授牌国家文化出口基地称号。截至 2018 年年底，共 1500 多家文化企业集聚厦门自贸片区，注册资金累计 80 多亿元。[②] 福建省大力推进海峡文交所建设，搭建文化艺术品交易平台，促进文化产权交易，加快建设海峡传媒港，使创意产业、出版业、广告产业等形成产业集群发展。

海南省与广东省自 2010 年就已签署战略合作框架协议，合力打造海洋高端产业聚集的蓝色经济区域，共同开拓东盟市场及便捷舒适无障碍旅游圈建设，推动双方文化创意产业及文化产权交易合作。除了内部联动外，海南省文化产业不断扩大其外部发展边界，与澳门、台湾签署合作协议，与韩国、俄罗斯等展开合作。2018 年 12 月，在韩国首尔举行了海南与韩国旅游业界战略合作协议签署仪式，紧接着 2019 年 1 月，海南省政府又与俄罗斯塔斯社达成文化宣传合作协议，推进双方媒体节目内容合作。

（五）夯实自由贸易区，培育文化产业新模式

广东自贸区依托港澳、服务内地、面向世界，将自贸试验区建设为全国

① 《共同塑造和丰富湾区人文精神内涵　推动青年人交往交流、交心交融》，《南方日报》，http：//www.gdfao.gd.gov.cn/Item/25784.aspx，最后检索时间：2019 年 10 月 3 日。

② 《自贸片区国家文化出口基地首次亮相》，腾讯·大闽网，https：//fj.qq.com/a/20181102/007623.htm，最后检索时间：2019 年 10 月 3 日。

新一轮的改革开放先行地和21世纪海上丝绸之路重要枢纽，成为粤港澳地区的深度合作示范区。珠海横琴新片区重点发展高新技术、商务金融服务、文化科教和旅游休闲健康等产业，打造国际商务服务休闲旅游基地，建设文化教育开放先导区，搭建促进澳门经济多元发展新载体。

福建自贸区平潭片区将重点建设国际旅游岛，并加快建设两岸共同家园，实施国际旅游服务标准，开发特色旅游产品，拓展文化体育竞技项目，建设休闲度假旅游目的地。厦门深入推进“文化+”供给侧改革，充分利用现有的空间资源，使创意设计、动漫网游、数字科技及新媒体等新兴业态实现空间聚集与多元发展，建立了文创口岸、联发华美空间文创园、国际漆画艺术交流中心、海丝艺术品中心等众多文化产业平台。

海南全岛自贸区，以发展旅游业、现代服务业、高新技术产业为主导，加强同“一带一路”沿线国家和地区开展多层次、多领域的务实合作，建设21世纪海上丝绸之路文化、教育、农业、旅游等交流平台，推进海南全岛（全省）5G网络部署及商业化应用，设立中国（海南）国际知识产权交易所，实施琼港澳游艇自由行，实施服务贸易出口先导性计划，推动文昌国际航天城规划建设，推进既有铁路公交化旅游化改造项目等工程建设。

三　东南地区文化产业发展趋势及展望

（一）文化产业结构布局不断升级优化

近年来，东南地区的文化产业增长依然稳定，文化产业结构不断完善，文化新兴产业的占比与增速持续提升。与之相反，传统的文化制造业占比仍在下降，但传统文化产业创新创意能力日渐加强，并与新兴行业跨界融合发展，走品牌化、系列化、精品化发展道路，以高附加值、长产业链特征成为文化产业发展的动力源。东南地区文化产业在新经济发展背景下，发动产业全方位创新，将新型科技强力渗透于文化产业发展，以科技为桥梁，发展艺术科技业、文化金融业、内容平台业等新兴产业。继续贯彻落实国务院“互联网+”行动指导意见，持续推动“互联网+文化产业”行动计划，实现文化产业的智能化、数字化、网络化发展，深化文化产业的数字化内涵，优化文化产业结构。同时，紧跟文旅融合大趋势，积极推进旅游业转型升级、融合发展，切实推进东南地区全域旅游与智慧旅游全面升级。

（二）数字创意产业引领新兴产业快速成长

东南地区借助数字技术与平台效应，其数字创意产业发展十分迅猛，实现了文化产业提质增效。数字技术的不断更新迭代，互联网技术对行业的持续嵌入，衍生出新媒体产业、电子图书业、文化电商业、网络视听娱乐业、游戏动漫设计业等数字化高新技术产业，以新媒体发展尤为突出。东南地区加快融媒体业态发展，依托数字技术打造完整的全媒体产业链，推进体制机制改革，协调推进三网融合，推进广播电视与新媒体、新技术、新业态创新融合发展等。数字科技带来了全新的商业模式，互联网平台提供了大型文化交易平台，创新创意孵化了众多新兴业态，这一切都是数字创意产业引领新兴产业快速成长的印证。

（三）文化市场的现代化程度进一步健全

建立健全现代文化市场体系是推进文化快速发展、提高国家治理能力现代化的重要路径，东南地区从全球化、信息化、市场化、法治化四个方面建立健全现代文化市场体系的现代属性。一是借势全球化助推文化市场现代化，东南沿海地区得天独厚的地理区位、优质便利的港口、一流的营商环境，为国际大宗文化产品生产、国际流通、自由贸易提供了极为便利的条件。深化与港澳台地区合作，加强文化互惠互信，推进两岸三地文交所建设，搭建文化艺术品交易平台，促进文化产权交易。二是以信息公平、管理开放健全现代文化市场，政府简政放权，明确管理职责与范围，有力保障基础性公共文化服务充分提供，实现“有限政府与有效政府”的目标。在文化管理方式上，政府逐步改变过去的权力直接介入，向学习型、服务型政府转变，实现高效的文化治理与市场自治的现代文化市场体系。三是以市场化导向建立现代文化市场，明确政府与国有文化企业的产权边界，削除无效监管，引导文化消费的意义与价值，大力培育文化消费市场。一方面挖掘“草根”文化，降低文化准入门槛，丰富文化产品样式，激活广大群众文化消费市场；另一方面深耕文化产品内容，增加文化精品的数量，助推文化消费市场提质增效。四是践行法治化理念为现代文化市场打好根基。首先在观念与路径上实现从“管理”向“治理”的转变，即实现从属地化管理转向网络治理、从单一管理转向多元治理、从行政管理转向法治治理；其次是促进文化立法，规范文化市场秩序，完善文化市场法制监管体系，加强文化市场执法监管工作，以法制化理念推进文化市场现代化。

（四）建成有文化产业特色的现代企业制度

东南地区持续深化文化体制改革，建立有地区特色的现代文化企业制度，合理化企业产权结构，提升文化企业的制度优越性与先进性。建立健全权责明确、流转顺畅、保护严格、归属清晰的现代产权制度，分类指导，稳步推进文化企业股权多元化发展，有序推进国有文化企业跨地区、跨所有制和跨行业兼并重组，通过资源、资产、资本整合，有计划地促进国有文化企业建立混合所有制。① 开通民间资本进入国有文艺院团、影视院线机构多样化等灵活性渠道，鼓励博物馆、文化馆、图书馆等公共文化服务领域与社会资本合作，盘活社会公共文化资源。借助资本市场，实现文化体制跨越式发展，完善顶层设计，保障与激励市场运行机制，构建具有文化特色的现代企业制度。

---

① 《牢牢把握正确导向，扎实推进文化改革发展》，中国社会科学网，http：//www.cssn.cn/mkszy/rd/201606/t20160613_ 3067833.shtml? COLLCC = 2329865021&，最后检索时间：2020 年 2 月 2 日。

B.6
中部地区文化产业发展报告（2019~2020）

李 炎　任潇湘*

摘　要： 伴随中部地区崛起的深入推进，中部五省经济社会快速发展，文化产业整体呈现良好发展态势，文化旅游业转型升级成效初显，旅游演艺异军突起，动漫产业实现新发展。近几年中部地区文化产业增速逐步放缓，2014~2017年文化产业增加值占地区生产总值（GDP）出现下降趋势。从未来看，伴随中部崛起、长江经济带发展、黄河流域生态保护和高质量发展等国家战略的实施，以及文化和旅游机构调整、文化和旅游深入融合发展、引导和扩大城乡文化与旅游消费等持续推进，中部地区丰富的文化资源、巨大的人口红利等优势将逐步凸显，中部文化产业将迎来新的发展机遇。

关键词： 文化产业　文旅融合　文化消费　中部地区

伴随"一带一路"、中部地区崛起、乡村振兴等国家规划的深入推进，中部地区经济社会呈现快速发展态势，为中部地区文化产业的发展奠定了良

---

* 李炎，云南大学文化发展研究院院长，教授，云南大学国家文化和旅游研究基地主任，主要研究方向：文化产业理论与实践、跨文化研究、中国少数民族艺术；任潇湘，云南大学文化发展研究院在读硕士，主要研究方向：文化管理、文化产业理论与实践。

好基础。总体来看，中部地区文化产业发展增速逐步放缓，但发展质量逐步提升，文化旅游业转型升级成效初显，旅游演艺、文化新业态快速发展，文化产业在精准扶贫、产业转型、推动地方经济社会发展等方面的作用不断提升。

一　中部地区文化产业发展现状

（一）产业整体发展放缓，文化产业增加值占比呈下降趋势

2014～2017年，中部地区文化产业增速放缓，中部五省文化产业增加值由2014年的3870.6亿元增加到2017年的4824.3亿元，年均增速达到7.62%，低于同期地区生产总值（GDP）8.25%的年均增速，也低于同期全国文化产业总体12.27%的增速。文化产业增加值占地区GDP的比重由2014年的3.28%下降到2017年的3.23%，是七大区域中唯一一个下降的区域。

从中部地区内部来看，山西、湖北、河南的文化产业发展较为迅速，文化产业增加值平均增长率分别为11.23%、11.05%、10.87%，高于同期地区生产总值（GDP）的年均增速。江西相对平缓，达到6.88%。湖南省文化产业发展呈现疲软态势，文化产业增加值由2016年的1459.3亿元下降到2017年的1280.5亿元，2014～2017年文化产业增加值年均增长率仅为1.73%，文化产业增加值占地区GDP的比重由2014年的4.63%下降至2017年的3.78%。中部地区除山西省之外，其他四省文化产业增加值占各省GDP的比重相对平衡，2017年山西省文化产业增加值占GDP的比重仅为2.12%（见图1）。

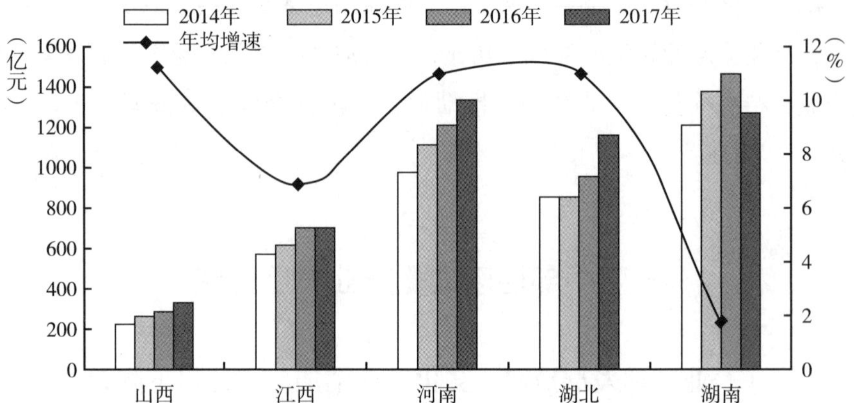

图1　2014～2017年中部地区文化产业增加值及占地区生产总值情况

资料来源：《中国文化及相关产业统计年鉴》（2015～2018）。

（二）人均文化产业增加值小幅提升，产业集聚幅度变化不大

中部地区人均文化产业增加值呈现稳步增长态势，2014～2017年实现年均增长率7.07%，分地区来看，山西、湖北、河南增长相对较快，年均增长率达到10%以上，江西增长平稳，年均增长率为6.26%，湖南省最低，年均增长率仅为1.12%（见图2）。2014～2017年中部地区劳均文化产业增

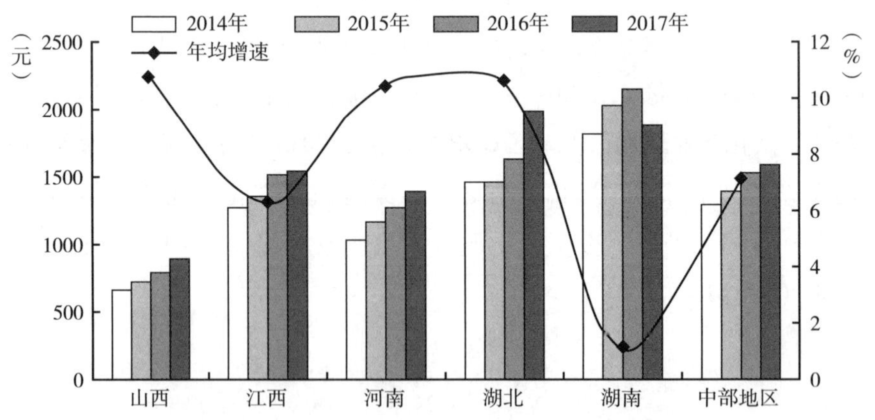

图2　2014～2017年中部地区文化产业人均产出情况

资料来源：《中国文化及相关产业统计年鉴》（2015～2018）。

加值总体呈下降趋势，年均增长率为－4.94%，其中湖北省下降幅度最大，湖南省下降幅度最小（见图3）。

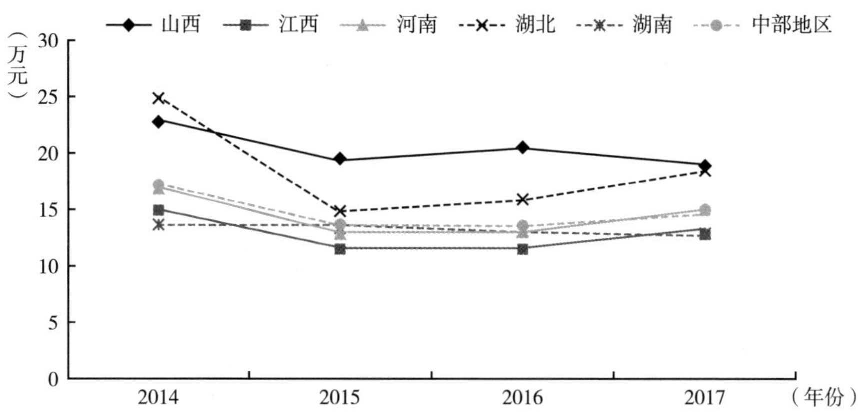

图3　2014～2017年中部地区文化产业劳均产出情况

资料来源：《中国文化及相关产业统计年鉴》（2015～2018）。

2014～2017年中部地区文化产业集聚发展呈下降态势，下降幅度变化不大。分地区来看，湖南省文化产业集聚发展的相对优势自2015年小幅上升后，在2017年出现明显下降；山西省文化产业专门化率一直处于相对劣势区间；河南、江西、湖北文化产业集聚发展相对优势不足，近几年无明显变化（见图4）。

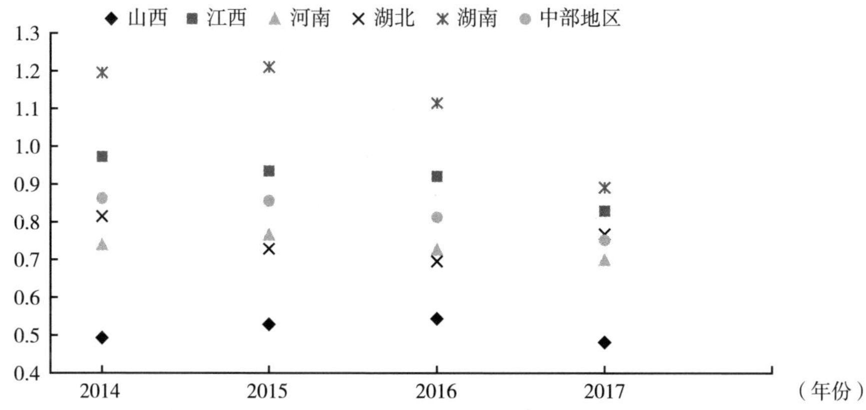

图4　2014～2017年中部地区文化产业区位熵

资料来源：《中国文化及相关产业统计年鉴》（2015～2018）。

（三）文化产业结构变化明显，文化服务业比重显著提升

中部地区文化产业法人单位资产总计分行业构成由2014年的35∶10∶55调整为2017年的24∶8∶68，文化服务业比重显著提升，文化制造业比重显著下降，文化批零业比重小幅下降（见图5）。

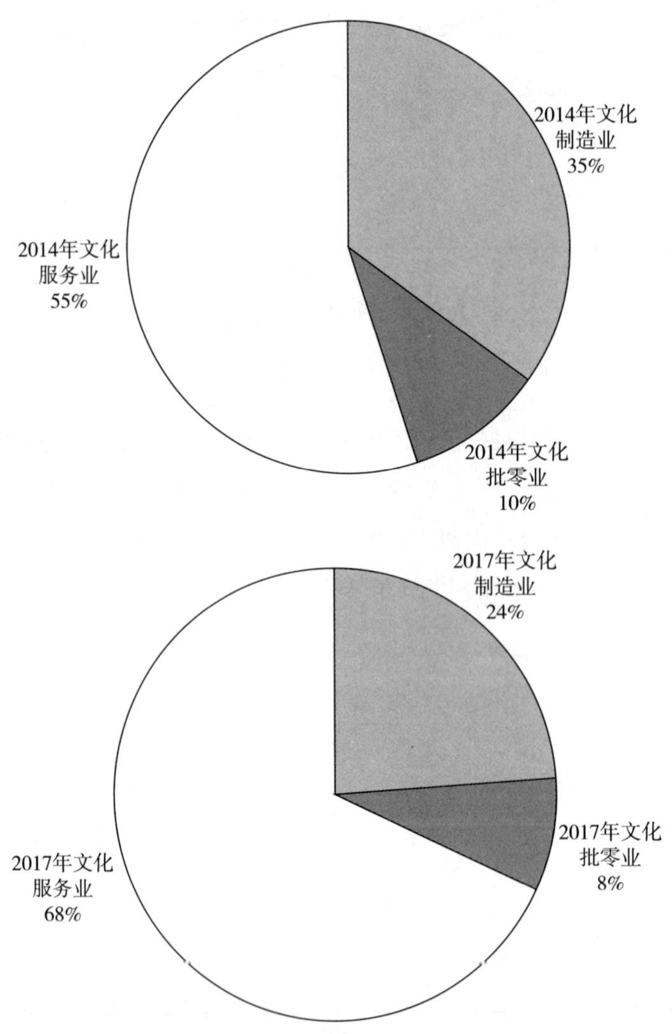

图5　2014年与2017年中部地区文化及相关产业法人单位资产总计分行业构成对比

资料来源：《中国文化及相关产业统计年鉴》（2015、2018）。

从各省来看，文化制造业和批零业比重均有不同程度下降，下降最为明显的是湖南省的文化制造业和山西省的文化批零业，分别下降了16个百分点和8个百分点；湖南省文化服务业占比上升幅度最大，山西省和湖北省的文化服务业占比超过70%，江西省相对较低，文化服务业占比刚超过一半（见图6）。

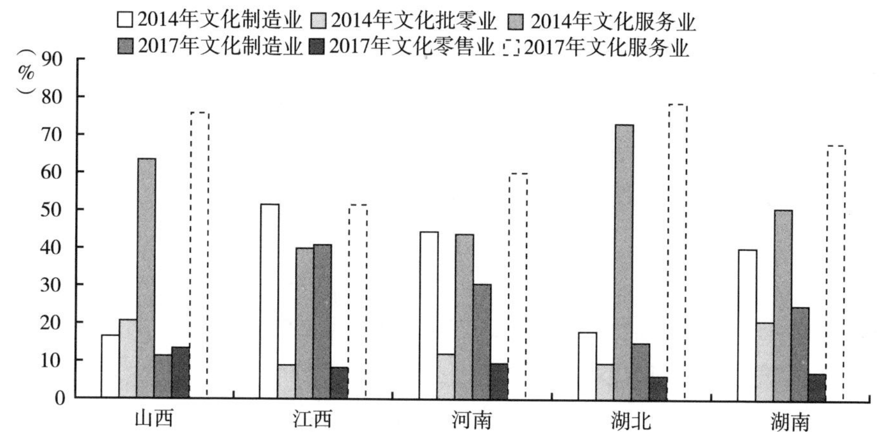

图6　2014年与2017年中部地区文化及相关产业法人单位资产总计构成情况

资料来源：《中国文化及相关产业统计年鉴》（2015、2018）。

（四）居民文化消费增长平稳，城乡差距变化不一

中部地区人均文化消费支出呈稳定增长态势，全部居民文化消费支出由2014年的523.8元增长到2017年的713.3元，年均增速为10.84%。其中，湖南省增速最快，年均增速为20.55%，河南省增速较慢，年均增速为2.62%，山西、湖北和江西三省份平缓增长（见图7）。

就城镇和农村居民文化消费支出而言，中部地区整体呈现平稳增长态势，2014～2017年，城镇和农村居民人均文化消费支出年均增速分别达到了9.98%和10.12%。分省区来看，从城镇和乡村居民人均文化消费绝对值和增速来看，湖南省一枝独秀，远超其他省份。山西、湖北、江西三省城镇

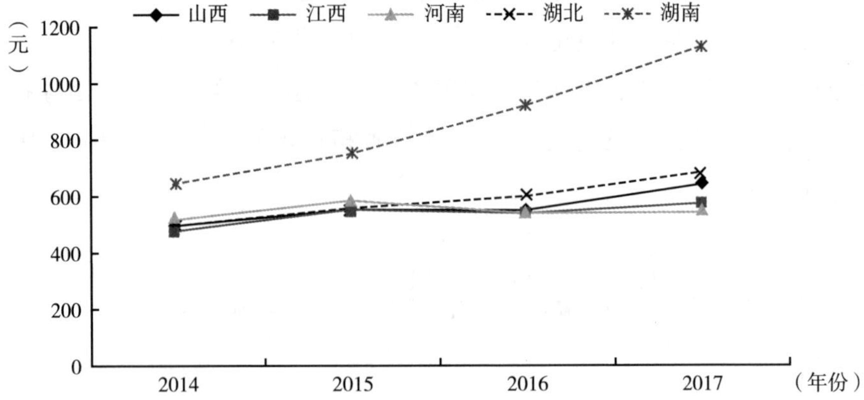

图7　2014～2017年中部地区各省人均文化消费支出

资料来源：《中国文化及相关产业统计年鉴》（2015～2018）。

和农村居民人均文化消费都呈现较快增长态势，而河南省城镇和农村居民人均文化消费支出呈现下降趋势。湖南、湖北、江西三省城乡居民人均文化消费支出比变小，但变化幅度不大，山西、河南两省城镇和乡村居民文化消费比则进一步拉大（见图8和图9）。

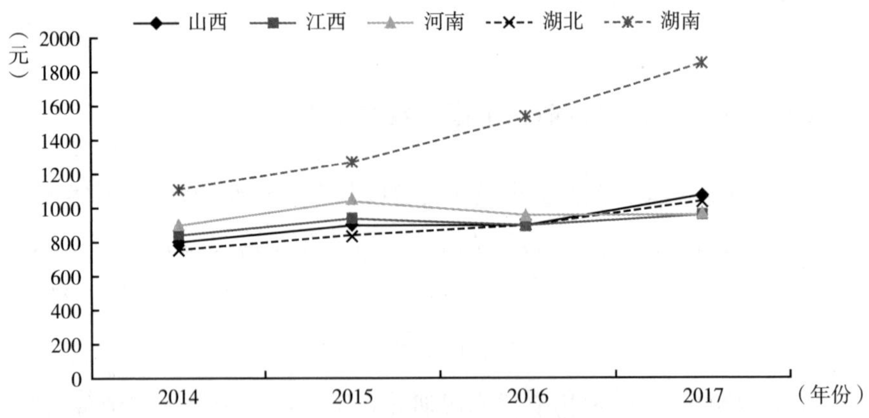

图8　2014～2017年中部地区各省份城镇居民人均文化消费支出

资料来源：《中国文化及相关产业统计年鉴》（2015～2018）。

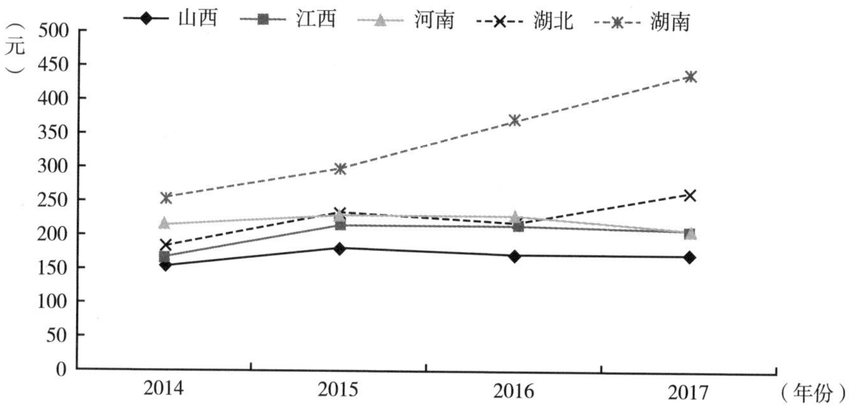

图 9　2014～2017 年中部地区各省份农村居民人均文化消费支出

资料来源：《中国文化及相关产业统计年鉴》（2015～2018）。

（五）文化产业固定资产投资快速增长，占全社会固定资产投资比重平稳提升

中部地区文化及相关产业固定资产投资额增长相对较快，由 2014 年的 5420.75 亿元增加到 2017 年的 9137.56 亿元，年均增长率达到 19.01%。分省份来看，河南省增长最快，增速达 28.74%，湖南省以 22.91% 的速度次之，江西省和湖北省为 16% 左右，山西省在 2017 年呈明显下降趋势（见图 10）。

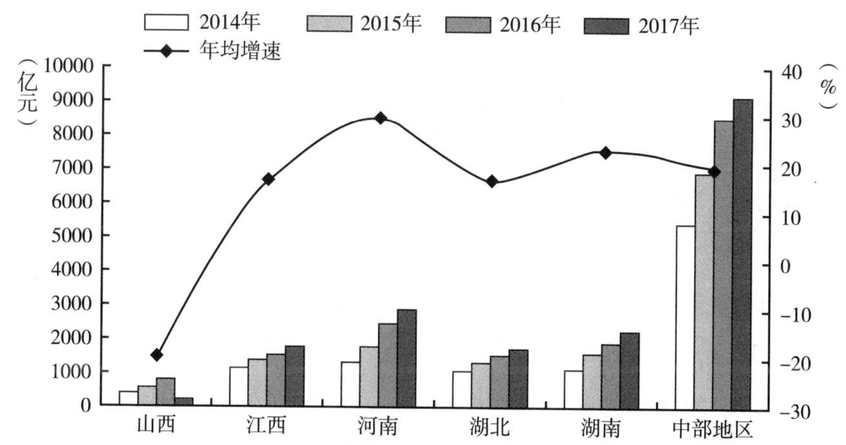

图 10　2014～2017 年中部地区文化及相关产业固定资产投资情况

资料来源：《中国文化及相关产业统计年鉴》（2015～2018）。

从文化及相关产业固定资产投资占全社会固定资产投资比重来看，中部地区由2014年的5.30%提升到2017年的6.68%，总体而言相对平缓。河南省增速最快，湖南省次之，湖北呈现稳定增长态势，江西省小幅波动，山西省在2016年波动较大，但总体呈现上升趋势（见图11）。

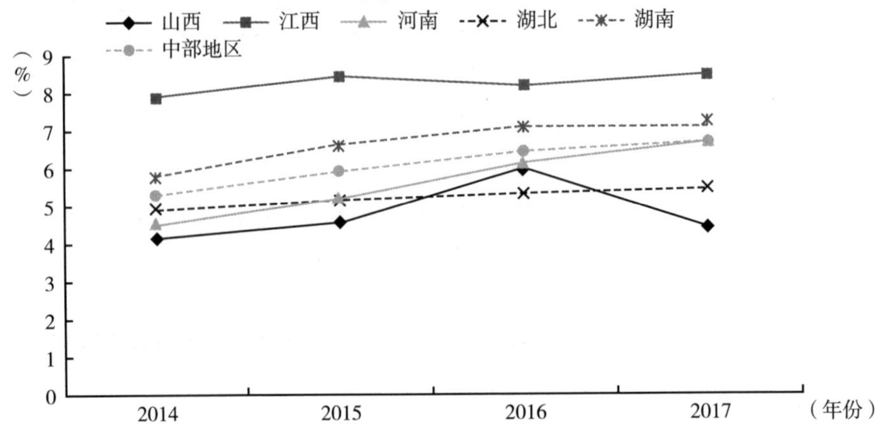

图11　2014～2017年中部地区文化及相关产业固定资产投资占全社会固定资产投资比重

资料来源：《中国文化及相关产业统计年鉴》（2015～2018）。

（六）文化企业规模与收益持续增加，亏损文化企业占比同步上升

中部地区规模以上文化企业总数从2014年的7256家增加到2017年的10782家，增长48.59%，其中增长最快的为江西省，增幅达到46.26%，河南、湖北、湖南的增幅均在25%以上，山西增长最慢，仅为1.37%（见图12）。

中部地区文化产业带动就业总体呈现增长态势，劳动就业人数从2014年的277.36万人到2017年的322.81万人，但2017年较2016年出现下滑。分省份来看，山西和湖北两省2017年年末从业人员较上一年度略微增长，而江西、河南和湖南三省则出现不同程度的下降（见图13）。

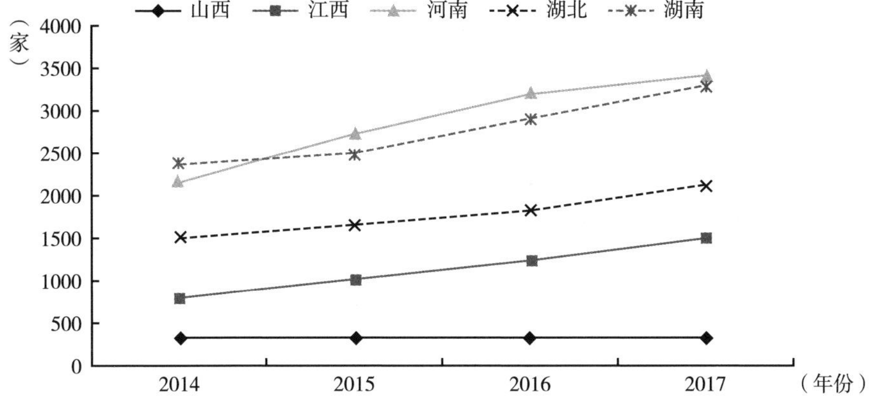

图 12　2014～2017 年中部地区规模以上文化企业数量增长情况

资料来源：《中国文化及相关产业统计年鉴》（2015～2018）。

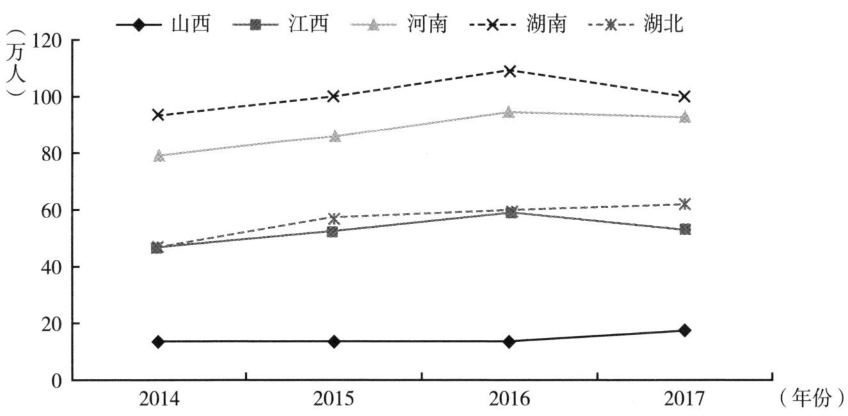

图 13　2014～2017 年中部地区文化法人单位年末从业人员数

资料来源：《中国文化及相关产业统计年鉴》（2015～2018）。

2014～2017 年中部地区规模以上文化企业主营业务收入和利润总额总体呈现增长态势，但 2017 年中部地区主营业务收入较 2016 年呈现下滑。2014～2017 年中部地区规模以上文化企业利润率并未随利润总额的增长而增长，利润率 2016 年最低，2017 年略有回升。分省份来看，中部地区中利润率最高的为江西省，平均可达到 8.87%，最低的为山西省，仅有 1.95%（见表 1）。

表1　2014～2017年中部地区各省规模以上文化企业主营业务收入及利润总额总计

单位：万元

省域	各地区规模以上文化企业主营业务收入总计				各地区规模以上文化企业利润总额总计			
	2014	2015	2016	2017	2014	2015	2016	2017
山西	2078056	1841279	1738531	2096428	28920	38515	41492	40414
江西	15019936	17966142	20068887	18116590	1404551	1562174	1811024	1526235
河南	27417864	31796867	35808936	36171700	2319096	2526567	2876995	2966091
湖北	16260985	21408386	22561546	25359982	1226672	1429655	1500972	1984482
湖南	31403894	36108194	40317288	34790306	2458961	2429728	2447299	2444889
中部地区	92180735	109120868	120495188	116535006	7438200	7986639	8677782	8962111

资料来源：《中国文化及相关产业统计年鉴》（2015～2018）。

（七）文化产业研发活动不断活跃，新产品市场转化稳步提高

中部地区规模以上文化制造业企业的研发较为活跃，中部地区有R&D活动文化企业数占规模以上文化企业总数的比重总体呈现逐步增长态势，2013～2017年均增长率为8.39%（见图14）。中部地区有R&D活动文化企业总数由2013年的292家增加到2017年的615家，年均增速达到20.47%。

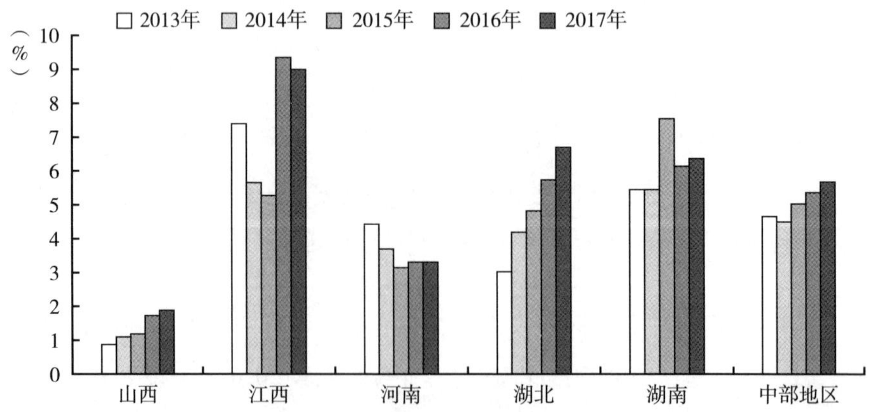

图14　2013～2017年中部地区有R&D活动文化企业占规模以上文化企业总数比重

资料来源：《中国文化及相关产业统计年鉴》（2014～2018）。

从单位 R&D 项目资本投入情况来看，中部地区由 2014 年的 250.09 万元提高到 2017 年的 274.03 万元，年均增速仅为 3.09%；分省份来看，单位 R&D 项目资本投入湖南省最高，山西省最低，河南、湖北和江西三省较为平均（见图 15）。

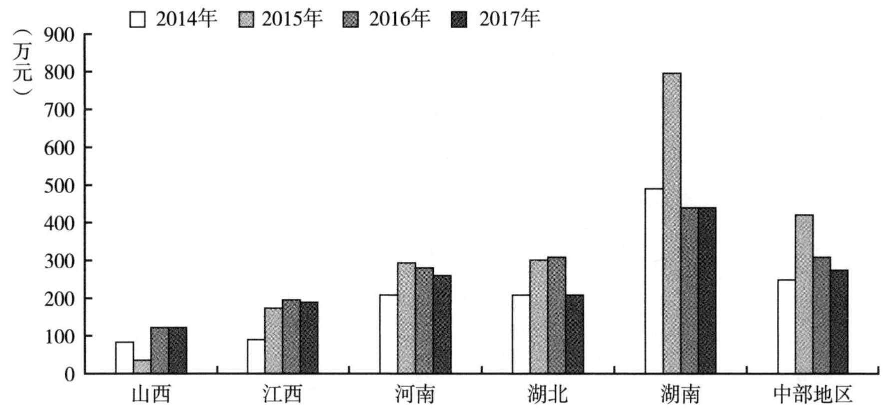

图 15　2014～2017 年中部地区单位 R&D 项目资本投入

资料来源：《中国文化及相关产业统计年鉴》（2015～2018）。

中部地区规模以上文化制造业非常重视文化产业研发活动，有研发活动的企业数、研发项目数等都逐步增长，文化产业研发产出效益也逐步提升，2013～2017 年中部地区新产品销售收入、有效发明专利数年均增长率分别为 8.52% 和 33.11%（见图 16）。分省份来看，湖北省和江西省文化新产品销售收入增长态势强劲，分别高达 57.00% 和 47.16%，河南缓慢增长（仅有 1.24%），湖南和山西则出现了不同程度的下降（见图 17）。

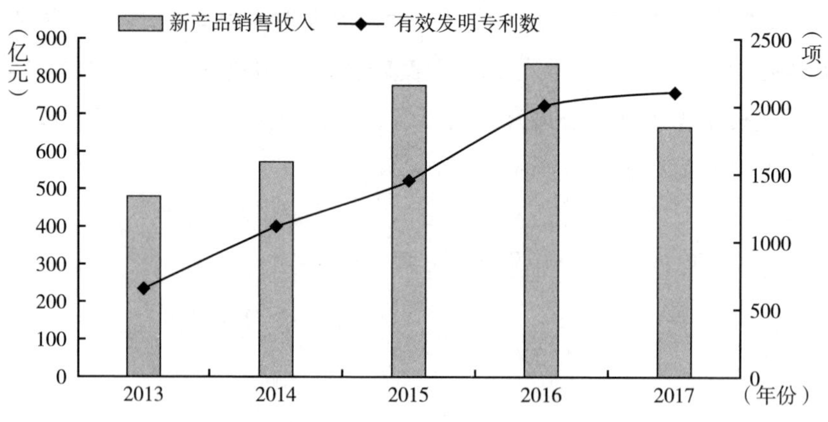

图16　2013～2017年中部地区文化研发产出情况

资料来源：《中国文化及相关产业统计年鉴》（2014～2018）。

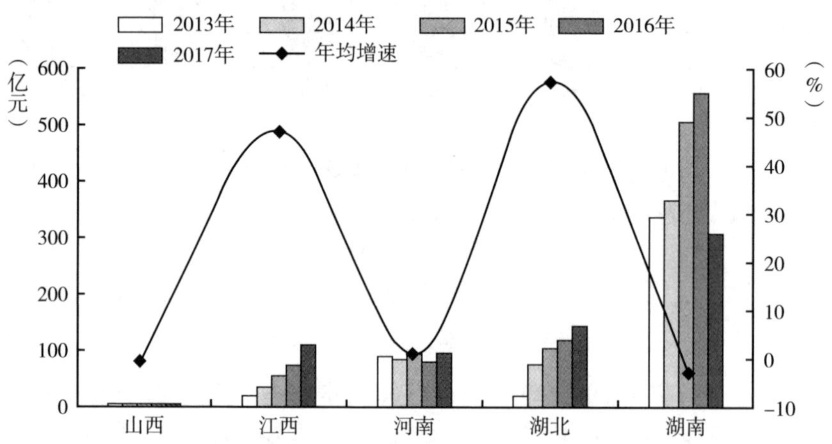

图17　2013～2017年中部地区文化制造业新产品销售收入情况

资料来源：《中国文化及相关产业统计年鉴》（2014～2018）。

二　中部地区文化产业发展的热点

（一）文化旅游业转型升级成效初显

伴随“文化+”的不断推进，以及旅游业转型升级发展调整，中部地区进一步发挥文化资源富集的优势，中部五省结合自身特点积极推动文化旅游业转型升级，总体呈现良好发展态势。

河南全省4万多个旅游单体资源中，人文类占63%；13个国家5A级旅游景区，文化类景区占11个[①]，丰富的人文资源为旅游业转型升级和文化旅游业发展奠定了坚实基础。近几年来，河南积极推动古都文化、古遗址文化、历史名人、宗教文化、根亲文化、红色文化等地方特色文化与旅游融合发展，文化旅游业呈现快速发展态势，2018年河南省共接待海内外游客78582.95万人次，旅游总收入达到8120.21亿元，较上一年分别增长18.2%、20.3%[②]，旅游总收入排在全国第十位。山西省紧紧围绕创建国家全域旅游示范省的中心任务，充分发挥文化旅游资源和文博类景区资源优势，2018年制定了《创建国家全域旅游示范区实施方案》《黄河、长城、太行三大板块旅游发展总体规划》等政策，以“三大旅游板块”为主要抓手，积极适应旅游业转型升级和旅游消费升级，在文化旅游产品打造、品牌塑造等方面进行了多项改革与创新，成为全省旅游产业重要增长点，2017年、2018年同比增长分别达到26.2%、25.53%[③]，增长速度远高于山西省同期地区生产总值（GDP）的增速，也远高于同期全国旅游发展平均增速。近两年来，江西省积极推动旅游业转型升级，制定出台了《关于加快旅游业改革促进旅游投资和消费的实施意见》《关于全面推进全域旅游发展的意见》《关于进一步加快发展乡村旅游的意见》《关于实施“一县一品”战略发展特色文化产业的指导意见》《江西省旅游产业高质量发展三年行动计划（2019～2021年）》等政策，围绕“杜鹃红”“青花蓝”“香樟绿”“马蹄金”等地域文化特色发展全域旅游，助推文化旅游产业实现转型发展，打

① 《文化有活力　旅游添魅力——河南省文化和旅游产业融合发展综述》，《河南日报》2019年5月16日，第3版。

② 《2018年河南省国民经济和社会发展统计公报》，河南省统计局，http://www.ha.stats.gov.cn/sitesources/hntj/page_pc/zfxxgk/tzgg/articlecfa803b024634e0b9a3a3bcb445cee74.html，最后检索时间：2019年10月23日。

③ 《山西省2018年国民经济和社会发展统计公报》，山西省人民政府网，http://www.shanxi.gov.cn/sj/tjgb/201903/t20190318_522329.shtml，最后检索日期：2018年10月23日。

破过去依赖“门票”创收的模式，促进旅游资源的整体协同开发、旅游消费与休闲度假观光并重、旅游收入多元化与综合化。此外，江西省重点建构“一核心四门户九节点”①，整合沪昆、京福以及未来京九高铁沿线区域资源，推出高铁旅游系列产品，形成“高铁旅游圈”和“高铁旅游带”②，推动江西文化旅游业快速发展。2018 年，江西省全年接待国内旅游者 68550.4 万人次，比上年增长 19.7%；国内旅游收入 8095.8 亿元，增长 26.6%③，居全国第九位。

湖北省抢抓“一带一路”、中部崛起、长江经济带、长江中游城市群及自贸区建设等重大战略机遇，加快推进旅游业发展，按照“旅游核心景区、旅游风情小镇、旅游度假基地、旅游中心城市”四位一体模式，打造武汉商贸休闲、三峡国际度假、神农架生态体验、武当·太极湖旅游度假、襄阳隆中文化休闲、清江生态民俗、荆州荆楚文化、大洪山生态休闲、咸宁温泉养生、大别山红色生态等十大新型旅游区，提升旅游区位优势，打造综合旅游品牌④，2018 年全省国内旅游人数 7.27 亿人次，同比增长 13.8%；国内旅游收入 6344.33 亿元，同比增长 15.0%⑤。湖南在全国率先提出旅游精品建设工程，2017 年 9 月，湖南省政府印发《湖南省精品旅游线路重点县建设指南》，旨在建设湖南全域旅游基地，打造一批国家级、世界级的精品线路。2018 年湖南全省接待国内外旅游者 7.53 亿人次，同比增长 12.5%，其

① “一核心四门户九节点”：“一核心”，即将南昌打造成江西旅游核心城市；“四门户”，即将九江、上饶、萍乡、赣州打造成江西旅游门户城市；“九节点”，即将景德镇打造成国际性旅游城市，将吉安、宜春、新余、抚州打造成江西旅游区域性中心城市，将鹰潭打造成示范旅游城市，将井冈山、瑞金、共青城打造成红色特色旅游城市。

② 《江西：重点构建“一核心四门户九节点”空间格局》，中国江西旅游网，http://tour.jxcn.cn/system/2015/11/23/014473793.shtml，最后检索时间：2019 年 10 月 29 日。

③ 江西省统计局：《江西省 2018 年国民经济和社会发展统计公报》，中国统计信息网，http://www.tjcn.org/tjgb/14jx/35783_4.html，最后检索时间：2020 年 6 月 4 日。

④ 《湖北省人民政府办公厅关于进一步促进旅游投资和消费的实施意见》，中央文化和旅游管理干部学院，http://www.cacanet.cn/article_policies_regulations.aspx?chanyeid=10325，最后检索时间：2019 年 10 月 29 日。

⑤ 《2018 年湖北省国民经济和社会发展统计公报》，荆楚网，http://news.cnhubei.com/gundong/p/10352955.html，最后检索时间：2020 年 6 月 26 日。

中接待入境旅游者 365.08 万人次，实现旅游总收入 8355.73 亿元，同比增长 16.49%，旅游创汇 15.2 亿美元①。

（二）文化和旅游消费升级推动演艺产业蓬勃发展

近年来，伴随旅游产业转型升级和文化旅游消费升级，中部地区五省非常重视演艺产业发展，湖南、江西、山西、河南、湖北五省相继组建了演艺集团，同时，通过政府和市场的力量，着力培育打造一批旅游演艺项目，演艺产业呈现跨界融合蓬勃发展之势。

湖南省演艺产业尤其是旅游演艺产业起步较早，近几年取得了长足发展，诸如张家界在 2001 年推出的《魅力湘西》，深受业界好评和观众喜爱。近几年湖南省的旅游演艺产业不断创新发展，全省各地陆续推出了芒果大剧院《大汉伊人》《天门狐仙——新刘海砍樵》、武陵源《魅力湘西》、凤凰古城《边城》、宁乡《炭河千古情》、韶山《中国出了个毛主席》、隆平文化公园《浏阳河上》、桃花源景区《桃花源记》② 等影响较大的旅游演艺项目，长沙—常德—张家界—凤凰的演艺业走廊已形成规模，“演艺湘军”品牌日益响亮。湖北省围绕引导和扩大文化和旅游消费，积极推动演艺产业发展，2019 年 3～6 月，武汉“知音号演出”共上演 136 场次，接待游客 10.8 万人次，同比增长 18.18%；襄阳唐城依托全景秀《盛世唐城之大唐倚梦》着力开展夜游活动，促进夜间消费，自开通以来已经累计接待游客 80 万人次③。近年来江西省陆续培育打造了鹰潭的《寻梦龙虎山》、抚州的《临川四梦》和《寻梦牡丹亭》、南昌的《滕王宴乐》、吉安的《井冈山》和《记忆庐陵》、上饶的《印象上饶》、九江的《春江花月夜》、婺源的《梦里老家》等一大批旅游演艺项目，成为推动江西旅游产

---

① 《2018 年湖南接待国内外旅游者超过 7.5 亿人次》，央广网，https：//baijiahao.baidu.com/s? id = 1622897698198070391&wfr = spider&for = pc，最后访问日期：2019 年 10 月 20 日。

② 廖小芒：《文化产业繁荣背景下湖南文娱演艺产业的发展研究》，《文艺生活·中旬刊》2018 年第 4 期。

③ 《湖北加快演艺产业发展》，新浪网，http：//hb.sina.com.cn/news/zlzx/2019 - 07 - 27/detail - ihytcitm5098674.shtml，最后检索时间：2020 年 6 月 4 日。

业转型升级发展的重要动力，也增强了江西省文化旅游业整体的吸引力、感染力、影响力和竞争力。《又见平遥》《又见五台山》等旅游演艺项目成为山西演艺产业的重要代表。近年来，山西演艺集团培育打造的音乐剧《火花》、民族管弦乐《山西印象》、晋剧《党的女儿》《日昇昌票号》《红高粱》《巴尔思御史》、京剧《陈廷敬》《紫袍记》、话剧《生命如歌》《甲午祭》《最美村官段爱平》《美丽女孩》《立春》、小剧场戏剧《爱呦》①等演艺精品，逐步走向市场化发展。河南省旅游演艺市场悄然兴起，成功打造了《禅宗少林·音乐大典》《大宋·东京梦华》等旅游演艺项目，获得了市场的认可，近几年又培育打造了中原大舞台②，每年 365 天不间断演出，场场座无虚席，成为河南省演艺娱乐的文化名片和新标杆，主题演艺公园“只有河南”、宋城·黄帝千古情等演艺产品的建设工程正在如火如荼地开展。

（三）文化与科技的融合助推动漫产业快速发展

2017 年，文化部政策法规司颁布了《文化部关于“十三五”时期文化发展改革规划》，其中最大的亮点是提出“培育民族动漫创意和品牌，持续推动手机（移动终端）动漫等标准制定和推广，扶持国家动漫产业综合示范园区建设等”，中部地区积极推动文化和科技融合，推动和探索动漫产业新发展。

21 世纪初，动漫产业在中国发展迅速，国家和各省市出台相关政策鼓励国内原创动漫发展，作为中国原创动漫最早发展区域之一的湖南省，其动漫生产曾占据全国半壁江山，被称为“湖南制造”。随着技术、人员、创作理念等各种因素的变化，动漫湘军的发展遭遇了瓶颈。近年来，湖南动漫产

① 《演艺晋军开疆拓土闯市场　山西艺术走上产业化道路》，《山西晚报》（电子版），http：//epaper. sxrb. com/shtml/sxwb/20170827/69981. shtml，最后检索日期：2019 年 10 月 29 日。

② 中原大舞台是由河南大舞台演出有限公司积极响应党“文化服务人民”的政策，斥巨资打造，整合中原古都文化、武术文化、戏剧表演等特色的文化资源，融合现代科技、国内外时尚流行元素，志在打造具有中原风貌、中国特色、国际影响力的文化品牌。

业奋起直追，大力拓宽“动漫＋”领域，涵盖动画、漫画、游戏、新媒体、文化旅游、电视竞技、VR 技术等，全省动漫产业实现持续快速发展。据统计，2017 年全省动漫游戏及相关业务年度总产值 275 亿元；生产电视动画 13574 分钟；销售动漫图书 379.58 万册；新上市运营手游 165 款，同比增长 120%；动漫游戏类知识产权申请 1486 项，同比增长 55%①。2016～2017 年，湖北动漫产业转型进入新阶段，2017 年 9 月，湖北省财政厅和文化厅联合印发《湖北省扶持动漫产业发展专项资金管理办法》，2018 年对全省 31 家企业 47 个项目给予动漫产业发展专项资金扶持；2019 年光谷太崆动漫打造的《冲破天际》入围第 91 届奥斯卡最佳动画短片提名，是汉产影视作品首次入围奥斯卡。

近两年来河南省积极推动动漫产业发展，2017 年河南省制定出台了《关于进一步加快河南动漫产业创新发展的建议》《促进中部地区崛起“十三五”规划》《华夏历史文明传承创新区建设方案》，都明确提出继续推进国家动漫产业发展基地河南基地建设，2017 年河南省动漫产业协会、国家动漫产业发展基地（河南基地）管委会组团参加第十三届中国国际动漫节，与国内外数十家客商达成多领域合作，在政策和市场推动下，河南动漫产业呈现快速发展态势。山西省的动漫产业发展起步较早，政府对其发展也较为重视，通过政策引领鼓励，成立了创意产业中心、动漫产业谷、动漫产业基地等一批动漫产业集聚区，这一时期出品的大批动漫作品在国内国际大赛中获奖；一批优秀动漫企业也屡出精品，在国内同行中脱颖而出；灌木文化在 2017 年推出的“动漫 IP 超市”项目，制作完成二维原创动画片《奇奇怪怪》共 104 集，在央视和优酷播出。江西省在 2017 年发布《江西省动漫创意与数字娱乐重点实验室开放基金项目专项规划》，鼓励社会各界积极参与、积极构建具有江西特色的动漫创意与数字娱乐产业体系。

---

① 宁莎鸥：《湖湘观察丨“动漫＋”时代动漫湘军期待重回巅峰》，长沙晚报网，https://www.icswb.com/h/100848/20181103/567041.html，最后检索时间：2019 年 10 月 30 日。

（四）非物质文化遗产传承与创新发展呈现良好态势

在全国“非遗热”的大趋势下，中部地区发挥非物质文化遗产（以下简称“非遗”）丰富多元的特点和优势，积极推动非遗“创造性转化和创新性发展”的新路径，总体呈现良好态势。

湖南以振兴湖湘传统工艺为抓手，探索非遗传承创新发展，2017 年举办湖南首届“非遗 +”创新融合发展研讨会，2018 年以“多彩非遗·美好生活”为主题的非遗传统工艺博览会在湖南大麓古玩城举办，探索湖南在非遗衍生品开发、旅游商品开发、文旅扶贫、乡村振兴等领域的贡献。截至 2019 年 6 月，全省 11 个国家级深度贫困县共 105 个非遗项目参与“非遗 + 扶贫”，110 名非遗企业法人代表或代表性传承人成为精准扶贫带头人，带动建档立卡户超过 5000 人，创收 2.5 亿余元①。2015 年山西省首创实施“乡村文化记忆工程”，截止到 2018 年底，全省已建立 693 个试点，通过该项工程的实施有效保护和传承了“老物件”“老传统”“老故事”“好习惯”等散落在民间的文化资源，探索出了乡村文化生态保护和传承的新路子。2018 年 4 月，山西省发布了《关于贯彻落实〈中国传统工艺振兴计划〉的实施意见》，明确了振兴传统工艺的总体目标、基本原则和主要任务②，指明了山西省今后非物质文化遗产传承保护和创新发展的方向。

湖北省非常重视非物质文化遗产保护传承工作，全省非遗保护专项资金由 2012 年的 600 万元增加到 2017 年的 1600 万元，年均增速高达 21.67%；同时，全省 85% 以上的市、县将非遗保护经费列入同级财政预算，2015 年、2016 年各市县非遗保护经费分别达 1143 万元、1363.65 万

---

① 《湖南向全国推广“非遗 + 扶贫”实践经验》，湖南省文化和旅游厅官网，http：//whhlyt.hunan.gov.cn/news/wlyw/201909/t20190904_ 5457254.html，最后检索时间：2019 年 10 月 30 日。

② 《山西省非遗保护工作位列全国第一方阵》，山西省人民政府官网，http：//www.shanxi.gov.cn/yw/sxyw/201807/t20180719_ 464941.shtml，最后检索时间：2019 年 10 月 31 日。

元，年增长19%。[①] 从2006年6月至2017年11月，江西省政府先后公布五批省级非遗名录560项，从2005年至2018年，省财政总计拨付5400万元专项资金用于非遗保护，中央财政给予江西省1.66亿元非遗保护专项资金[②]，有效推动了江西非遗保护传承和创新发展。2017年江西省人民政府下发《江西省“十三五”时期非物质文化遗产保护发展工作方案》，为非物质文化遗产的发展指明了方向。2018年河南省正式出台《河南省传统工艺振兴计划》，其关于保护、人才培养、市场运作的内容对河南省传统工艺的发展具有积极指导意义；河南省各地政府充分利用春节、元宵节、“文化遗产日”等重大节日举办各种非遗展览展演活动，加强非物质文化遗产的宣传，让非遗融入现代生活，强化社会认知和社会参与。此外，鹤壁浚县古庙会、宝丰马街书会、祭祀老子等已经成为非物质文化遗产展演活动品牌，社会知名度和影响力不断提升[③]。

三　中部地区文化产业发展趋势

（一）两大国家战略的深入实施将进一步拓展中部地区文化产业的发展空间

2018年《中共中央国务院关于建立更加有效的区域协调发展新机制的意见》明确提出，“充分发挥长江经济带横跨东中西三大板块的区位优势，以共抓大保护、不搞大开发为导向，以生态优先、绿色发展为引领，依托长江黄金水道，推动长江上中下游地区协调发展和沿江地区高质量发展”。2019年9月18日黄河流域生态保护和高质量发展座谈会在郑州召开，黄河

① 《湖北加大非遗保护力度五年来专项资金投入增千万元》，中国青年网，http://dy.163.com/v2/article/detail/CV12TEHF0514E603.html，最后检索时间：2019年10月31日。

② 《江西发展非遗：“活”起来，融入百姓生活中》，华夏经纬网，http://www.huaxia.com/jx-tw/zjjx/jrjx/2018/06/5767794.html，最后检索时间：2020年6月4日。

③ 《多彩非遗让生活更美——河南非遗保护工作综述》，大河网，https://baijiahao.baidu.com/s?id=1602845439126924548&wfr=spider&for=pc，最后检索时间：2019年10月31日。

流域生态保护和高质量发展，同京津冀协同发展、长江经济带发展、粤港澳大湾区建设、长三角一体化发展一样上升为重大国家战略①。中部地区崛起、长江经济带发展、黄河流域生态保护和高质量发展作为国家区域协调发展的重大战略的深入实施，将会进一步促进中部地区经济社会发展、基础设施建设、生态环境改善，对中部地区文化产业发展将带来深刻影响。长江经济带发展、黄河流域生态保护和高质量发展拥有东中西三大板块的区位优势，为中部地区文化产业与东部地区、西部地区之间的协调发展奠定良好的基础，将进一步扩展中部地区文化产业发展的空间。

（二）文旅融合将进一步激活区域内文化旅游资源

湖南省人民政府于2018年6月30日印发了《湖南省建设全域旅游基地三年行动计划（2018～2020年）》，打造以“锦绣潇湘”为品牌的全域旅游，集中打造五大旅游板块和七条跨区域旅游线路。2018年7月26日，湖北省旅发委发布《建设长江国际黄金旅游带核心区　推进旅游服务业提速升级工作方案》，推动旅游高质量发展。山西省制定《山西省全域旅游发展规划》《山西省推进文化旅游融合发展实施方案》，在资源开发、产品项目、公共服务、平台建设等方面加大政策支持，推动文化与旅游深度融合，着力构建“331”全省域文化旅游空间发展新格局。《江西省旅游产业高质量发展三年行动计划（2019～2021年）》提出了构建“一圈三区三带五中心”旅游空间格局，从“优”“靓”“特”“深”“强”“旺”六个方面进行旅游产品提升。河南省文化和旅游厅在全省文化和旅游工作会议上表示，要紧紧围绕“理念融合、职能融合、产业融合、市场融合、服务融合、交流融合”②，全面系统推进文化和旅游融合发展，推动全省文化和旅游高质量发展，探索

---

① 《黄河流域生态保护和高质量发展上升为国家战略　专家称既是“锦上添花”也是“雪中送炭”》，《证券日报》，2019年9月21日，A2版。

② 《如何推动河南文旅融合高质量发展？全省文化和旅游工作会议划重点》，河南日报网，https：//www.henandaily.cn/content/wenhua/2019/0123/145199.html，最后检索时间：2019年10月31日

文化和旅游融合发展的河南实践道路。政策的制定将有助于推进中部各省文化事业、文化产业和旅游业的协调、高质量发展，推动文化和旅游融合进一步深化。

（三）先进制造业中心的战略推进文化创意和设计服务业发展

《促进中部地区崛起规划（2016～2025年）》对中部地区的战略定位有了明确的方向，打造全国先进制造中心的规划，为工业设计和文化创意产业的发展带来新的机遇。工业设计在制造业中处于核心地位，是提高企业自主创新能力、打造核心竞争力的工具，同时也是带动制造业发展、提升国家经济水平的重要方式。对工业设计而言，设计理念及创新能力都离不开创意和文化，“创意”是核心要求，“文化”是设计的内涵和本质。洛阳工业设计先锋企业展、湖南现代创意集聚区、山西创意设计包装产业园、“楚天杯”工业设计大赛、江西工业设计大赛陆续拉开帷幕，这些都是发挥创意、吸引人才、成果转化、推动工业创意设计与制造业深度融合的重要举措，创意设计服务将成为中部省份文化产业发展的一大趋势。

（四）“人口红利”将进一步推动中部地区文化产业发展

2017年，中国中部五省人口总数超过3亿，占全国人口总数超过1/5，同时，随着中国经济的转型升级，产业转移为中西部地区带来机遇，湖南、湖北等中部省份“人口回流”现象日益凸显，庞大的人口基数，为中部文化产业发展奠定了良好的基础。伴随脱贫攻坚、乡村振兴、新型城镇化的快速推进，中部地区城乡居民文化消费将进一步提升，如何发挥中部地区的巨大“人口红利”，进一步引导和扩大城乡文化和旅游消费，进一步激活和拓展中部地区文化消费空间，进而推动文化产业发展，是未来几年中部地区文化产业发展面临的新机遇和新挑战。

B.7 西南地区文化产业发展报告（2019 ~2020）

于良楠　宋莉娟*

摘　要： 近年来，西南地区文化产业发展速度逐步放缓，转向中高速增长的新常态，文化产业发展逐渐呈现由规模增长转为规模和质量双增长的发展态势，文化产业集聚发展呈现良好态势，文化和科技融合促进文化产业创新发展，特色文化产业成为西南地区脱贫攻坚和乡村振兴的重要方式。文化和旅游融合发展、自由贸易试验区建设、大交通体系逐步完善，将为西南地区文化产业的发展创造新的机遇和空间。

关键词： 集聚发展　文化产业　西南地区

伴随"一带一路"、新一轮西部大开发、精准扶贫、乡村振兴等规划的深入推进，西南地区经济社会、基础设施建设快速发展，西南地区的地区生产总值（GDP）由2013年的74360亿元增加到2017年的106156亿元，年均增长率达到9.31%，远高于同期全国平均水平，经济社会快速发展为西南地区文化产业创造了有利条件。2014~2017年，西南地区文化产业增加值年均增长率为10.16%，文化产业总体呈现由快速增长转为中高速增长的

---

* 于良楠，云南大学公共管理学院在读博士，主要研究方向：政府文化管理、文化和旅游产业理论与实践、文化产业规划。宋莉娟，云南大学文化发展研究院在读硕士，主要研究方向：文化产业理论与实践。

“新常态”。文化产业呈现集聚发展、与相关产业融合发展等态势，在精准扶贫、乡村振兴、经济转型升级等方面的作用日益凸显。

一　西南地区文化产业发展现状

（一）区域文化产业发展放缓，年均增速低于全国水平

2014～2017 年，西南地区各省区市文化产业呈现健康快速发展态势。西南地区文化产业增加值由 2014 年的 2590.1 亿元增加到 2017 年的 3493.9 亿元，占 GDP 比重由 2014 年的 3.07% 提高到 2017 年的 3.29%。2014～2017 年，西南地区文化产业增加值年平均增速达到 10.49%，高于同期地区生产总值（GDP）9.22% 的年均增速，但低于同期全国文化产业 12.27% 的增速。根据当前发展态势，预计 2018 年西南地区文化产业增加值预计将超过 3850 亿元，占 GDP 比重预计达到 3.30%。

分省区市来看，四川省文化产业发展领跑西南地区，2017 年文化产业增加值达到 1537.5 亿元，占 GDP 比重也达到了 4.16%，两项数据分别排在全国第六位、第五位；2014～2017 年西藏文化产业发展迅速，年均增速达到了 17.15%，远高于同期全国增速；贵州省文化产业发展相对缓慢，2014～2017 年年均增速仅为 2.95%，2017 年贵州文化产业增加值仅为 324.0 亿元，占 GDP 比重也仅为 2.39%；云南、广西和重庆文化产业发展增速相对放缓（见图 1）。

（二）人均文化产业增加值与产业集聚均呈现下降态势

西南地区人均文化产业增加值呈现稳步增长态势，2014～2017 年年均增长率达到 9.34%。分地区来看，西藏、四川、云南增长相对较快，贵州、重庆、广西增长相对缓慢（见图 2）。2014～2017 年西南地区劳均文化产业增加值总体呈下降趋势（年均增长率为 -7.0%），其中贵州、四川、云南、西藏下降幅度相对较大（见图 3）。

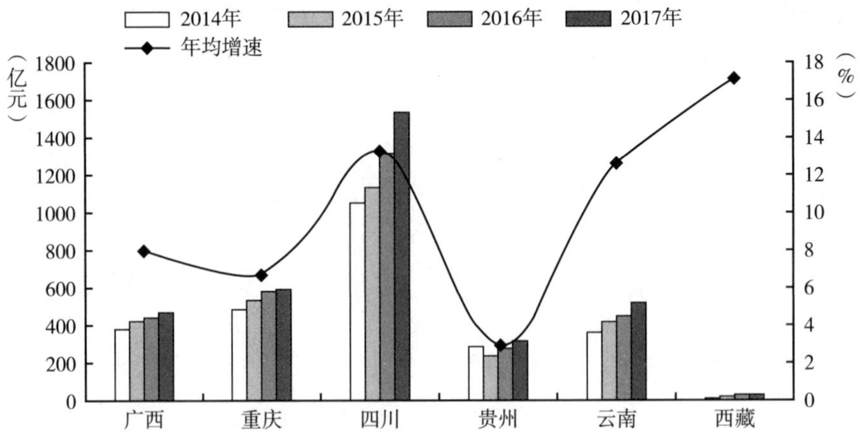

图1　2014～2017年西南地区文化产业增加值及占GDP比重情况

资料来源：《中国文化及相关产业统计年鉴》（2015～2018）。

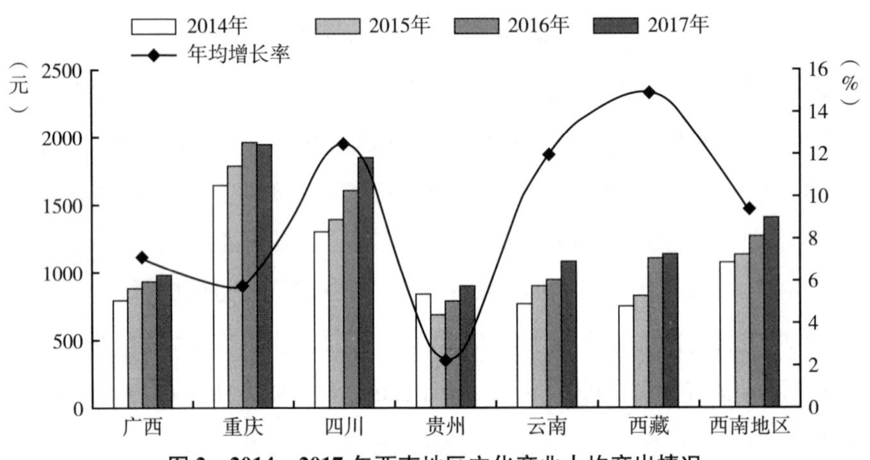

图2　2014～2017年西南地区文化产业人均产出情况

资料来源：《中国文化及相关产业统计年鉴》（2015～2018）。

产业集聚是当前衡量文化产业发展的一项重要指标，2014～2017年，西南地区文化产业集聚发展呈下降态势。分地区来看，四川省文化产业集聚发展特征显著，文化产业专业化程度最高；重庆文化产业集聚发展的相对优势自2015年逐年下降，产业专门化率进入相对劣势区间；除四川省外，西南地区其余省份文化产业集聚发展均处于相对劣势（见图4）。

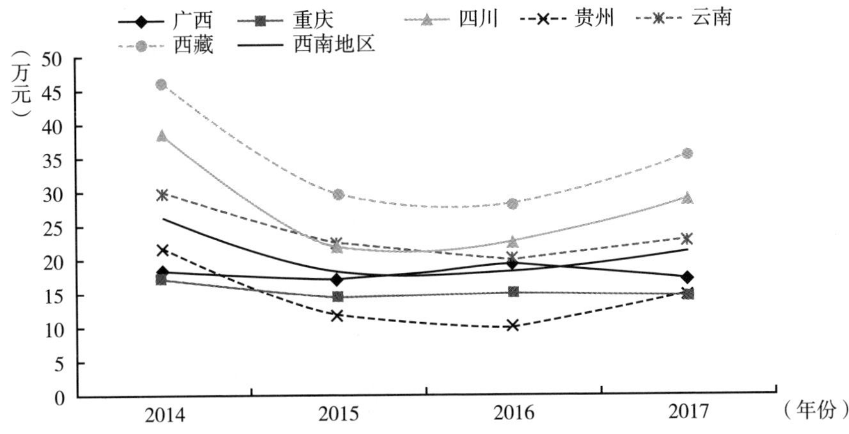

图3　2014～2017年西南地区文化产业劳均产出情况

资料来源：《中国文化及相关产业统计年鉴》（2015～2018）。

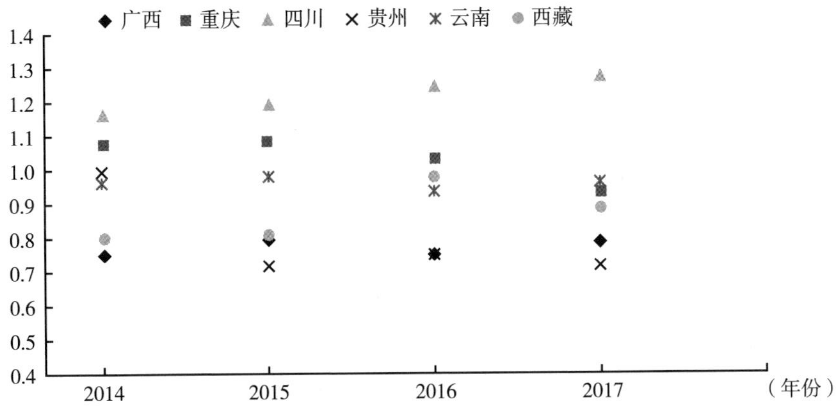

图4　2014～2017年西南地区分地区文化产业区位熵

资料来源：《中国文化及相关产业统计年鉴》（2015～2018）。

（三）文化产业结构逐步调整，文化服务业比重显著提升

西南地区文化产业法人单位资产总计分行业构成由2013年的32.89∶14.72∶52.39调整为2017年的20.84∶10.82∶68.34，文化服务业比重显著提升，文化制造业比重显著下降，文化批零业比重小幅下降（见图5）。

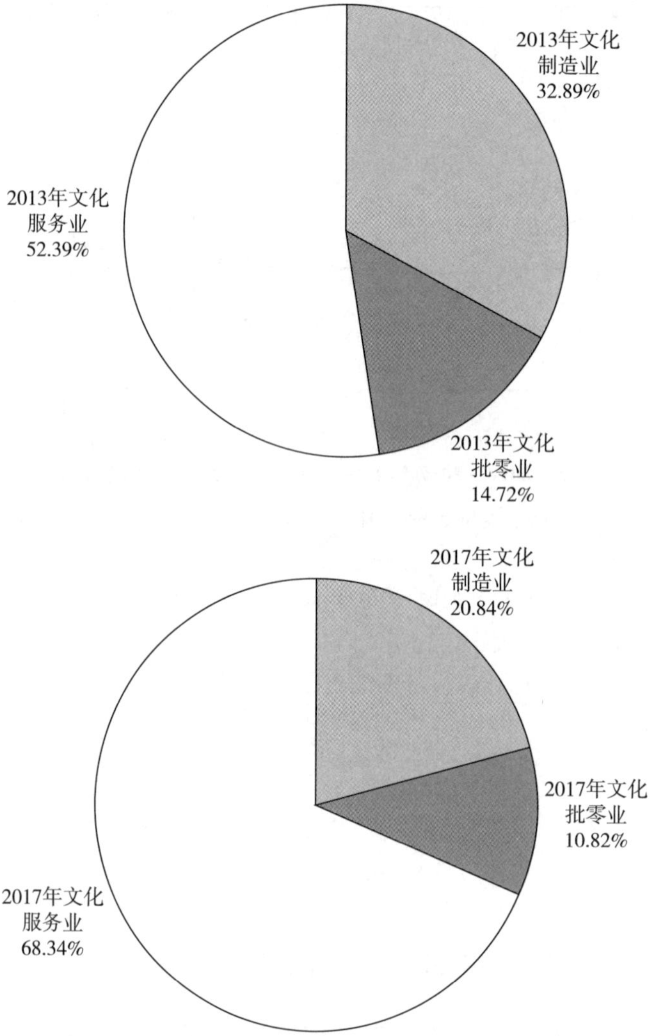

2013年文化
制造业
32.89%

2013年文化
服务业
52.39%

2013年文化
批零业
14.72%

2017年文化
制造业
20.84%

2017年文化
批零业
10.82%

2017年文化
服务业
68.34%

图5　2013 年与 2017 年西南地区文化及相关产业法人单位资产总计分行业构成对比

资料来源：《中国文化及相关产业统计年鉴》（2014、2018）。

分地区来看，除贵州文化制造业占比小幅提升外，其余各省区市文化制造业占比均下降；六省区市文化批零业占比都有不同程度的下降；六省区市文化服务业占比增幅较大，贵州、云南、重庆、西藏四个省区市服务业占比已超过70%，广西、四川文化服务业占比相对较低（见表1）。

表1　2013年与2017年西南地区文化及相关产业法人单位资产总计构成情况

单位：%

地区	2013年			2017年		
	制造业	批零业	服务业	制造业	批零业	服务业
广西	38.88	14.64	46.48	22.78	13.31	63.92
重庆	28.35	16.21	55.44	14.11	12.12	73.77
四川	47.94	10.91	41.15	33.01	9.72	57.27
贵州	9.66	13.32	77.02	11.18	7.66	81.16
云南	14.50	22.23	63.27	10.63	12.85	76.51
西藏	20.31	24.88	54.81	16.08	12.82	71.10

资料来源：《中国文化及相关产业统计年鉴》（2014、2018）。

（四）居民文化消费快速增长，城乡差距进一步拉大

西南地区居民文化消费呈现快速增长态势，全部居民人均文化消费支出由2013年的339元提高到2017年的539元，年均增长率达到12.29%。分地区来看，各省区市居民文化消费支出都呈现整体增长态势（见图6），而居民文化消费支出占居民消费支出的比重增长相对缓慢，广西、贵州等还呈现缓慢下降的趋势（见图7）。

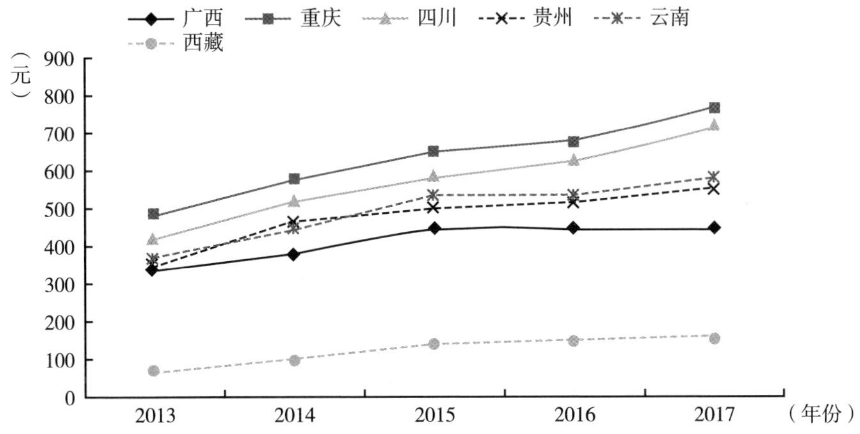

图6　2013～2017年西南地区全部居民人均文化消费支出情况

资料来源：《中国文化及相关产业统计年鉴》（2014～2018）。

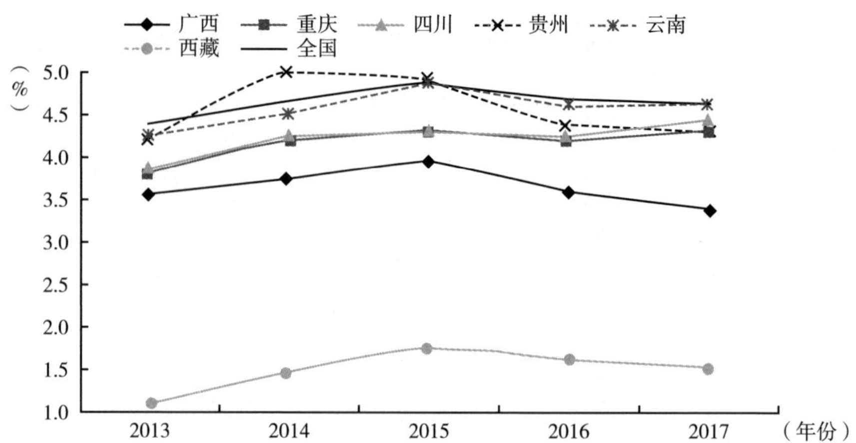

图7　2013～2017年西南地区全部居民人均文化消费支出占居民人均消费支出比重情况

资料来源：《中国文化及相关产业统计年鉴》（2014～2018）。

分城镇和乡村来看，西南地区六省区市城镇、乡村居民人均文化消费支出都呈现稳步增长态势，但从城镇与乡村对比来看，广西、贵州、四川、重庆四省区市城镇和乡村居民人均文化消费比逐步缩小，而西藏、云南两省区城镇和乡村居民人均文化消费比则进一步拉大（见图8和图9）。

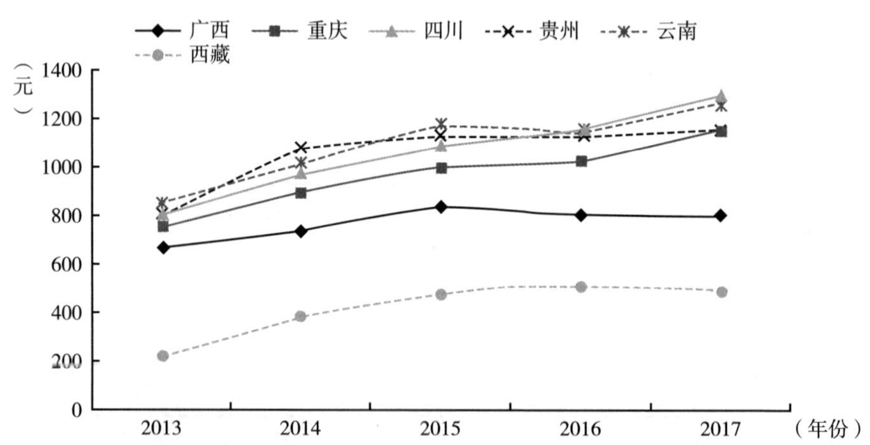

图8　2013～2017年西南地区城镇居民人均文化消费支出情况

资料来源：《中国文化及相关产业统计年鉴》（2014～2018）。

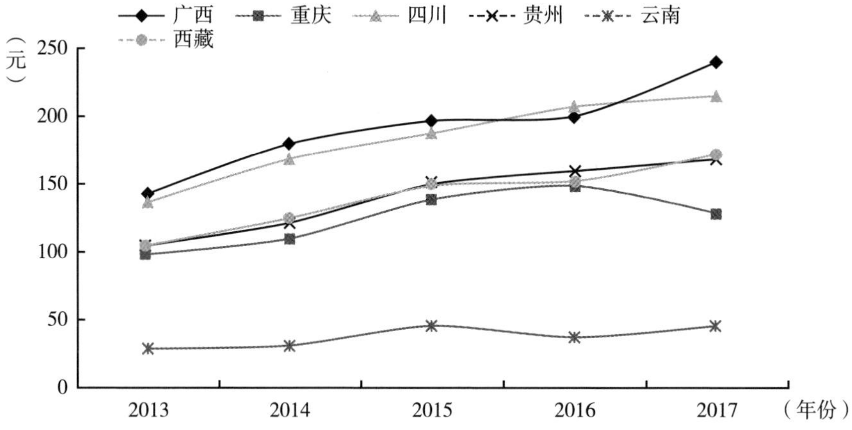

图 9　2013～2017 年西南地区乡村居民人均文化消费支出情况

资料来源：《中国文化及相关产业统计年鉴》（2014～2018）。

（五）文化产业固定资产投资快速增长，占全社会比重总体提高

西南地区文化及相关产业固定资产投资增长较快，由 2013 年的 2065 亿元增加到 2017 年的 6837 亿元，年均增长率达到 34.89%。分地区来看，贵州省和重庆市快速增长，云南省、四川省、广西壮族自治区增长相对较快，西藏自治区呈现下降趋势（见图 10）。

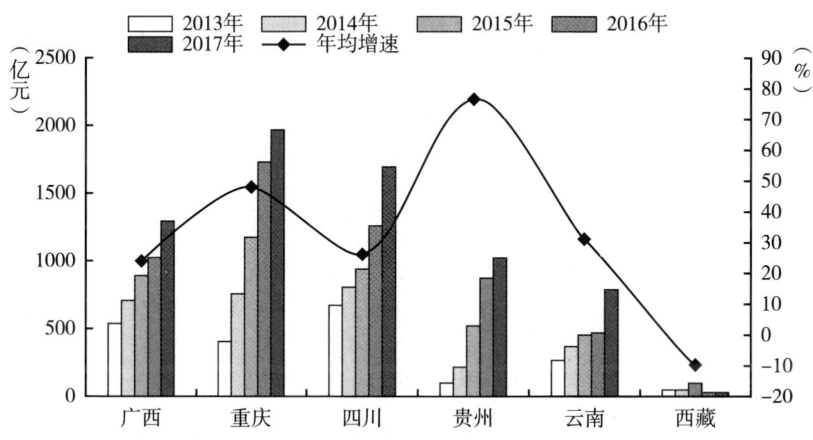

图 10　2013～2017 年西南地区文化及相关产业固定资产投资情况

资料来源：《中国文化及相关产业统计年鉴》（2014～2018）。

从文化及相关产业固定资产投资占全社会固定资产投资比重来看，西南地区由2013年的3.39%提升到2017年的6.43%，重庆市和贵州省增速较快，广西壮族自治区、四川省和云南省呈现整体增长态势，西藏自治区波动较大，且总体呈现下降趋势（见图11）。

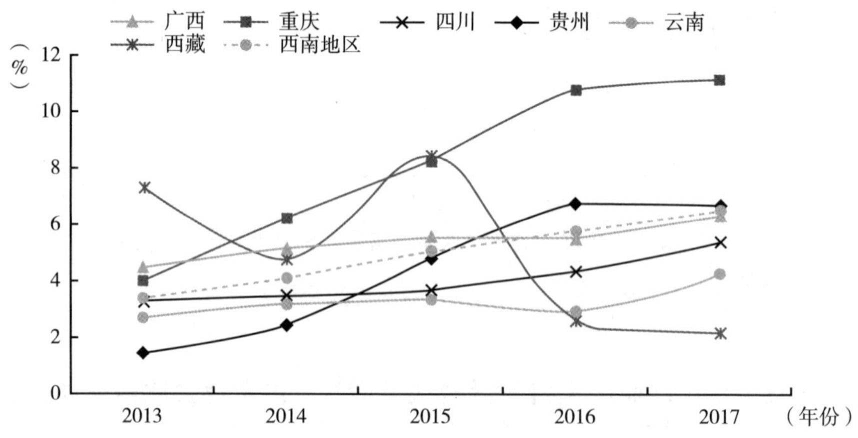

图11　2013～2017年西南地区文化及相关产业固定资产投资占全社会固定资产投资比重

资料来源：《中国文化及相关产业统计年鉴》（2014～2018）。

（六）文化企业规模与收益持续增长，带动就业能力显著

西南地区规模以上文化企业总数从2013年的2348家增加到2017年的5115家，增长了117.84%，其中贵州省、四川省增长较快，增幅分别达到295.54%、135.4%，广西增长较为缓慢，仅为5.51%（见图12）。

2013～2017年西南地区文化产业法人单位数、主营业务收入、资产总计都呈现较快增长，其中主营业务收入、资产总计年均增长率分别达到了14.26%和23.36%。西南地区文化产业带动就业进一步提高，年末从业人员数由2013年的115万人增加到2017年166万人，年增长率为9.64%（见图13）。

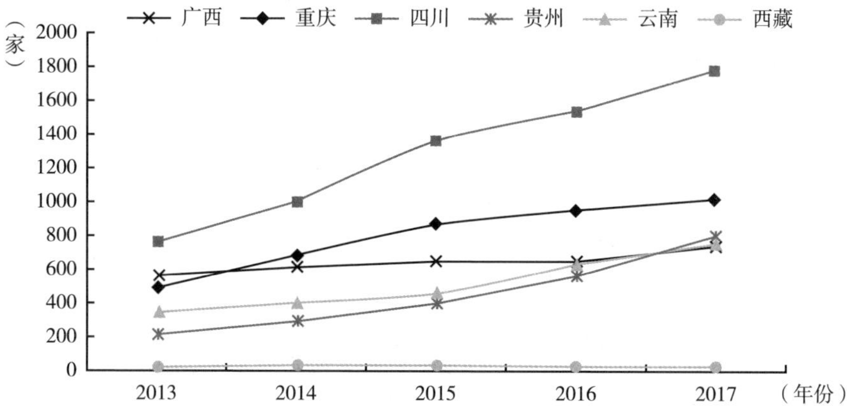

图12　2013～2017年西南地区规模以上文化企业数量增长情况

资料来源：《中国文化及相关产业统计年鉴》（2014～2018）。

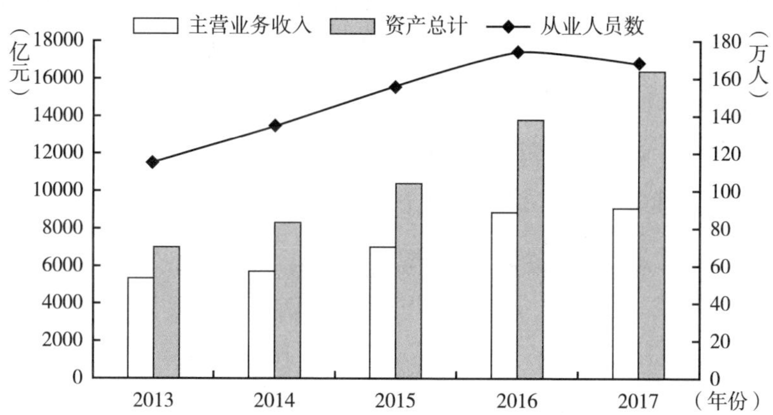

图13　2013～2017年西南地区文化产业法人单位经营情况

资料来源：《中国文化及相关产业统计年鉴》（2014～2018）。

（七）文化产业研发持续活跃，市场转化效果总体显著

西南地区规模以上文化制造业企业的研发持续活跃，2013～2017年有R&D活动文化企业数和研发投入资金规模年均增长率分别达到41.10%和17.09%（见图14）。

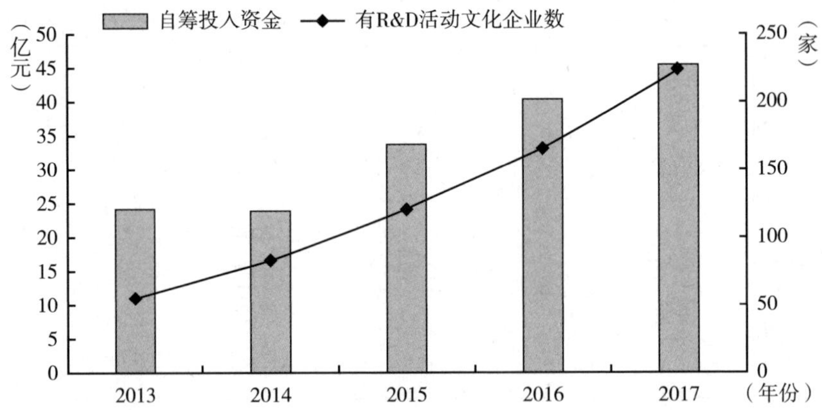

图 14　2013～2017 年西南地区规模以上文化企业研发投入情况

资料来源：《中国文化及相关产业统计年鉴》（2014～2018）。

西南地区有 R&D 活动文化企业数占规模以上文化企业总数的比重总体呈现逐步增长态势，其中云南省、重庆市增长较快（见图 15）。从单位 R&D 项目资本投入情况来看，西南地区由 2013 年的 125.5 万元提高到 2017 年的 522.06 万元，年均增速高达 42.81%；但分地区来看，除四川省之外，其余省（区、市）都相对较低（见图 16）。

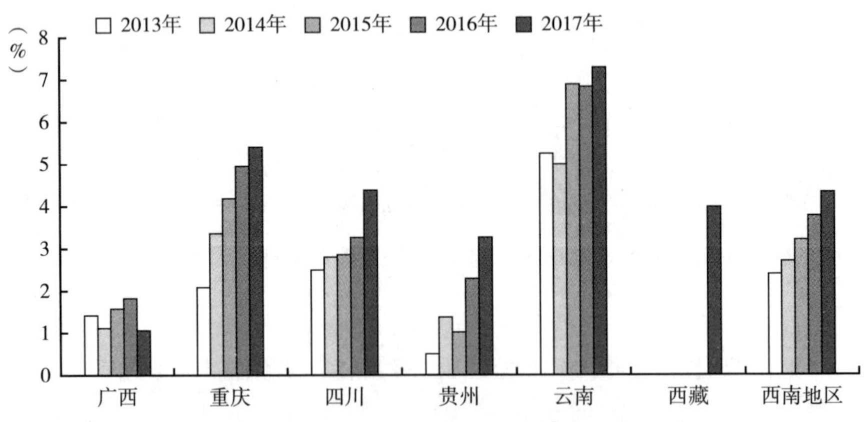

图 15　2013～2017 年西南地区有 R&D 活动文化企业占规模以上文化企业总数比重情况

资料来源：《中国文化及相关产业统计年鉴》（2014～2018）。

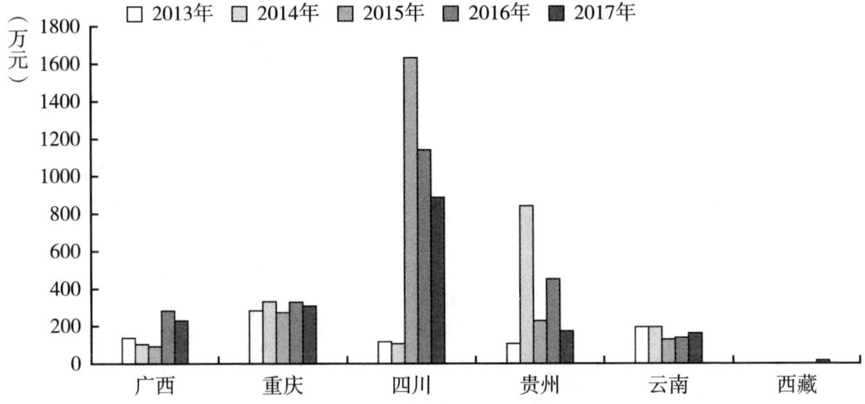

图16　2013～2017年西南地区单位R&D项目资本投入情况

资料来源：《中国文化及相关产业统计年鉴》（2014～2018）。

2013～2017年西南地区有效发明专利数、新产品销售收入年均增长率分别为17.81%和14.45%（见图17）。从文化制造业新产品销售收入绝对值来看，四川省一家独大，占西南地区销售总值的比重达到84.40%，其余省份占比相对较小；从文化制造业新产品销售收入增速来看，贵州增长最快，年均增长率达到117.90%，云南、重庆、四川增长相对较慢，广西则出现了下降（见图18）。

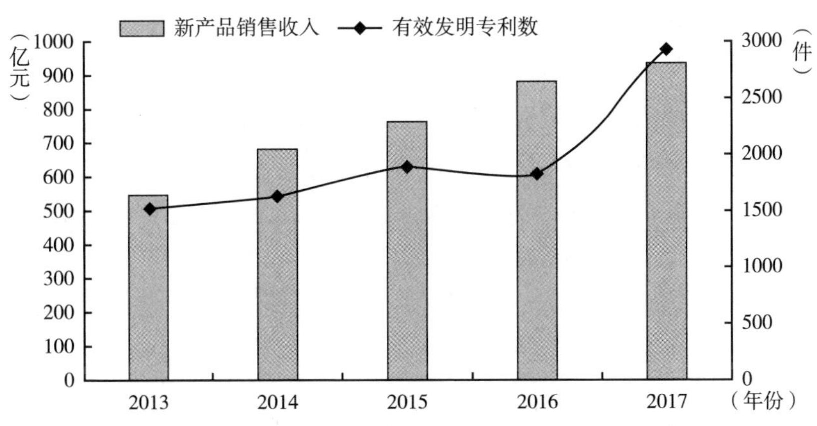

图17　2013～2017年西南地区文化研发产出情况

资料来源：《中国文化及相关产业统计年鉴》（2014～2018）。

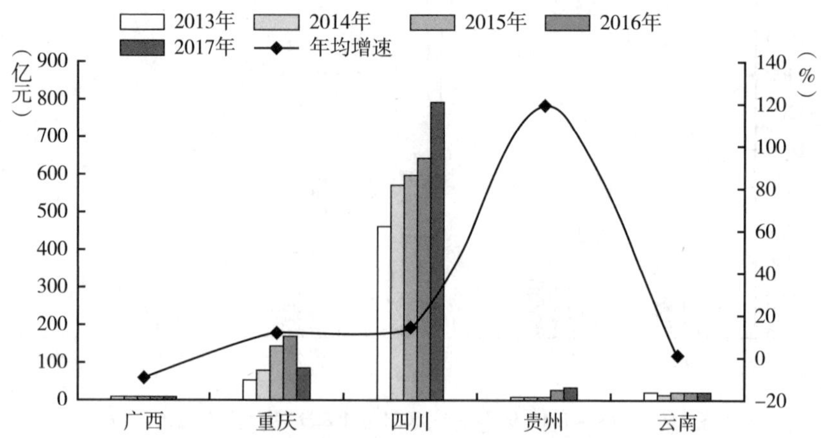

图 18　2013～2017 年西南地区文化制造业新产品的销售收入情况

资料来源：《中国文化及相关产业统计年鉴》（2014～2018）。

二　西南地区文化产业发展热点

（一）文化产业集聚发展呈现良好态势

近年来，西南地区各省区市结合自身特点，积极培育打造了一批文化产业园区（见表2），其中，2017 年西南地区有重庆市南滨路文化产业园、云南建水紫陶文化产业园两个园区入选第一批国家级文化产业示范园区创建资格名单①，文化产业园区成为促进西南地区文化产业集聚发展的重要平台，也成为推动西南地区文化产业持续快速发展的重要抓手和重要动力。

① 《文化部公示第一批国家级文化产业示范园区创建资格名单》，中华人民共和国文化和旅游部官网，https：//www. mct. gov. cn/hdjl/yjzj/201709/t20170912_ 830332. htm，最后检索日期：2019 年 10 月 1 日。

表2　西南地区各省区市主要文化产业园区一览

地区	主要文化产业园区
广西	桂林国家高新区创意产业园、南宁高新区软件园、北海高新技术创业园（北海文化产业园）、石尚·1966文化创意产业园、钦州坭兴陶文化创意产业园（千年古陶城）、广西黄姚古镇旅游文化产业区、南宁广告产业园、美丽南方·老木棉匠园、桂林象山文化产业园（瓦窑小镇）、百益·上河城智慧型文化创意孵化产业园、桂林国际文化创意产业园、桂林智慧谷文创产业园
重庆	南滨路文化产业长廊园区、黄桷坪艺术园区、磁器口古镇园区、"虎溪公社"艺术工作室、三峡库区涪陵印刷包装产业园区、重庆广告产业园、荣昌陶文化创意产业园、中国·重庆古剑山艺术村、重庆花木世界、N18文化创意产业园、北仓文创街区、喵儿石创艺特区、重庆天怡文化创业园、艺度创·文化创意园、京渝国际文创园、贰厂文创公园、长寿菩提古镇文化创意产业孵化园
四川	四川省成都青羊绿舟文化产业园区、成都安仁（中国）博物馆小镇、广元蜀汉文化产业园、遂宁观音文化产业园、成都龙泉（中国）艺库、成都蒲江明月国际陶艺村、成都梵木创艺区、成都西村文化创意产业园、绵阳万生126文化创意产业园、眉山柳江古镇、雅安芦山根雕文化产业园、南充都京丝绸文化产业园、中国（自贡）彩灯文化产业园、锦江区文化创意产业园、宜宾南溪文化创意产业园、眉山东坡宋城、四川乐山艺术根雕博览园
贵州	贵州文化出版产业园、贵阳数字内容产业园、贵阳阳明文化产业园、中国（遵义）长征文化博览园、中国（遵义）酒文化产业园、黔中国际屯堡文化生态园、中国（凯里）民族文化产业园、毕节大方古彝文化产业园、黔西南民族文化产业园、多彩贵州城、"贵阳·智谷"科技文化创意产业园、贵州板桥艺术村、1958文化创意园
云南	紫云青鸟·云南文化创意博览园、昆明金鼎文化创意产业园、昆明国际印刷包装产业基地、镇雄水晶文化创意园、云南易门滇鉴陶文化创意产业园、龙陵黄龙玉文化产业园区、楚雄永仁·中国苴却砚文化博览园、红河个旧锡文化创意产业园、剑川木雕文化产业园、芒市珠宝小镇、昆明871文化创意工场、春雨路973文创园
西藏	西藏文化旅游创意园、江孜县文化产业园区、康巴文化产业园区、西藏珠峰文化旅游创意产业园区

资料来源：各省区市政府网站，作者整理。

2016年广西出台了《广西壮族自治区文化产业示范基地、文化产业示范园区评选管理暂行办法》，先后评选出桂林国家高新区创意产业园、钦州坭兴陶文化创意产业园（千年古陶城）等9个"自治区级文化产业示范园区"。为进一步规范管理文化产业园区，2019年广西进一步完善了《广西壮族自治区文化产业示范基地、文化产业示范园区评选管理暂行办法》，2019年评选出百益·上河城智慧型文化创意孵化产业园、桂林国际文化创意产业园、桂林智慧谷文创产业园三家文化产业示范园区，自治区文化产业示范园区累计评选出 12 家，文化产业园区成为推动广西文化产业健康持续发展的重要动力。重庆非常重视文化产业园区培育和建设，2007 年出台了《重庆市创意产业基地（园区）认定暂行办法》，先后评选命名了四批 17 家市级文化产业示范园区，2017 年南滨路文化产业园区获国家级文化产业示范园区创建资格，文化产业园区与旅游、商业等产业的深度融合，成为重庆文化产业发展的重要动力，也成为拉动重庆经济发展的重要新兴力量。四川省非常重视文化产业园区建设和发展，文化产业园区数量、质量不断提升，规模不断壮大，产业集聚能力和创新发展能力持续增强，2017 年调查的 33 个文化产业园区数据显示，这些园区共入驻企业 5299 户，年末从业人员 10.6 万人，年末资产总计 447.2 亿元，分别较上一年度增长 5.9%、1.7%、5.3%①。贵州"十二五"期间提出建设完成"十大文化产业园"②和"十大文化产业基地"③，近些年又培育打造了"贵阳·智谷"科技文化创意产业园④等一批文化产业园区（基地），文化产业园区（基地）成为近几年贵州文化产业发展的重要动力和引擎。云南省文化产业园区起步较晚，但近些年发展快速，为加快文化产业园区建设，云南省制定出台了《云南省文化产业园区、文化产业示范基地认定管理办法（试行）》，评选认定了 33 家省级文化产业园区。2013 年以来，云南省财政厅累计统筹安排 9540 万元文化

① 《改革开放 40 周年看地方丨文化产业建成四川支柱产业》，中经文化产业网，http://www.sohu.com/a/280471774-160257，最后检索日期：2019 年 10 月 1 日。

② "十大文化产业园"包括贵州文化出版产业园、贵阳数字内容产业园、贵阳阳明文化产业园、中国（遵义）长征文化博览园、中国（遵义）酒文化产业园、黔中国际屯堡文化生态园、中国（凯里）民族文化产业园、毕节大方古彝文化产业园、黔西南民族文化产业园、多彩贵州城。

③ "十大文化产业基地"包括贵州文化广场、《贵州日报》报业集团印务传媒研发基地、贵州广电家有购物集团电子商务文化产业基地、贵阳会展基地（贵阳国际会议展览中心）、遵义会展基地、六盘水会展基地、铜仁玉屏箫笛研发生产基地、贵州民族民间工艺品交易基地、贵州（凯里）民族民间工艺品交易基地、贵州现代文化创意与数字出版产业基地。

④ "贵阳·智谷"科技文化创意产业园位于贵阳卷烟厂老厂区内，占地面积 7.1 万平方米，建筑面积约 11.9 万平方米。园区承袭了卷烟厂老厂区工业遗存，有着浓厚的工业遗产历史背景，并以此为基础进行现代艺术化升级。

产业资金，扶持全省文化产业园区项目50余个，支持引导云南省文化产业园区健康快速发展，截至2018年8月底，云南省级文化产业园区营业收入10亿元以上的有10家，营业收入1亿元以上的有20家。[①] 2019年底，西藏有各级文化产业示范园区（基地）234家，其中国家级、自治区级文化产业示范基地和园区有73家[②]，园区经济初步形成规模，成为促进西藏文化产业发展的主力军。

（二）文化与科技融合促进文化产业创新发展

随着互联网、人工智能（AI）、大数据、云计算、5G、物联网等新技术的广泛应用，文化与科技跨界融合越来越多，西南地区顺势而为，各省区市结合自身特点，积极推动文化与科技融合发展，初步形成了竞合发展态势。

云南省与腾讯实现全面合作，充分利用互联网、云计算、大数据、人工智能（AI）等技术，推动云南旅游业转型升级和高质量发展。2017年9月，云南省与腾讯公司合作开发建设“一部手机游云南”平台，2018年3月1日，“一部手机游云南”平台上线试运行，2018年10月1日正式上线运行。“一部手机游云南”项目创下全国景区实时直播最大平台、全国景区地理信息最全平台、景区导游导览服务提供最多平台以及旅游投诉处置最快平台的4个全国之最。数据显示，截至2019年3月1日，“一部手机游云南”App用户数超过175万，小程序及App服务人次超过2000万。[③] “一部手机游云南”是云南文化旅游产业转型升级的新引擎，也是云南智慧旅游、全域旅

---

① 杨抒燕：《省财政积极支持文化产业园区建设》，《云南日报》（电子版），http：//yndaily.yunnan.cn/html/2018－10/29/content_ 1248702.htm？ div＝－1，最后检索时间：2019年10月1日。

② 常邦丽：《近年来西藏自治区文化领域中小微企业发展迅猛》，中国西藏网，http：//www.tibet.cn/cn/Instant/culture/201903/t20190304_ 6516708.html，最后检索时间：2019年10月1日。

③ 李思凡：《“一部手机游云南”服务人次超2000万　综合小程序将上线》，昆明信息港，https：//www.kunming.cn/news/c/2019－03－27/12610659.shtml，最后检索时间：2019年10月1日。

游的重要支撑。四川省充分发挥科技综合实力在中国西南地区的领先优势，加强信息技术、IT、软件产业、互联网、云计算等科技支撑，促进文化与科技深度融合发展，全省出版业加快数字化、网络化转型升级，演艺业充分利用全息影像技术等提升感官体验，电影业利用4K、3D、巨幕、HFR、HDR、激光放映、沉浸式声音等技术，提升观影视听效果。[①] 绵阳市作为第二批国家级文化和科技融合示范基地，积极推动文化旅游产业与科技融合，加快把四川悠久的历史文化资源和丰富的自然生态资源转化为发展优势，释放更多发展潜能，开创文化旅游产业发展新局面。[②] 贵州省紧紧抓住“大数据”战略行动的重大机遇，依托互联网、物联网、云计算、信息处理、大数据、5G 等技术，着力推进“文化 + 大数据”深度融合发展，大力发展文化创意、网络电视、数字出版、移动多媒体、游戏动漫等新兴文化业态，有效推动了贵州文化产业转型升级和高质量发展，2017 年代表新兴文化业态的“创意设计服务”和部分代表新兴文化业态的“文化传播渠道”分别实现增加值 59.27 亿元和 77.71 亿元，两者合计占贵州全省文化产业的比重为 42.3%。[③] 广西充分发挥本土文化资源特色，推动文化和科技融合发展，着力发展数字创意产业，《漂移岛之天空历险记》《海上丝路之南珠宝宝》《铜鼓传奇》等数字文化产品在央视少儿频道播出。此外，广西也积极推动动漫“走出去”，《海上丝路之南珠宝宝》陆续进入泰国、老挝、柬埔寨等东盟国家；2017 年广西首部动画电影《勇闯天空岛》获得 2016 澳新国际电影艺术节最佳动画影片奖和西澳国际电影艺术节动画电影奖。[④]

---

① 李慧颖：《四川文化产业如何发展？专家支招：打造文化知名 IP 提升扩大文旅融合》，四川新闻网，http：//scnews.newssc.org/system/20190124/000939267.html，最后检索时间：2019 年 10 月 1 日。

② 张怀澜：《四川省第三届文化旅游新技术应用大会召开探索文旅与科技融合》，中新网，http：//www.sc.chinanews.com/whty/2019 - 09 - 03/111716.html，最后检索时间：2019 年 10 月 1 日。

③ 《【统计分析】2017 年贵州文化产业发展态势良好》，搜狐网，http：//www.sohu.com/a/308311002_100011013，最后检索时间：2019 年 10 月 1 日。

④ 郭凯倩：《广西文化产业方兴未艾》，人民网，http：//pic.people.com.cn/n1/2018/1228/c420001 - 30493473.html，最后检索时间：2019 年 10 月 1 日。

（三）西南地区文化旅游转型发展成效初显

文化旅游一直是西南地区文化产业发展的重点，在国际国内旅游业转型发展背景下，旅游业逐渐转为全域旅游、智慧旅游等新的发展方式，西南地区文化旅游转型发展成效初显。

面对云南旅游业发展的老问题和新形势，云南省紧紧围绕把云南打造成为世界一流旅游目的地的目标，开启了一场“旅游革命”，加快推动云南文化旅游业全面转型升级。2017 年云南省人民政府出台《云南省旅游市场秩序整治工作措施》，被称为“史上最严”“22 条”旅游市场整治措施，经过两年的执行，取得了较大成效。2018 年上线的“一部手机游云南”，逐渐成为云南旅游产业转型升级新引擎，推动云南文化旅游业“重新上路”，云南文化旅游业迎来一个崭新的开始，2018 年全年接待国内外游客 6.88 亿人次，实现旅游总收入 8991.44 亿元（位居全国第七）。贵州省文化旅游业异军突起，积极推进旅游业供给侧结构性改革，推进全域旅游示范省创建，2018 年贵州接待游客 9.69 亿人次（位居全国第一），实现旅游总收入 9471.03 亿元（位居全国第六），连续三年增长率超过 30%，成功跻身中国旅游第一方阵。[①] 伴随文化和旅游的深度融合，四川省以供给侧结构性改革为动力，以全域旅游为引领，制定出台《四川省乡村旅游提升行动计划（2018～2020）》《四川省体育旅游融合发展三年行动计划》《四川省乡村旅游发展三年行动计划》《四川省工业旅游创新发展三年行动计划》等政策[②]，推动文化旅游业高质量发展，培育建设一大批文化旅游项目，使其成为四川旅游业快速发展的重要支撑，2018 年四川省接待国内游客 7.02 亿人次，实现旅游总收入 10112.75 亿元（位居全国第四），正式

① 王钦：《贵州文旅产业融合发展旅游收入连续三年增长率超 30%》，人民网，http：//m.people.cn/n4/2019/0917/c1289－13200138.html，最后检索时间：2019 年 10 月 1 日。

② 朱粒：《锁定万亿产业集群目标——四川旅游经济强省建设向高质量发展迈进》，四川省人民政府网，http：//www.sc.gov.cn/10462/10464/10797/2018/1/29/10443809.shtml，最后检索时间：2019 年 10 月 1 日。

迈入“万亿级”产业集群。[①] 近年来，广西先后出台一系列政策推动文化和旅游融合发展，加大对“文旅融合”项目扶持力度，促进广西地域文化、民族文化与旅游深度融合发展[②]，有效推动了广西文化旅游业转型升级，2018 年广西全区接待国内外游客 6. 83 亿人次，旅游总收入 7619. 90 亿元，同比增长分别达到 30. 6%、36. 6%。[③] 西藏通过打造林芝桃花旅游文化节、昌都康巴文化节、日喀则珠峰文化旅游节、山南雅砻文化节、阿里地区象雄文化旅游节等系列文化旅游节吸引游客，文化旅游业呈现快速发展态势，2018 年西藏全区累计接待游客 3368. 72 万人次，实现旅游收入 490. 14 亿元，同比增长分别高达 31. 5%、29. 2%。[④]

（四）特色文化产业推动脱贫攻坚成效显著

西南地区是我国脱贫攻坚的主战场，也是全国扶贫开发任务最重的区域，各省区市结合自身特点积极开展文化扶贫、推动特色文化产业发展，民族民间工艺品、文化旅游、民族民间演艺等特色文化产业已成为西南地区脱贫攻坚的重要方式。

云南省相继出台了《“十三五”时期云南贫困地区公共文化服务体系建设实施方案》《云南“十三五”时期文化扶贫工作实施方案》等政策文件，不断加大对深度贫困地区在基础设施、项目带动、品牌创建、产业融合、市场推广、人才培训、发展乡村旅游、推进易地扶贫搬迁安置点公共文化服务体系建设上的支持力度，积极发挥文旅扶贫的励民、惠民、富民、安民作用。[⑤] 近

---

① 李丹：《四川旅游正式迈入“万亿级”产业集群》，四川新闻网，http：//scnews. newssc. org/system/20190218/000944191. html，最后检索时间：2019 年 10 月 1 日。

② 何颖：《广西文化产业发展的特点及成效》，《新西部》（上旬刊）2019 年第 19 期。

③ 《2018 年旅游主要指标数据通报》，广西壮族自治区文化和旅游厅网站，http：//wlt. gxzf. gov. cn/zwgk/sjfb/20190115 －661312. shtml，最后检索时间：2019 年 10 月 1 日。

④ 贾华加：《2018 年西藏累计接待游客 3368. 72 万人次》，中国西藏网，http：//www. tibet. cn/cn/news/yc/201904/t20190425_ 6564063. html，最后检索时间：2019 年 10 月 1 日。

⑤ 陈一诺、李健：《云南强化文旅扶贫力度文旅融合释放富民“红利”》，中国网，http：//t. m. china. com. cn/convert/c_ zBmSaM3o. html？ from = singlemessage&isappinstalled = 0，最后检索时间：2019 年 10 月 1 日。

年来，云南民族民间工艺品特色产业发展迅速，以云南民族民间工艺品为主的生产企业2200多家，销售企业7000多家，相关从业人员40多万人，年销售额达90多亿元①，以民族民间工艺品为代表的特色文化产业已成为云南群众脱贫致富的重要方式。贵州省结合“大扶贫、大数据”两大战略行动，相继制定实施《关于建设多彩贵州民族特色文化强省的实施意见》《贵州省非物质文化遗产保护发展规划》《贵州省宣传文化系统助推脱贫攻坚行动方案》《文化产业扶贫“千村计划”实施方案》《贵州省文化厅文化扶贫行动计划（2017～2019）》等政策文件，深入挖掘、开发、利用各类特色文化资源，促进文化与大数据、大扶贫战略深度融合，文化扶贫取得明显成效。② 2016年贵州开始实施文化产业扶贫“千村计划”，近两年不断加大投入支持文化产业项目，累计覆盖深度贫困县14个，扶持建设了34个文化产业扶贫示范基地，带动154个贫困村、13450户贫困户增收③，特色文化产业在脱贫攻坚中的作用不断凸显。四川省出台了《四川省文化惠民扶贫专项方案》等政策，积极推动非物质文化遗产、文化旅游等地方特色文化产业发展，支持贫困地区发展文化产业项目和特色文化产业园区建设，带动贫困地区转变经济发展方式。四川省利用非遗传习所和文化阵地，加大非遗传承人培训力度，培养一批非遗传承人和技师，深度研制开发藏族唐卡、彝族漆器、羌绣等文创产品，启动建设1～3个文旅融合文化惠民示范点，规划建设10个民族传统手工艺产业提升点，推进地区非物质文化遗产合理利用与创新发展等。④ 已经连续举办七届的中国成都国际非物质文

① 张潇予：《云南民族民间工艺品特色文化产业开辟群众脱贫新路子》，云南网，http://yn.yunnan.cn/system/2018/07/23/030026791.shtml，最后检索时间：2019年10月1日。

② 《贵州：精准扶贫文化先行》，《农民日报》2017年2月28日，第2版。

③ 姚曼、邓钺洁：《破解四道题 助跑贵州文化产业——专访省文化改革发展办专职副主任柳盛明》，贵州日报网，http://szb.gzrbs.com.cn/gzrb/gzrb/rb/20180511/Articel13003JQ.htm，最后检索时间：2019年10月1日。

④ 李慧颖：《2018年四川文化扶贫工作安排出炉推出“十个一”工程》，四川新闻网，http://scnews.newssc.org/system/20180411/000869281.html?spm=zm5129-001.0.0.1.TKSQiG，最后检索时间：2019年10月1日。

化遗产节[①]已成为四川非物质文化遗产对外展示的重要窗口，也成为带动四川非物质文化遗产保护传承和产业化发展的重要动力。广西先后出台了《广西2016～2017年文化扶贫富民惠民工程实施方案》《关于促进特色文化产业发展的实施意见》等政策，评选出16个特色文化产业发展示范县、75个特色文化产业发展重点项目，对其予以引导和扶持，玉林芒编、钦州坭兴陶、百色靖西旧州织绣、三江侗族农民画、都安书画纸、隆林民族服饰等特色文化产业成为广西脱贫攻坚的重要方式。近年来，广西结合自身民族多样、文化多元的特点积极探索“非遗+扶贫”的文化扶贫之路，截至2018年，广西已建成非遗传习所、工坊、工作站等培训基地70多个[②]，通过非遗培训、产业发展带动贫困群众脱贫致富。西藏充分发挥自身自然生态、文化资源丰富的特点，积极推动特色文化产业发展，建设打造了73家国家级、自治区级文化产业示范基地和园区，截至目前解决就业8000余人。[③] 西藏积极依托非遗示范基地、企业、合作社开展文化扶贫工作，设立非遗扶贫就业工坊，振兴贫困地区传统工艺，带动贫困群众参与生产性保护，带动贫困群众增收致富。2018年西藏全年接待游客达3368.7万人次，实现旅游收入490亿元，增幅分别达到了31.5%、29.2%[④]，特色旅游文化产业已成为西藏全区脱贫致富、经济发展的重要动力。

---

① 中国成都国际非物质文化遗产节是国务院正式批准的国家级、国际性文化节会活动，是联合国教科文组织参与主办的国内唯一的国际性文化活动。两年一届的成都国际非遗节，自2007年以来已经成功举办了6届，并于2009年永久落户成都。

② 《广西："非遗+扶贫"呈现新气象》，中国文化报，http://epaper.ccdy.cn/html/2018-08/10/content_239018.htm，最后检索时间：2019年10月1日。

③ 常邦丽：《近年来西藏自治区文化领域中小微企业发展迅猛》中国西藏网，http://www.tibet.cn/cn/Instant/culture/201903/t20190304_6516708.html，最后检索时间：2019年10月1日。

④ 曲欣悦：《西藏特色产业助力百姓脱贫致富》，中国西藏网，http://www.tibet.cn/cn/index/news/201904/t20190408_6546435.html，最后检索时间：2019年10月1日。

三　西南地区文化产业发展趋势和展望

（一）文化和旅游融合背景下西南地区文化产业发展迎来新的发展机遇

2018 年国家文化和旅游机构改革，合并组建了文化和旅游部，近两年陆续出台了《关于进一步激发文化和旅游消费潜力的意见》（国办发〔2019〕41 号）、《关于促进旅游演艺发展的指导意见》（文旅政法发〔2019〕29 号）等政策文件，着力推动文化和旅游融合发展。在国家机构和政策调整大背景下，西南地区迎来新的发展机遇，六省区市也相继组建了新文化和旅游主管部门，着力推动文化事业、文化产业和旅游业的融合发展。2019 年四川省相继出台了《关于进一步促进民营文化旅游企业健康发展的实施意见》《关于大力发展文旅经济加快建设文化强省旅游强省的意见》等政策文件，着力推动文化和旅游融合发展，努力将四川省建设成为文化旅游产业深度融合的文化高地和世界重要旅游目的地。

（二）自由贸易试验区建设将为西南地区文化产业发展拓展新空间

在"一带一路"国家倡议下，为推动国家对外开放总体战略布局，我国陆续设立了 18 个自由贸易试验区，其中西南地区的四川（2016 年）、广西（2019 年）、云南（2019 年）陆续获批中国自由贸易试验区。自由贸易试验区的设立和建设以及带来的政策红利，使西南地区文化产业迎来新的大发展、大繁荣的历史机遇。西南地区地处我国的边疆边境地区，与南亚、东南亚各国紧密相连，自由贸易试验区的建设与发展，使西南地区的地缘、人缘、文缘等优势进一步凸显，将进一步推进西南地区对外文化的投资、贸易，以及推进文化产业的国际合作，推动西南地区文化产业的国际化，推动中华文化"走出去"。

（三）大交通体系逐步完善为西南地区文化产业协同发展创造了有利条件

伴随“一带一路”、西部大开发、新型城镇化、乡村振兴等战略深入推进，西南地区未来几年交通基础设施将会进一步完善，形成以成都、重庆、昆明、贵阳、南宁五城为中心的立体化、网络化大交通体系，尤其是成渝高铁、贵成高铁、贵昆高铁、南昆高铁、渝昆高铁、成昆高铁、泛亚铁路等高速铁路建设的快速推进，西南六省区市将实现互通互连，大大缩短通勤时间，高效便捷的交通将为西南地区实现跨地区资源配置和协同发展奠定良好基础，将为西南地区文化和旅游产业带来新的发展。

B.8
西北地区文化产业发展报告（2019~2020）

王万鹏　王敬儒*

摘　要： 西北地区是中国文化版图中的资源富集区，西北大地在独特的地理文化基础上，在漫漫历史长河中孕育出了丰厚的历史文化、灿烂的民间文化、绚丽的民族文化、多元的宗教文化和坚实的现代文化。然而，这片文化资源的富矿区长期受制于不平衡的经济发展水平，在国家文化产业发展进程中，始终处于后发的位置。在国家新一轮西部大开发政策和“一带一路”倡议深入推进的大好局面下，近年来，西北地区各省区都做了许多有益的探索，把“如何发挥后发优势，变资源优势为产业优势”作为时代命题，努力推进文化资源的产业化开发与转化。

关键词： 文化产业　后发优势　西北地区

在传统的地理和行政区划概念中，人们常说的“西北地区”主要是指陕西、甘肃、宁夏、青海、新疆五个省区，结合中国各省区文化产业发展现状及资源分布情况，我们对“西北地区”概念的外延进行了拓展，特意把产业水平相近、资源禀赋相似的内蒙古自治区纳入考察和研究的范围，以期

* 王万鹏，兰州文理学院文化产业研发中心教授，主要研究方向：区域文化产业。王敬儒，兰州文理学院文化产业管理系讲师，主要研究方向：文化会展产业。

对这一区域的文化产业发展现状做出更为科学合理的分析，对区域内文化产业发展的板块进行合理布局，对区域内文化产业发展的未来趋势做出合理的预判。文化部门与旅游部门的机构合并及职能调整，是2018年文化产业领域发生的大事件，有力推动了文化产业与旅游等相关产业的深度融合。“一带一路”已然成为沿线国家和地区携手共进、互联互通、全面应对全球性挑战和促进世界经济增长的重要平台，丝绸之路成为实现沿线国家和地区共同繁荣的机遇之路。“一带一路”倡议提出以来，其国际影响力日益提升，“一带一路”建设经历了从“大写意”到“工笔画”的转型升级，建设内容也从“五通”升级到“六路”，“一带一路”倡议在实践中走向深化，逐步向高质量发展阶段迈进。国内各省（区、市）文化产业都在积极抢抓机遇，整合资源，集中发力，想办法谋求文化产业的高质量发展。西北六省区中有三个民族自治区，青海、甘肃也是多民族省份，且都是陆上丝绸之路的重要节点，“丝绸之路经济带”建设给西北地区带来难得的发展机遇，充分利用民族文化资源丰富的区域优势和文化产业发展的后发优势、依托国家的对外开放战略、发展特色文化产业、走差异化的经济发展路线，对于缩小东西部发展差距、实现国家层面在经济领域的均衡发展有着非常重要的意义。

一　西北地区文化产业发展现状

（一）区域文化产业增加值低，年均增速低于全国水平

2014～2017年，西北地区文化产业增加值年平均增速为10.85%，虽然低于同期全国文化产业12.27%的增速，但总体依然呈快速增长趋势。西北地区文化产业基础薄弱，文化产业增加值低于全国平均水平，由2014年的1267.6亿元增加到2017年的1726.6亿元，2017年地区文化产业增加值仅高于东北地区。占GDP比重由2014年的2.24%提高到2017年的2.77%，根据当前发展态势，预计2018年西北地区文化产业增加值将超过1915亿元，占GDP比重预计达到2.8%。

分省区来看，陕西省文化产业发展领跑西北地区，2017 年文化产业增加值达到 911.1 亿元，占 GDP 比重达到 4.16%，排在全国第六位；2014～2017 年甘肃省文化产业发展迅速，年均增速为 15.97%，增速排名全国第三；青海省文化产业发展在经过了三年的缓慢增长后，在 2017 年呈现负增长，2014～2017 年年均增速为 -1.52%，增加值由 2014 年的 46.7 亿元，降到 2017 年的 44.6 亿元，占 GDP 比重也仅为 1.7%；宁夏、新疆、内蒙古三个区文化产业发展增速相对平稳，呈稳步增长态势（见图 1）。

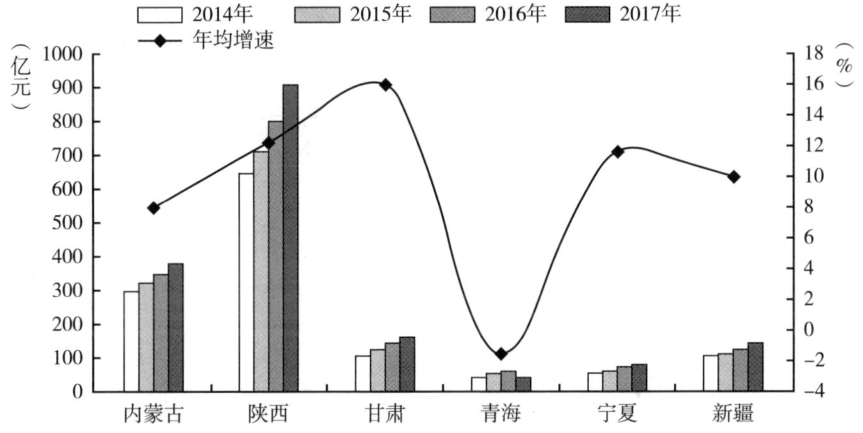

图 1　2014～2017 年西北地区文化产业增加值及占 GDP 比重情况

资料来源：《中国文化及相关产业统计年鉴》（2015～2018）。

（二）劳动力人均产出下降，产业集聚水平低

西北地区人均文化产业增加值呈现稳步增长态势，2014～2017 年实现年均增长率 9.97%，在全国仅低于长三角地区和环渤海地区。分地区来看，甘肃、陕西、宁夏三省区增长相对较快，新疆、内蒙古增长相对缓慢，青海省为负增长（见图 2）。2014～2017 年西北地区劳均产出总体呈下降趋势（年均增长率为 -7.58%），其中陕西、甘肃、宁夏、内蒙古下降幅度相对较大，新疆、青海相对较小（见图 3）。

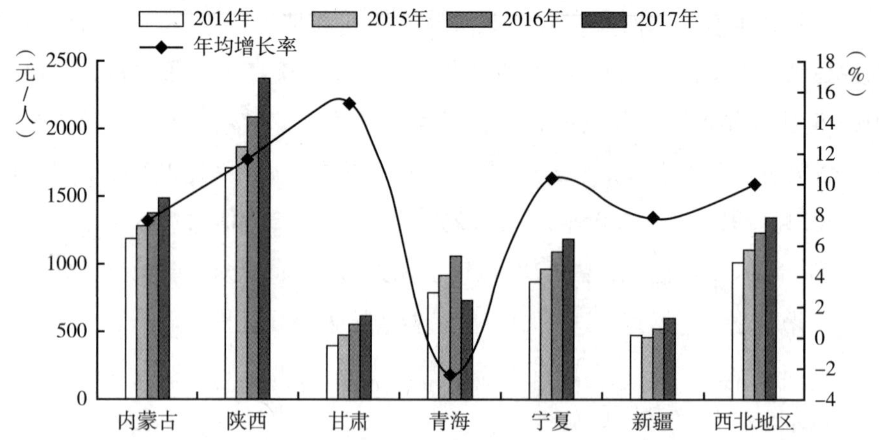

图2　2014～2017年西北地区文化产业人均产出情况

资料来源：《中国文化及相关产业统计年鉴》（2015～2018）。

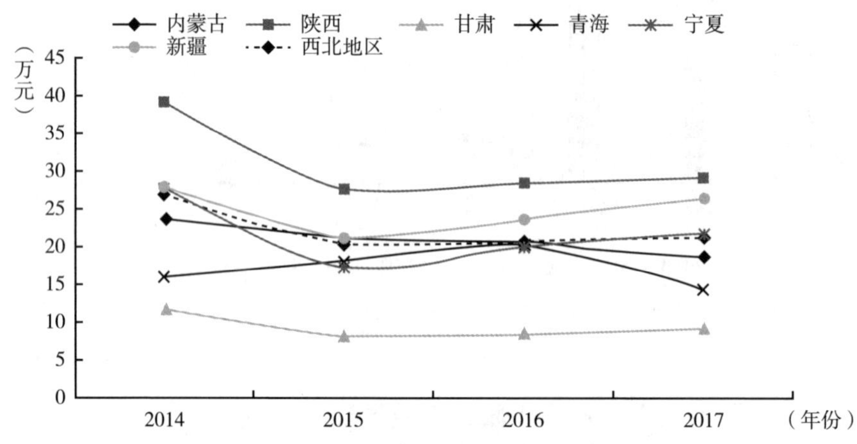

图3　2014～2017年西北地区文化产业劳均产出情况

资料来源：《中国文化及相关产业统计年鉴》（2015～2018）。

2014～2017年，西北地区文化产业集聚发展总体呈下降态势。分地区来看，陕西省文化产业集聚发展特征显著，文化产业专业化程度最高；青海省文化产业集聚发展的相对优势在经过三年的缓慢上升后于2017年快速下降，产业专门化率进入相对劣势区间；除陕西省外，西北地区其余省区文化产业集聚发展均处于相对劣势（见图4）。

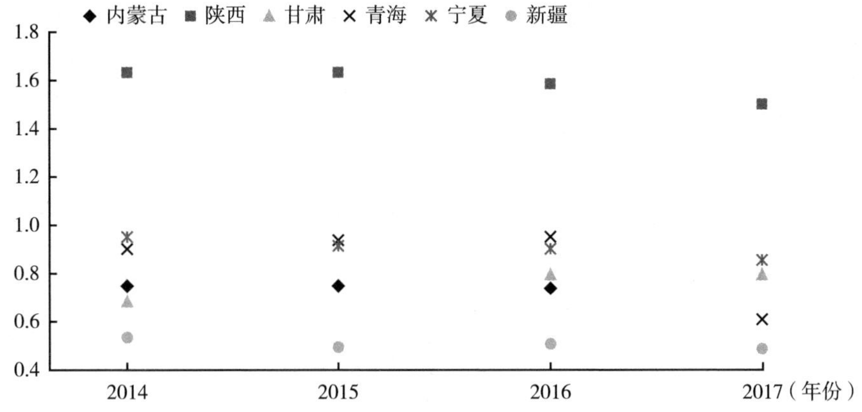

图4 2014～2017年西北地区文化产业区位熵

资料来源：《中国文化及相关产业统计年鉴》（2015～2018）。

（三）文化产业结构逐步调整，文化服务业比重显著提升

西北地区文化产业法人单位资产总计分行业构成由2013年的16.03∶14.14∶69.83调整为2017年的9.03∶11.45∶79.52，文化服务业比重显著提升，文化制造业比重显著下降，文化批零业比重小幅下降（见图5）。

分地区来看，六省区的文化制造业和文化批零业都有不同程度的下降，相应的文化服务业占比上升。其中青海省产业结构调整幅度最大，其文化制造业由2013年的61.79%，降为2017年的24%，文化服务业由23.55%上升为63.26%；2017年内蒙古、陕西、宁夏三个省区服务业占比已超过全国平均值（70%），甘肃、新疆、青海文化服务业比重也都接近70%（见表1）。

表1 2013年与2017年西北地区文化及相关产业法人单位资产总计构成情况

单位：%

地区	2013年制造业	2013年批零业	2013年服务业	2017年制造业	2017年批零业	2017年服务业
内蒙古	19.39	10.46	70.15	3.18	8.49	88.33
陕西	10.65	10.92	78.43	10.34	9.04	80.62
甘肃	11.05	26.04	62.91	9.63	20.55	69.82
青海	61.79	14.66	23.55	24.00	12.74	63.26

续表

地区	2013 年制造业	2013 年批零业	2013 年服务业	2017 年制造业	2017 年批零业	2017 年服务业
宁夏	21. 84	13. 25	64. 90	20. 36	9. 57	70. 07
新疆	12. 69	26. 4	60. 89	11. 11	20. 57	68. 32
西北地区	16. 03	14. 14	69. 83	9. 03	11. 45	79. 52

资料来源：《中国文化及相关产业统计年鉴》（2014、2018）。

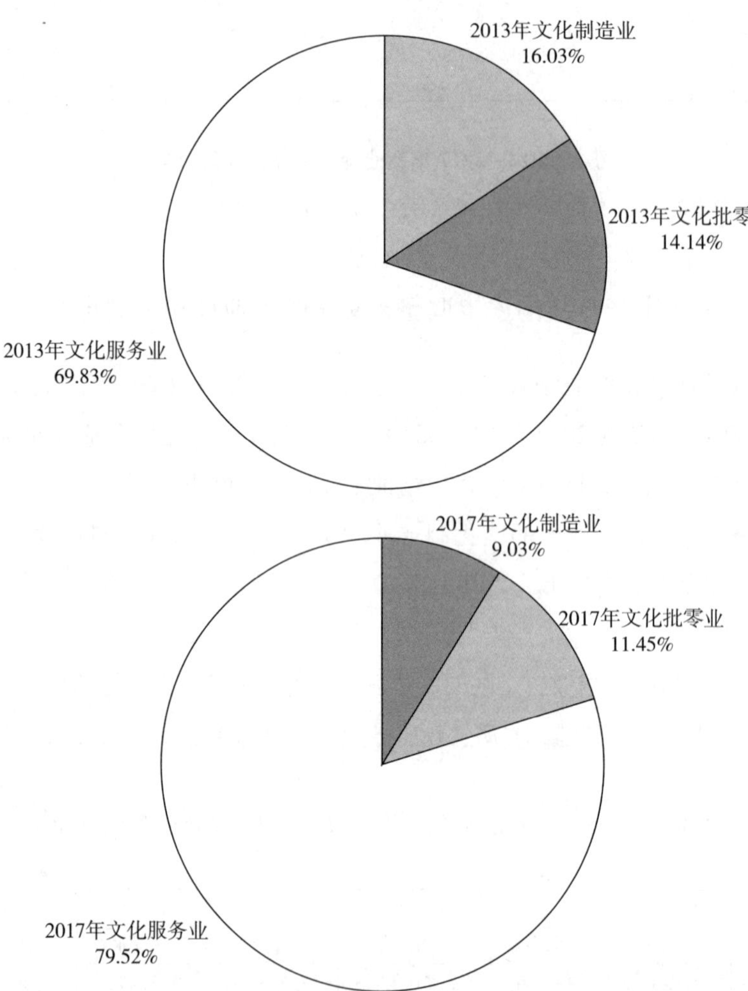

图 5　2013 年与 2017 年西北地区文化及相关产业法人单位资产总计分行业构成对比

资料来源：《中国文化及相关产业统计年鉴》（2014、2018）。

（四）居民文化消费稳步增长，但仍低于全国平均水平

西北地区居民文化消费呈现稳步增长态势，居民人均文化消费支出由2013年的451元增长到2017年的653元，年均增长率为9.71%，低于全国平均水平（10.88%）。分地区来看，各省区居民人均文化消费支出都整体呈增长态势（见图6），而居民人均文化消费支出占居民人均消费支出的占比增长相对缓慢，宁夏、新疆两区还呈现缓慢下降的趋势（见表2）。

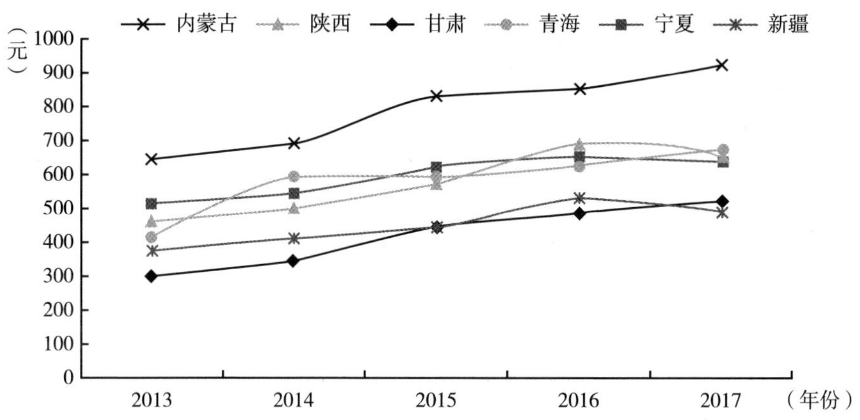

图6　2013～2017年西北地区全部居民人均文化消费支出情况

资料来源：《中国文化及相关产业统计年鉴》（2014～2018）。

表2　2013～2017年西北地区全部居民人均文化消费支出占居民人均消费支出比重情况

单位：%

	2013	2014	2015	2016	2017
内蒙古	4.34	4.26	4.82	4.71	4.88
陕西	4.13	4.15	4.41	4.92	4.50
甘肃	3.41	3.52	4.00	3.96	3.96
青海	3.57	4.67	4.37	4.26	4.35
宁夏	4.55	4.31	4.43	4.36	4.20
新疆	3.28	3.47	3.46	3.75	3.23
全国	4.36	4.63	4.84	4.68	4.64

资料来源：《中国文化及相关产业统计年鉴》（2014～2018）。

2013～2017年，西北地区六省区城镇、乡村居民人均文化消费支出都呈现整体增长态势。内蒙古、宁夏两个自治区城镇和乡村居民人均文化消费比逐步缩小，而青海、新疆、甘肃三省区城镇和乡村居民文化消费比则进一步拉大（见图7和图8）。

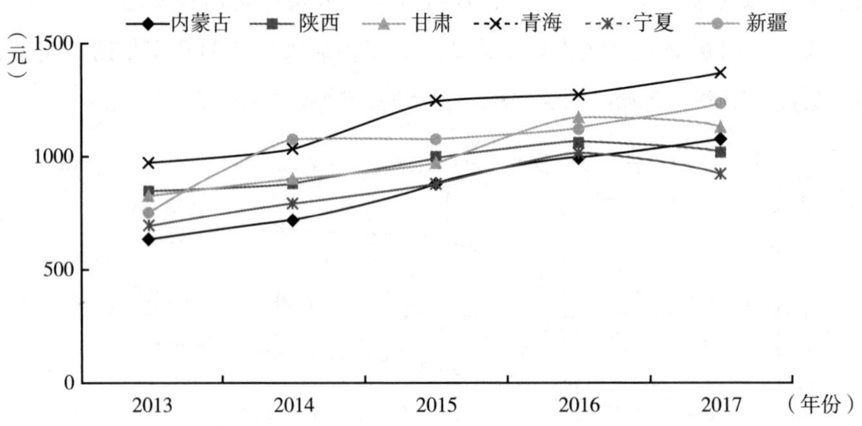

图7　2013～2017年西北地区城镇居民人均文化消费支出情况

资料来源：《中国文化及相关产业统计年鉴》（2014～2018）。

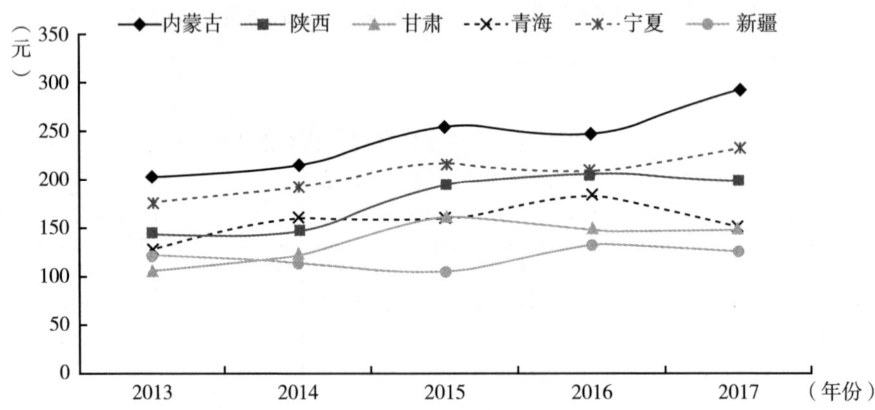

图8　2013～2017年西北地区乡村居民人均文化消费支出情况

资料来源：《中国文化及相关产业统计年鉴》（2014～2018）。

（五）固定资产投资数量少，资产投资增长快

西北地区文化及相关产业固定资产投资总额少，但增长速度较快，由2013年的1303亿元增加到2017年的3633亿元，年均增长率为29.23%。分地区来看，宁夏和新疆两个自治区增速最快，陕西、内蒙古、青海三个省区增长相对较快，甘肃省增速最慢，为3.19%（见图9）。

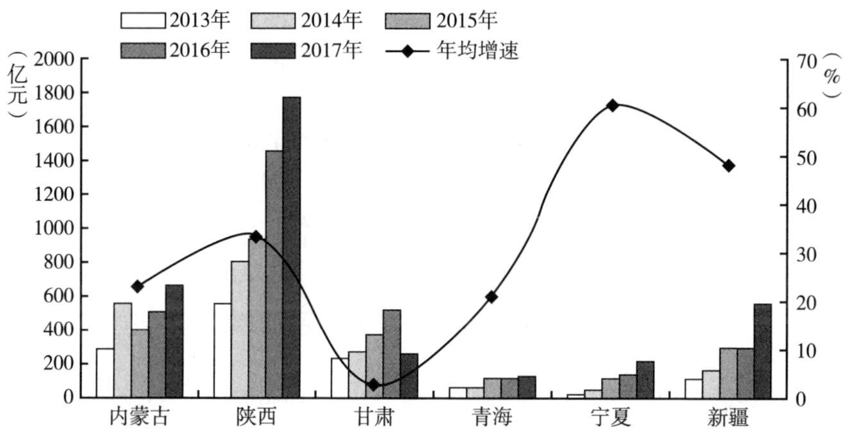

图9　2013～2017年西北地区文化及相关产业固定资产投资情况

资料来源：《中国文化及相关产业统计年鉴》（2014～2018）。

从文化及相关产业固定资产投资占全社会固定资产投资比重来看，西北地区起点较低，由2013年的2.69%提升到2017年的5.73%，2013～2017年年均增速为20.79%，该数据在全国各地区排名第一；其中宁夏和新疆两自治区增速快，内蒙古和陕西省增速较快，甘肃和青海两省年均增速缓慢（见图10）。

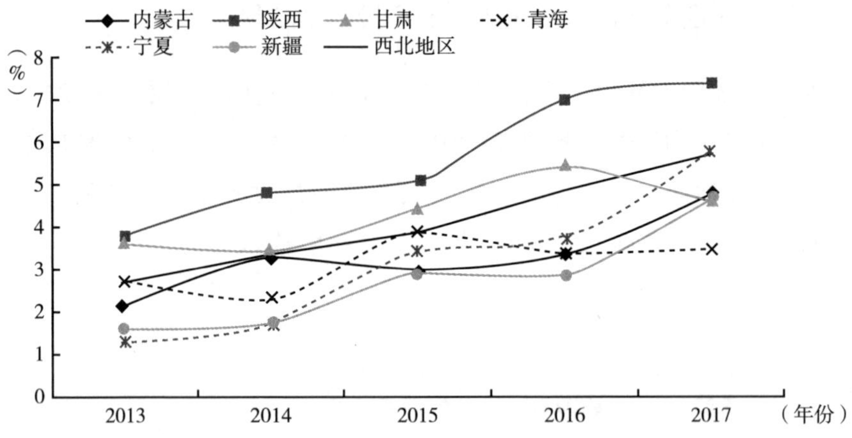

图 10　2013～2017 年西北地区文化及相关产业固定资产投资占全社会固定资产投资比重

资料来源：《中国文化及相关产业统计年鉴》（2014～2018）。

（六）文化企业规模和数量持续增加，亏损率高于全国平均水平

西北地区规模以上文化企业总数从 2013 年的 869 家增加到 2017 年的 2151 家，增长了 147.53%，其中陕西和新疆两省区增长较快，增幅分别达到 225.82% 和 142.22%。内蒙古增长较为缓慢，仅为 49.71%（见图 11）。西北地区规模以上文化企业亏损率高于全国同期平均水平，2013 年亏损率为 25.32%，2017 年为 27.52%。

2013～2017 年，西北地区文化产业规模以上企业主营业务收入、资产总计都呈现较快增长，其中主营业务收入、资产总计年均增长率分别达到了 24% 和 24.56%（见图 12）。西北地区文化产业带动就业的能力进一步提高，年末从业人员数由 2013 年的 48.4 万人增加到 2017 年的 82 万人，年均增长率为 14.07%（见图 12）。

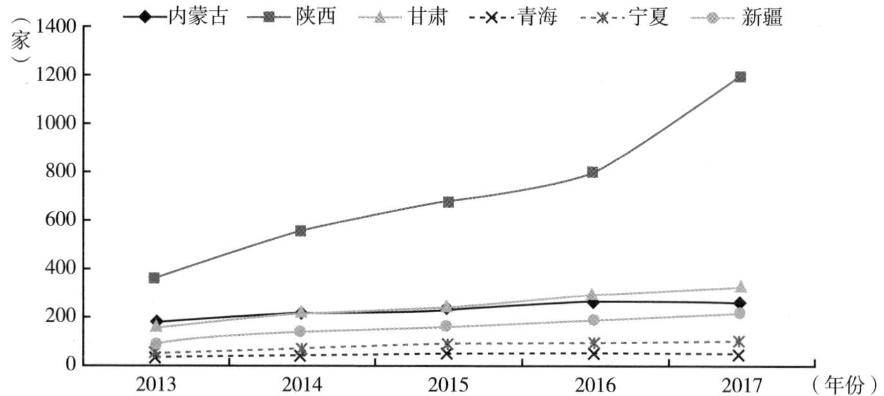

图11　2013～2017年西北地区规模以上文化企业数量增长情况

资料来源：《中国文化及相关产业统计年鉴》（2014～2018）。

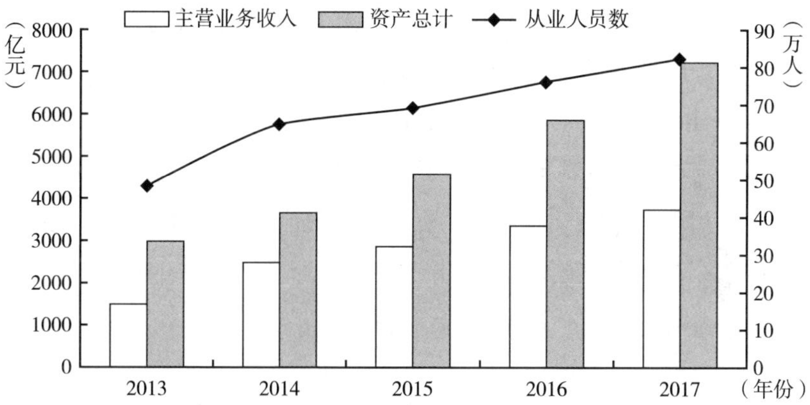

图12　2013～2017年西北地区文化产业法人单位经营情况

资料来源：《中国文化及相关产业统计年鉴》（2014～2018）。

（七）文化产业研发缓慢，研发热情明显降低

西北地区规模以上文化制造业的研发企业数量偏少，有R&D活动企业由2013年的22家增加到2017年的41家，总体数量及年均增速都低于全国平均水平，2013～2017年有R&D活动文化企业数和研发投入资金规模年均增长率分别为16.84%和0.29%（见图13）。

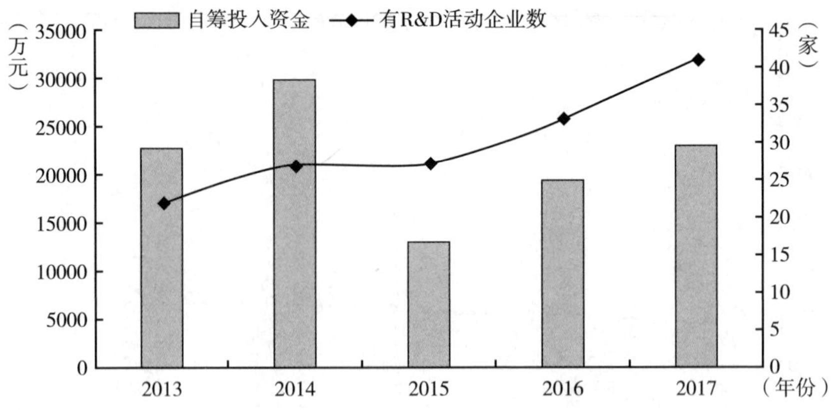

图13　2013～2017年西北地区文化研发投入情况

资料来源：《中国文化及相关产业统计年鉴》（2014～2018）。

西北地区有R&D活动文化企业数占规模以上文化企业总数的比重较低，除了宁夏和新疆两个自治区出现缓慢增长外，总体呈现下降态势（见图14）。从单位R&D项目资本投入情况来看，西北地区由2013年的237.40万元降到2017年的160.13万元，年均增速为－9.38%。分地区来看，甘肃和宁夏两个省区降幅较大；青海省数据变化明显，先降后增，总体呈缓慢增长；其余省区都相对以较低速度增长（见图15）。

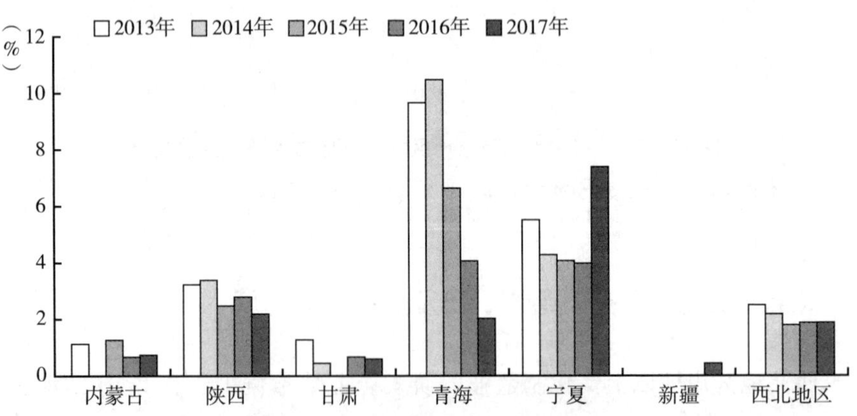

图14　2013～2017年西北地区有R&D活动文化企业占规模以上文化企业总数比重情况

资料来源：《中国文化及相关产业统计年鉴》（2014～2018）。

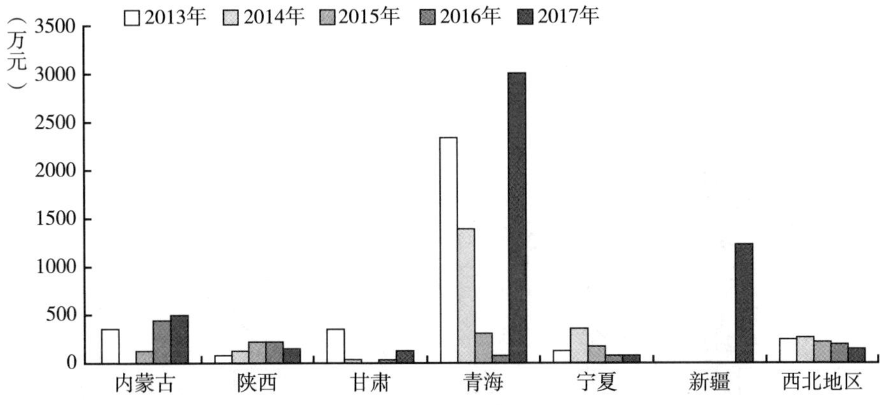

图 15　2013～2017 年西北地区单位 R&D 项目资本投入情况

资料来源：《中国文化及相关产业统计年鉴》（2014～2018）。

2013～2017 年，西北地区有效发明专利数、新产品销售收入年均增长率分别为 50.01% 和 53.2%（见图 16）。从文化制造业新产品销售收入绝对值来看，陕西省和内蒙古两个省区领先，2017 年两省区占西北地区销售总值的 76%，西北地区其余省区文化制造业新产品销售收入与该两省区差距较大；从文化制造业新产品销售收入增速来看，青海、新疆、内蒙古、甘肃四省区由于之前统计数据不全而无法准确计算，陕西和宁夏两省区分别为 43.21% 和 26.74%（见图 17）。

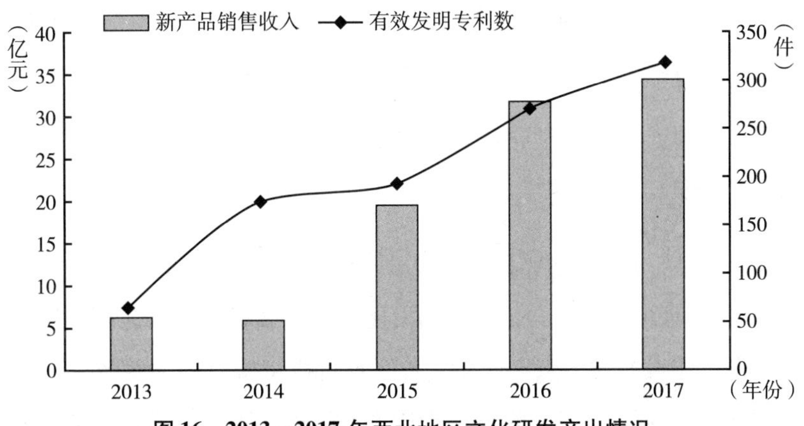

图 16　2013～2017 年西北地区文化研发产出情况

资料来源：《中国文化及相关产业统计年鉴》（2014～2018）。

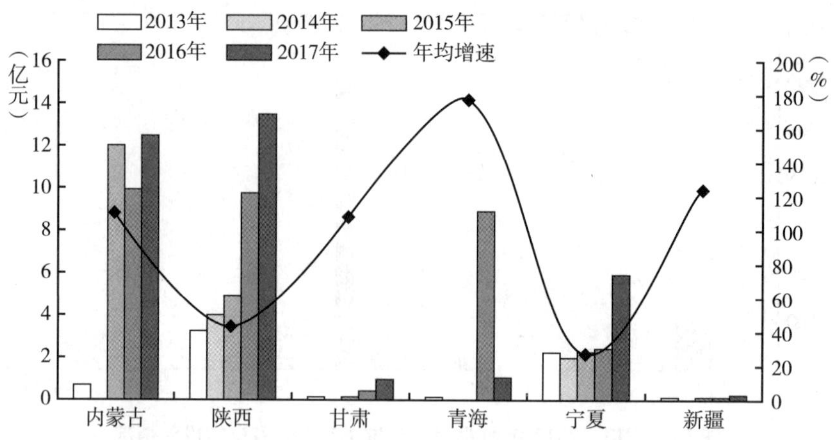

图 17　2013～2017 年西北地区文化制造业新产品的销售收入情况

资料来源：《中国文化及相关产业统计年鉴》（2014～2018）。

二　西北地区文化产业发展热点

2017～2018 年，西北六省区充分发挥各自的资源优势和区位优势，在文化产业领域取得了令人满意的成绩。随着各省区全面融入“一带一路”发展倡议步伐的加快，西北六省区文化产业发展环境逐步改善，文化产业结构进一步优化，一批示范性的文化建设重大战略项目逐步落地，六省区的文化产业发展呈现良好的发展态势，逐渐形成了自己的特点，且亮点频现。

（一）聚焦“丝路”寻出路，与国家“一带一路”建设深入推进保持高度同步

“一带一路”倡议的纵深推进和高质量建设，不仅拓宽了我国对外开放的渠道，也为西北六省区文化产业的发展带来了新机遇，成为西北地区融入“一带一路”建设的发力点。西北六省区自古以来就是陆上丝绸之路的重要节点，陕西、甘肃、宁夏、青海、新疆五省区是陆上丝绸之路中国段的主要区域，内蒙古是草原丝绸之路的核心区域。古老的丝绸之路给西北地区留下

了丰富的历史文化资源，成为如今西北地区发展文化旅游产业的重要基础和文化载体。当前，西北六省区紧抓“一带一路”倡议带来的历史机遇，借助丝绸之路连通海内外的通道优势，充分整合区域文化资源，通过合理的产业规划绘就蓝图，谋求文化产业的高质量发展。丝绸之路经济带是一个跨文化融合的创新空间，其丰富的文化资源，历经千年繁荣不衰，为丝路沿线地区的人文交流与合作打下了坚实的基础。随着国内各区域文化产业合作的深入和区域间联系的加强，各省区之间文化产业的空间联系日益复杂，呈现非线性的、纵横交织的关联网络形态，其网络参与者的协同创造潜力不应被忽视。

横跨“三北”的内蒙古自治区，内连八省，外接俄蒙，有着非常独特而鲜明的区位优势，作为国家“一带一路”建设六条走廊之一的“中蒙俄经济走廊”的战略支点，内蒙古成为我国向北开放的重要桥头堡。占国土面积1/6的新疆维吾尔自治区是“一带一路”建设的核心区，也是国家向西开放的重要窗口，从地理区划来看，新疆境内的边境线长达5700多公里，与8个国家接壤。新疆境内有17个国家一类口岸、10个国家二类口岸，天然的区位优势，使新疆与丝绸之路沿线国家和地区山水相依、民心相通，长期的经贸融通和频繁的人文交流，为新疆的对外文化贸易提供了坚实的历史依据和丰富的现实资源，形成了不可替代的独特优势。近年来，新疆加大了民族宗教文化和对外交流与创新的工作力度，各族人民和各界人士积极投身文化建设大潮，广泛参与或开展国际学术交流活动，正面引导和宣传新疆文化。陕西是西北地区的排头兵，在推进“一带一路”文化旅游品牌建设方面做出了积极探索，第五届丝绸之路国际艺术节、第五届西安丝绸之路国际旅游博览会的成功举办，进一步加强了陕西对外人文交流与合作。甘肃则借助敦煌文化博览会和敦煌丝绸之路国际旅游节，在国内积极提升甘肃旅游品牌影响力的同时，扩大了与中亚各国的文化交流合作。甘肃先后在印度、白俄罗斯等国家举办“欢乐春节”活动①，在《丝路花雨》《大梦敦煌》等剧目的品牌塑造

① 张万宏：《2018年甘肃省文化旅游十大新闻发布》，《兰州日报》，https://baijiahao.baidu.com/s?id=1621744422849123807&wfr=spider&for=pc，最后检索时间：2019年10月3日。

和宣传推广方面也加大了工作力度，据统计，甘肃省文化旅游产业最近5年始终保持着快速增长的强劲势头，依托"一带一路"国际文化交流大舞台，一系列富有地方特色的文化旅游产品成为甘肃走向世界的靓丽名片，随着"一带一路"倡议的深入推进，文化旅游业成为甘肃全方位发展的重要载体。

（二）聚焦"非遗"求创新，充分利用国家非物质文化遗产政策，积极开展非物质文化遗产生产性保护

非物质文化遗产是民族文化瑰宝，西北六省区拥有数量众多的非遗资源，非物质文化遗产保护成果显著，随着非遗立法的逐步完善，非物质文化遗产保护传承工作步入法制化轨道，四级非遗保护体系已经形成。通过加强非物质文化遗产的传承与保护工作，有效保护了非遗项目和代表性传承人，随着非物质文化遗产衍生品的日益丰富，人民群众充分享受到了非遗保护成果。近年来，西北六省区在非物质文化遗产保护方面做了积极的谋划和布局，甘肃省非物质文化遗产保护中心于2018年4月28日正式挂牌成立，标志着甘肃在省级层面有了非遗保护的正式独立机构，为今后更好地抢救保护和更加合理地利用非物质文化资源、推动文化大省建设、加快全省文化事业和文化产业的高质量发展提供了强有力的载体。文化生态保护区建设是非物质文化遗产传承保护的重要平台，根据自身地理环境及文化资源的分布状况，西北六省区在充分考虑民族性、文化性、生态性、地域性的基础上，依托文化生态保护区，开展更为有效的项目保护和传承，加大了项目的整体性保护力度，取得了喜人的成绩。

进行生产性保护是非物质文化遗产保护工作的重要方式，《中华人民共和国非物质文化遗产法》第三十七条对此做了具体阐述："国家鼓励和支持发挥非物质文化遗产资源的特殊优势，在有效保护的基础上，合理利用非物质文化遗产代表性项目开发具有地方、民族特色和市场潜力的文化产品和文化服务。"① 西北六省区在非物质文化遗产生产性保护方面也涌现出一批成

① 《中华人民共和国非物质文化遗产法》，人民网，https：//ip. people. com. cn/n1/2019/0704/c136672 - 31214011. html，最后检索时间：2019年10月3日。

功的案例。“大漠行”麻鞋已经成为甘肃省天水市甘谷县的一个文化品牌，甘谷麻鞋以纯天然取料、纯手工制作、穿着柔软舒适而备受消费者青睐，是全国唯一一个获“中国驰名商标”称号的麻鞋品类文化产品。在民间泥塑协会带领下，陕西省凤翔县城关镇六营村的泥塑传承人采用“小作坊特色加工，工厂化规模生产”的运作模式，逐步形成了统一品牌，在传承保护非遗项目的同时，带来了可观的经济效益，带动了当地村民脱贫致富。青海立足于独特的民族文化资源，在政府指导、市场运作体系下形成了独特的文化产业类型，黄南藏族自治州的热贡艺术、海南藏族自治州的藏绣和民族服饰，均形成了特色鲜明的文化产业集聚区，生产性保护已经成为非遗传承人和从业者脱贫致富的重要途径。

（三）聚焦“三农”谋发展，充分利用国家乡村振兴战略加强乡村文化产业发展

随着乡村振兴战略不断推进，乡村传统文化中的创造性因素被不断激活，并转化成富有创新性的文化产业形态。《乡村振兴战略规划（2018～2022年）》指出：乡村振兴的关键在于“挖掘培养乡土文化本土人才，建设一批特色鲜明、优势突出的农耕文化产业展示区，打造一批特色文化产业乡镇、文化产业特色村和文化产业群。推动文化、旅游与其他产业深度融合、创新发展”①，在中央政策的刺激和推动下，乡村旅游与民俗文化深度融合、乡村文创与乡村传统手工艺无缝对接，既实现了传统乡村新旧动能的接续转换，也有效推动了乡村文化产业的快速发展。

乡村旅游是当前实现乡村振兴的重要途径，“作为以乡村社区为活动场所、以乡村独特的生产形态、生活风情和田园风光为对象的一种旅游业态，其发展能够起到农民增产增收、农业多元经营、农村美丽繁荣的作用，因此已经成为乡村振兴中的重要引擎”。② 当前，打胜脱贫攻坚战是全国上下工

① 《中共中央国务院印发〈乡村振兴战略规划（2018～2022年）〉》，新华网，http：//www.xinhuanet.com/2018－09/26/c_1123487123.htm，最后检索时间：2019年10月3日。

② 赵晔：《发展乡村旅游打造乡村振兴的新引擎》，《学习时报》2018年2月26日。

作的核心任务，“旅游扶贫”“文化扶贫”“扶贫工坊”等字眼常常出现在政府部门的工作安排和媒体报道中，说明了文化旅游产业在乡村振兴进程中的重要地位和作用。西北六省区是国家脱贫攻坚战的主战场，必须自觉以自身丰富而优质的特色文化资源为支撑，通过做大做强富有地域特色的文化产业，坚持以市场为导向，以文化创意为引领，不断满足不同文化消费者的需求，提供丰富的文化产品，刺激消费，从而获取更多收益，最终实现精准扶贫目标。文化扶贫是当前脱贫攻坚战的重要组成部分，只有通过精准设计的文化项目才能够有效地促进文化精准扶贫。充分利用“乡村舞台”“文化集市”“乡村记忆博物馆”等文化爱民、惠民工程项目，助推西北六省区的精准扶贫工作，是目前各省区普遍的选择。以“政府为主导、企业为主体”的乡村文化建设和乡村文化产业发展模式正在逐步成熟，通过以“文化设施精准建设、文化产品精准服务、文化智力精准帮扶和文化产业精准扶持”为主要内容的“四个精准”乡村文化工程的实施，文化扶贫的力度在决胜全面小康的进程中将更加显著。以陕西为例，通过积极扶持贫困乡村，依托自身文化资源优势发展特色文化产业，以产业集群带动就业，截至 2019 年 10 月，陕西共打造了 186 个乡村旅游示范村、109 个旅游特色名镇、15 家 4A 级景区和 20 多家 3A 级景区。新疆的乡村旅游则以农业自然生态资源为依托，以农业生产、农事活动、农民生活、民俗风情为基础，以满足城市居民休闲度假需求为宗旨，取得了长足发展。大力发展特色文化产业是西北地区打好脱贫攻坚战、实现精准扶贫目标的根本所在。毫无疑问，西北六省区的乡村文化资源是优质的，其发展潜力也是巨大的。

（四）聚焦“文旅”齐发力，加快“文旅融合”步伐，实现文化旅游产业高质量发展

随着文化和旅游部门合并，职能整合给各地文化和旅游产业带来新的活力，文化与旅游的产业融合升级，从最初理论上的倡导，逐渐成为产业发展趋势，并且初现成效。文旅融合也从过去人们所说的趋势、潮流，变成了“常态化”的现实，“文旅融合”成为政界、业界和学界相关人士经常使用

的高频词，“文化旅游产业”也名正言顺地成为人们对文旅融合新业态的称谓。中国旅游研究院与马蜂窝旅游网联合建立的“自由行大数据联合实验室”，对全国“自由行”状况进行了调研，在其发布的《壮美西北：中国省域自由行大数据系列报告之西北地区》成果中，明确指出：西北地区旅游业在2017～2018年度有了显著增长，甘肃、青海、新疆、宁夏旅游热度的涨幅都超过了200%，自由行游客在陕西、甘肃、青海、宁夏、新疆的游玩天数也逐渐增加，分别在4～11天，人均消费也呈现上升趋势①。甘肃推出的“一部手机游甘肃”平台，成为来甘肃游玩的各地游客出行的好助手，也成为本地市民居家生活的好帮手②。

全域旅游是当前文化旅游产业供给侧改革的着力点，也是文旅融合业态发展的高级形态。随着全域旅游的发展，人们逐渐认识到，创建全域旅游示范区、进行大景区开发建设，是全域旅游全面推进的最佳路径。全域旅游不仅是文化旅游产业供给侧结构性改革的重要领域，也是“创新、协调、绿色、开放、共享”五大发展理念的重要综合实践载体。在这方面，甘肃省做出了较好的示范。文化旅游业是甘肃省重点发展的十大产业中的首位产业，近年来，甘肃省围绕“以旅游业为主体，牵动一产、托举二产”发展思路，在全省范围内实行“以全域旅游为主线，以大景区建设为支撑”的发展战略，逐渐建成一批功能齐备的大景区，为全域旅游的推广实施奠定了基础。宁夏回族自治区借力全域旅游示范区建设，不断推动产业融合发展，扶持了一批文化资源与旅游业融合发展的重点项目。例如通过加强演艺业与旅游的融合，打造了精品剧目《黄河颂》，并走进景区成为驻场演出的经典节目。从国际国内文化产业发达地区的实践经验来看，一个地区文化产业的发展，必然与该地区的经济、文化、科技、教育等其他领域深度融合相伴随，经过20余年的

---

① 自由行大数据联合实验室：《壮美西北：中国省域自由行大数据系列报告之西北地区》，知识库网，http：//www. useit. com. cn/thread－20563－1－1. html，最后检索时间：2019年10月13日。

② 《2018年甘肃省文化旅游十大新闻发布》，兰州日报，https：//baijiahao. baidu. com/s？id＝1621744422849123807&wfr＝spider&for＝pc，最后检索时间：2019年10月3日。

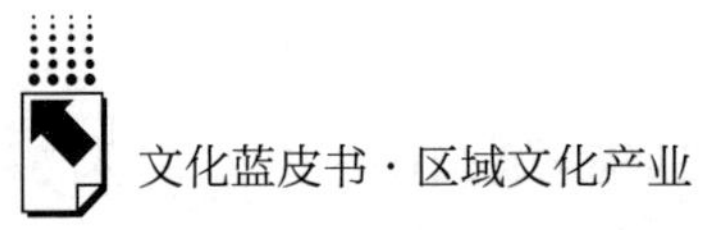

发展，我国文化产业总体规模在不断扩大，文化产业与其他领域的深度融合步伐明显加快，逐渐形成了产业跨界、行业渗透、多元融合的发展路径。

三　西北地区文化产业发展趋势和展望

近年来，在多项政策驱动下，西北六省区文化产业发展表现出较好的发展态势，各省区主动谋求发展出路，充分发挥资源优势，寻求后发优势，文化产业发展的整体走势明确，其中品牌引领、“+文化”策略和“走出去”战略，成为西北六省区文化产业发展的共同选择。

（一）品牌引领：发挥品牌高峰对产业高原的带动作用

西北六省区应该通过整合区域内的特色文化资源，主打民族文化品牌，形成一批文化产业的“高峰品牌”，从而发挥其对文化产业高原的带动效应。对西北地区而言，要想打造地区特色的文化产业，就必须对区域内各省区的文化资源进行有效的战略性整合，形成龙头品牌，带动全面发展。在对文化资源进行整合时，要对资源的经济转化价值做出科学评估，对其潜在的增值空间做出准确预判，充分利用多种平台，对外部资源进行整合。在市场经济环境中，品牌建设是产业发展的核心竞争力所在，西北六省区文化产业的发展，必须在市场化改革和发展中，进一步加强地区品牌建设。各省区要充分利用资源优势，创新文化产品，大力推进文化与旅游的融合，从而树立区域文化品牌，发展特色文化产业。西北六省区在文化产业发展方面，普遍存在一个现象：有高峰，无高原。也就是说，在文化发展的重要领域均有一些能够拿得出来的品牌项目和品牌产品，但是这些项目和产品对产业整体发展没有发挥很好的带动作用。目前，西北六省区文化资源发掘深度还不够，品牌集群效应尚未形成，文化资源优势还没有充分转化为产品优势、品牌优势及产业优势。如何通过文化创意产业与高科技产业的深度融合，提升产业层级并实现优势资源产业化和品牌集聚化，是六省区共同面临的亟待解决的重要问题。

内蒙古为了实现2020年“千亿产业”目标，近年来，尤其重视骨干文化企业对文化产业发展的引领、支撑和带动作用。宁夏通过重点支持创建国家特色文化产业园区和国家级文化产业示范园区，打造文化园区品牌推动文化产业繁荣发展，截至2018年，全区累计创建国家级文化产业示范基地6家、试验园区1家；评选命名自治区级文化产业示范园区4家、示范基地53家、示范户66家、特色村镇5个，发挥了示范带动作用[①]，这些品牌项目已经成为全区文化产业各领域实现高质量发展的“龙头”。陕西省依托“欢乐春节”文化平台，精心打造了能够充分展示陕西文化魅力的“国风秦韵”[②] 传统文化类品牌节目，积极开展对外文化交流活动，先后组团赴欧洲、中亚和东南亚国家演出，不仅弘扬了中华文化，还宣传了陕西特色文化。

（二）“+文化”策略：成为文化产业跨界融合新现象

如果从21世纪初中国文化产业正式起步算起，经过近20年的发展，今天的文化产业早已不是一个有着特定边界的产业形态，在注重文化产业自身经济属性的同时，充分发挥文化产业的融合和带动功能，逐渐形成了以文化为核心，通过创意赋能，与一、二、三产业领域中其他业态不断融合，带动其他产业的快速发展的发展模式。在文化产业兴起之初，为了保证公共文化服务供给不受产业冲击和影响，政府主管部门特意以公益性与经营性、公共性和市场性作为判断标准，把我国的文化建设划分为文化事业与文化产业两大领域。随着文化建设的不断深入发展，特别是文化产业的融合发展，人们发现，传统观念中的文化事业与文化产业的边界日益模糊，可以说，从文化产业的视角来看，一切以文化为内容的实践活动都成为文化产业形态。因此，近年来无论是顶层设计推动，还是文化产业发展实际需求以及文化消费的新动态，都在有力地推进着文化事业与文化产业的融合，在许多领域二者

---

① 马忠：《宁夏文化建设交出靓丽成绩单》，《新知讯报》2018年8月20日。

② 《国风秦韵》是由陕西省文化厅主办、陕西省振兴秦腔办公室、陕西卫视共同承办的一档陕西传统文化类节目，每周六中午11：00播出。立足陕西丰厚的文化资源优势，旨在尊重传统、继承传统、弘扬中国传统文化的基础上，推动陕西文化“走出去”，向世界展示中华优秀文化。

融合发展的特点都非常明显。

2016年文化部与国家发展改革委、财政部、国家文物局联合出台了《关于推动文化文物单位文化创意产品开发的若干意见》,《意见》中明确提出:"为深入发掘文化文物单位馆藏文化资源,发展文化创意产业,开发文化创意产品,弘扬中华优秀文化,传承中华文明,推进经济社会协调发展,提升国家软实力。"① 正是在这一政策引导下,近年来一批文化文物单位采取合作、授权、独立开发等方式积极从事文化创意产品开发,在充分保护文化文物资源的前提下,充分实现公共文化资源市场价值,从而有效带动中国文化发展,从传统的"分业发展"阶段,逐步走向融合发展的新阶段。

与传统观念中"文化+"策略不同的是,"+文化"策略强调传统产业的主体性,通过文化赋能发挥实业经济对区域文化产业发展的带动作用,对西北六省区的传统文化产业而言,文化主题公园、红色旅游依然是今后文化旅游产业的发展重点,但是从实际的经济效益来看,往往效果不佳,甚至可以说公益性大于其经营性功能,这不符合文化产业的基本属性,即既有文化属性,又有产业功能,如果只具备了文化属性,的确能带来良好的社会效益,但是产业功能就显得过于单薄。随着"+文化"策略逐步被接受,我们会发现,文化的赋值功能才能更好地凸显。例如甘肃省公路交通建设集团有限公司发力"路衍经济",在交通领域植入文化元素,成为文化产业新业态:马鬃山至桥湾、七墩至瓜州公路工程及交旅融合项目,是公路交通建设集团围绕"大敦煌文化旅游经济圈"建设,首次创新采用"授权—建设—运营"(ABO)模式,实施真正意义上的交旅融合项目;悬泉置遗址景区与服务区融合开发项目,是国内第一个世界遗产和现代服务区融合项目,建成后将实现古代邮驿与现代服务区千年后的"握手"。甘肃连续几年针对客源地市场开行了"丝路文化号""麦积山号"等旅游品牌列车,对旅游产品和类型进行了空间和时间上的重新包装,丰富了游客的体验感。西北地区的

① 《关于推动文化文物单位文化创意产品开发的若干意见》,中华人民共和国中央人民政府网,http://www.gov.cn/zhengce/content/2016-05/16/content-5073722.htm,最后检索时间:2019年10月13日。

“环西部火车游”“坐着火车游新疆”等项目，积极借助铁路，推动“铁路+旅游”产业，提升旅游产业的影响力。内蒙古自治区向来都是传统体育文化以及体育旅游资源富集区，为发展文化体育产业创造了得天独厚的条件。中国石化甘肃特色农产品电子商务平台——“极臻甘肃”正式上线，是中国石化甘肃公司“+文化”策略中的很好实践，作为中国石化甘肃石油分公司官方推出的互联网购物与车主服务平台，其除了为甘肃石油加油卡客户提供加油卡充值、交易查询等服务外，还提供特色农产品购买等其他服务。

（三）“走出去”战略：成为六省区文化产业共同的选择

加快文化“走出去”的步伐，让特色文化登上世界舞台，是西北六省区文化产业发展共同的愿望。西北六省区在与“一带一路”文化产业合作发展中，非常重视文化贸易新业态的培育。发展文化贸易，首先要解决投资贸易便利化问题，消除投资和贸易壁垒，构建区域内良好的营商环境，积极同沿线国家和地区共同商建自由贸易区，激发和释放合作潜力，打造文化产业互联互通平台，为文化产业发展营造环境。例如，甘肃省通过成功举办四届丝绸之路（敦煌）国际文化博览会，加快了文化“走出去”的步伐，在特色文化的保护传承和特色文化产品的开发方面进入快速发展期。随着“走出去”战略的深入推进，甘肃以特色文化为背景的一批批文化项目落地，使甘肃的文化发展彰显出浓浓的地域特色。

对外文化贸易成为带动区域文化产业经济发展的新动能。随着“一带一路”沿线国家和地区之间产业合作的逐步加深，西北特色文化产业发展迎来最好的机遇。无论是国际国内两个市场的需求，还是国家优惠政策的倾斜，以及西北六省区自身发展的迫切愿望，都成为西北地区特色文化产业发展的利好条件。2019年前三季度甘肃与“一带一路”沿线国家进出口总值为150.8亿元，外贸发展的内生动力进一步增强，其中，文化贸易的份额逐步增加。然而，机遇与挑战是并存的。西北特色文化产业发展又面临十分严峻的困境，如何实现突围，探索出一条西北特色文化产业发展的创新之路，是六省区必须面对的现实艰难课题。

区域文化产业竞争力

Competitiveness of Regional Cultural Industries

B.9

区域文化产业竞争力分析

胡洪斌　何继想*

摘　要： 通过对中国区域文化产业内涵和外延的审视，立足现有可采集且权威发布的相关数据，构建一个相对全面的区域文化产业竞争力评价指标体系。通过对层次分析方法、主成分分析方法和改进的K-means聚类方法等统计分析方法的综合运用，立足不同视角和侧面剖析和评价区域文化产业竞争力的基本特征，研究区域文化产业竞争力差异化特征的成因，解析区域文化产业竞争力的强弱格局，为更好推动区域文化产业竞争力的提升找到理论支撑。

* 胡洪斌，云南大学文化发展研究院副院长，副教授，云南大学国家文化和旅游研究基地副主任，主要研究方向：文化产业理论与实践、服务业发展理论与实践、产业经济学。何继想，云南和昶文化传播有限公司总策划师。

关键词： 区域文化产业　指标体系　竞争力

一　区域文化产业竞争力评价指标体系的构建

通过对中国区域文化产业内涵和外延的审视，报告着重梳理了国家统计局发布的《中国统计年鉴（2018）》《中国文化及相关产业统计年鉴（2018）》、文化和旅游部发布的《国家文化文物年鉴》以及国家相关部门权威发布的与文化产业具有外延关联的相关指标数据，确立"区域文化产业竞争力评价指标体系"（见表1）。运用专家评分和主成分分析方法相结合确定指标权重，并采用层次分析法进行计算，得到评价对象的具体分值并进行评价。根据指标得分状况，采用改进的 K-means 方法①进行聚类，对评价结果进行四级划分，分别确定为"优势水平"、"相对优势水平"、"相对劣势水平"和"劣势水平"四个层级。

表1　区域文化产业竞争力评价指标体系

名称	一级指标	二级指标	三级指标	单位
文化产业综合竞争力	文化产业发展基础	经济发展	地区 GDP 占全国 GDP 比重	%
			GDP 增速	%
			人均 GDP 增速	%
			第三产业增加值占 GDP 比重	%
		居民生活	居民消费水平	元
			居民人均消费支出	元
			城镇居民人均可支配收入	元
			农村居民人均可支配收入	元

① 改进的 K-means 方法的具体步骤：1. 随机选取样本点作为第一个簇中心 C_1；2. 分别计算剩余样本点与所有簇中心的最短距离，计算公式为：$D(x^{(i)}) = min\left[dist(x^{(i)}, C_1), dist(x^{(i)}, C_2), \cdots, dist(x^{(i)}, C_n)\right]$，且令某一样本点随机成为下一个簇中心的概率为：$P = \frac{D(x^{(i)})^2}{\sum D(x^{(i)})^2}$；3. 重复第2步的计算，直到选出 K 个簇中心。

续表

名称	一级指标	二级指标	三级指标	单位
文化产业综合竞争力	文化产业发展基础	居民生活	城镇居民人均消费支出	元
			农村居民人均消费支出	元
		基础设施	省级及以上文化遗产综合得分	分
			省级及以上自然资源综合得分	分
			公路密度	公里/万人
			铁路密度	公里/十万人
			民航旅客吞吐量	百万人次
			邮政和电信业务总量	亿元
			快递业务量	百万件
			互联网宽度接入端口	个/百人
			有电子商务交易活动的企业数比重	%
	文化产业需求能力	消费需求	居民人均文化娱乐消费支出	元
			居民人均文化娱乐消费支出占居民消费支出比重	%
			城镇居民人均文化娱乐消费支出增速	%
			乡村居民人均文化娱乐消费支出增速	%
		投资需求	人均文化产业固定资产	元
			文化产业法人单位平均资产	万元
			文化产业固定资产投资增速	%
			文化产业法人单位资产合计增速	%
			文化产业固定资产投资占全社会固定资产投资比重	%
	文化产业发展水平	文化产业增长能力	文化产业增加值占 GDP 比重	%
			文化产业增加值占第三产业增加值比重	%
			文化产业增加值增长率	%
			人均文化产业增加值增长率	%
		文化产业规模水平	地区文化产业法人单位数占全部文化产业法人单位数比重	%
			地区规模以上文化产业法人单位数占文化产业法人单位数比重	%
			地区年末文化产业从业人员数占全部文化产业法人单位从业人员数比重	%
			地区文化产业固定资产投资占全国文化产业固定资产投资比重	%
			地区文化产业法人单位资产合计占全部文化产业法人单位资产合计的比重	%
			地区文化产业法人单位主营业务收入占全部文化产业法人单位主营业务收入比重	%

续表

名称	一级指标	二级指标	三级指标	单位
文化产业综合竞争力	文化产业发展效率	文化产业生产效率	人均文化产业增加值	万元
			人均文化产业法人单位主营业务收入	万元
			单位固定资产平均文化产业增加值	元
			单位固定资产平均文化产业法人单位主营业务收入	元
		文化产业市场效率	地区规模以上文化产业法人单位利润总额占全国利润总额比重	%
			规模以上文化产业法人单位成本利润率	%
			文化产业法人单位营业税金及附加总计增长率	%
		文化产业创新能力	每百万人文化产业专利授权数	项/百万人
			规模以上文化制造业单位 R&D 项目的资金投入	万元
			规模以上制造业新产品销售收入占全部新产品销售收入比重	%
	文化产业发展公共支撑	公共文化服务能力	每百万人公共文化主要文化机构数	个/百万人
			每个文化机构平均从业人员数	人
			分类型文化文物所属机构总支出占总收入比重	%
		地方行政服务能力	单位公共文化体育与传媒支出的文化产业增加值	元
			公共预算文化体育与传媒支出增长率	%
			公共预算文化体育与传媒支出占财政预算支出比重	%

二　区域文化产业竞争力现状

（一）长三角地区文化产业竞争力现状

长三角地区文化产业综合竞争力在全国七大区域中排名第一，反映综合竞争力的五项一级指标得分也均排名第一。区域内下辖上海、浙江、江苏和安徽四大省（市），其中上海、浙江和江苏文化产业综合竞争力位列全国前五，仅安徽综合竞争力得分相对较低，全国排名第 15 位。上海文化产业综合竞争力得分 83.85，全国排名第 1 位，各项指标排序除“发展水平”外均位列全国前三；浙江全国排名第四位，主要受益于“发展基础”和“发展效率”两项指标的高得分；江苏全国排名第五位，各项一级指标得分相对平衡（见表 2）。

表 2　长三角地区综合竞争力得分排序情况*

区域	综合竞争力	排序	综合竞争力									
			发展基础	排序	需求能力	排序	发展水平	排序	发展效率	排序	公共支撑	排序
长三角地区*	92.32	1	97.39	1	80.43	1	95.62	1	93.67	1	92.10	1
上　海	83.85	1	89.01	2	84.19	1	76.84	6	76.50	3	95.68	1
浙　江	76.47	4	84.47	3	58.59	21	79.26	4	79.09	1	77.86	4
江　苏	76.20	5	80.55	5	71.12	6	83.85	2	70.21	6	72.93	6
安　徽	61.49	15	64.87	13	56.91	23	66.99	8	55.86	15	61.47	19

*注：七大区域的得分与排序是独立计算的结果，与省域的得分和排序是相对独立的；本报告其余类似表单与此相同。

从一级指标的分项来看，长三角地区“发展基础”得分全国排序第一，反映该指标的三个二级指标得分能力相对突出，“经济发展”和“居民生活”两项指标全国第一，“基础设施”指标全国第二。分地区看，上海位列全国第 2 位，主要受益于“居民生活”指标的突出得分；浙江依托“居民生活”和“基础设施”两项指标得分能力，列全国第 3 位；江苏三项二级指标相对均衡，列全国第 5 位；安徽三项指标得分差异较大，居全国第 13 位（见表 3）。

表 3　长三角地区“发展基础”得分排序情况

区域	发展基础	排序	发展基础					
			经济发展	排序	居民生活	排序	基础设施	排序
长三角地区	97.39	1	98.95	1	98.38	1	94.36	2
上　海	89.01	2	89.35	5	97.04	1	78.27	5
浙　江	84.47	3	86.87	8	78.84	3	89.05	2
江　苏	80.55	5	94.12	4	70.20	5	78.81	4
安　徽	64.87	13	81.27	17	49.13	15	66.94	9

从“需求能力”得分来看，长三角地区该项指标得分 80.43，全国排名第一。分地区看，上海、江苏、浙江和安徽分别排名第 1 位、第 6 位、第 21 位和第 23 位，区域内“需求能力”两极分化比较突出。“投资需求”的较低得分也侧面反映了东部地区文化产业资本流出的基本态势（见表 4）。

表4　长三角地区“需求能力”得分排序情况

区域	需求能力	排序	需求能力			
			消费需求	排序	投资需求	排序
长三角地区	80.43	1	98.14	1	55.75	6
上　海	84.19	1	96.78	1	66.65	18
江　苏	71.12	6	69.82	5	72.92	12
浙　江	58.59	21	55.13	18	63.41	22
安　徽	56.91	23	54.32	22	60.51	24

从“发展水平”得分来看，长三角地区该项指标得分95.62，全国排名第一。分地区看，上海、江苏、浙江和安徽分别排名全国第6位、第2位、第4位和第8位，区域内发展相对平衡，区际协调发展能力突出（见表5）。

表5　长三角地区“发展水平”得分排序情况

区域	发展水平	排序	发展水平			
			增长能力	排序	规模水平	排序
长三角地区	95.62	1	98.58	1	93.04	2
江　苏	83.85	2	77.62	5	89.28	2
浙　江	79.26	4	84.66	3	74.56	4
上　海	76.84	6	89.84	2	65.51	6
安　徽	66.99	8	78.79	4	56.72	11

从“发展效率”得分来看，长三角地区该项指标得分93.67，全国排名第一，其中“生产效率”指标全国第一，其余两项指标为全国第二。分地区看，浙江全国排名第1位，上海列第3位，江苏列第6位，而安徽列全国第15位。从二级指标的得分、排序以及构成该一级指标的三者权重来看，“市场效率”得分能力越高的省域，其“发展效率”的全国排名也较高，反映了市场化程度高低对于文化产业发展效率具有重要影响（见表6）。

表6　长三角地区“发展效率”得分排序情况

区域	发展效率	排序	发展效率					
			生产效率	排序	市场效率	排序	创新能力	排序
长三角地区	93.67	1	97.94	1	87.87	2	95.16	2
浙　江	79.09	1	58.13	3	94.07	2	84.46	4
上　海	76.50	3	95.71	1	69.83	8	65.00	9
江　苏	70.21	6	56.87	6	65.85	13	86.58	3
安　徽	55.86	15	51.07	15	61.43	17	55.09	13

从“公共支撑”得分来看，长三角地区该项指标得分92.10，全国排名第一，其中“公共文化服务能力”全国排名第二，“地方行政服务能力”全国排名第一。分地区看，除安徽得分较弱，排名全国第19位外，其余地区位列全国前六。除江苏外，其余地区两项二级指标得分能力相对平衡。江苏“地方行政服务能力”全国排名第5位，而“公共文化服务能力”得分仅排在全国第24位，侧面反映了地方政府对于文化产业的管理能力和财政支持在地区文化产业竞争力提升中具有重要作用（见表7）。

表7　长三角地区“公共支撑”得分排序情况

区域	公共支撑	排序	公共支撑			
			公共文化服务能力	排序	地方行政服务能力	排序
长三角地区	92.10	1	76.19	2	98.27	1
上　海	95.68	1	92.78	5	96.81	1
浙　江	77.86	4	93.86	4	71.65	4
江　苏	72.93	6	81.75	24	69.51	5
安　徽	61.47	19	82.10	22	53.47	20

（二）环渤海地区文化产业竞争力现状

环渤海地区文化产业综合竞争力在全国七大区域中排名第二，反映综合竞争力的五项一级指标除“需求能力”（得分排名第二）和“公共支撑”（得分排名第一）外，其余三项一级指标均位列全国第三。区域内下辖北京、山东、天津和河北四大省（市），其中北京文化产业综合竞争力位列全国第二，五项一级指标得分能力相对均衡，全部位列全国前五。其余地区分项指标得分能力差异较大，相同指标（除“公共支撑”外）区域间差异较为显著（见表8）。

表8　环渤海地区综合竞争力得分排序情况

区域	综合竞争力	排序	综合竞争力									
			发展基础	排序	需求能力	排序	发展水平	排序	发展效率	排序	公共支撑	排序
环渤海地区	80.07	2	81.58	3	80.41	2	84.73	3	73.17	3	80.01	1
北　京	81.02	2	91.15	1	76.71	5	83.64	3	71.95	4	80.17	3
山　东	69.18	6	69.54	7	58.94	19	77.63	5	64.28	9	74.16	5
天　津	68.32	7	69.33	9	77.18	4	58.96	18	69.86	7	68.48	10
河　北	61.34	16	61.48	21	63.86	13	63.66	11	50.41	26	69.11	9

环渤海地区“发展基础”得分全国排序第三，其中“经济发展”得分78.89，全国七大区域排名第四，“居民生活”位列全国第二，“基础设施”得分76.42，全国排名第三。分地区看，北京列全国第1位，三项二级指标得分均处于全国前三的水平；山东受“经济发展”和“居民生活”两项指标得分较弱的影响，全国排序第7位；天津则受益于“居民生活”的得分能力，在其余两项指标得分较弱的情况下依然排在全国第9位；河北三项二级指标得分能力均较弱，受现有经济发展水平的约束较为严重，该项指标排名仅列全国第21位（见表9）。

表9　环渤海地区“发展基础”得分排序情况

区域	发展基础	排序	发展基础					
			经济发展	排序	居民生活	排序	基础设施	排序
环渤海地区	81.58	3	78.89	4	87.89	2	76.42	3
北　京	91.15	1	94.23	3	93.87	2	84.22	3
山　东	69.54	7	83.18	13	55.31	9	72.71	7
天　津	69.33	9	73.88	25	73.68	4	58.66	24
河　北	61.48	21	74.74	24	47.99	17	64.14	16

从“需求能力”得分来看，环渤海地区该项指标得分80.41，以微小差距位列长三角之后。整体来看，“消费需求”的巨大区际差异对整体的贡献能力不足，投资驱动成为该地区文化产业“需求能力”得以提升的关键（见表10）。

表10 环渤海地区“需求能力”得分排序情况

区域	需求能力	排序	需求能力			
			消费需求	排序	投资需求	排序
环渤海地区	80.41	2	67.36	3	98.59	1
天 津	77.18	4	71.60	4	84.95	3
北 京	76.71	5	75.06	3	79.01	5
河 北	63.86	13	57.40	15	72.86	13
山 东	58.94	19	44.58	29	78.96	6

从“发展水平”得分来看，环渤海地区该项指标得分84.73，全国排名第三，其“增长能力”得分93.80，而权重较大的“规模水平”仅得76.84分。分地区看，北京和山东全国排名分别为第3位和第5位，而河北与天津则排名第11位和第18位（见表11）。

表11 环渤海地区“发展水平”得分排序情况

区域	发展水平	排序	发展水平			
			增长能力	排序	规模水平	排序
环渤海地区	84.73	3	93.80	2	76.84	3
北 京	83.64	3	97.45	1	71.61	5
山 东	77.63	5	77.42	6	77.82	3
河 北	63.66	11	72.51	12	55.95	13
天 津	58.96	18	67.82	17	51.24	17

从“发展效率”得分来看，环渤海地区该项指标得分73.17，全国排名第三，其中“生产效率”指标为全国第二，其余两项指标为全国第三。分地区看，北京、天津和山东得分位列全国前十，河北则全国排名第26位。山东在“创新能力”的得分上相对靠前，但单独依托“创新能力”的提升

是无法整体推高文化产业“发展效率”的水平。河北各项二级指标得分能力相对均衡，但“发展效率”的全国排名仅在第26位，均低于三项二级指标的全国排名。由此可见，低水平的均衡发展不会成为推动文化产业竞争力提高的助力器（见表12）。

表12　环渤海地区“发展效率”得分排序情况

区域	发展效率	排序	发展效率					
			生产效率	排序	市场效率	排序	创新能力	排序
环渤海地区	73.17	3	67.20	2	78.86	3	73.36	3
北　京	71.95	4	73.63	2	75.11	6	67.45	7
天　津	69.86	7	56.41	7	87.22	4	66.07	8
山　东	64.28	9	55.38	11	63.12	15	73.58	5
河　北	50.41	26	48.90	19	57.43	23	45.25	23

从“公共支撑”得分来看，环渤海地区该项指标得分80.01，全国排名第二，其中“公共文化服务能力”全国排名第一，“地方行政服务能力”全国排名第三。分地区看，各省（市）全国排名差距不大，均在全国前十行列。从各省（市）该指标以及二级指标的得分情况来看，进一步反映了地方政府文化产业管理能力非常重要（见表13）。

表13　环渤海地区“公共支撑”得分排序情况

区域	公共支撑	排序	公共支撑			
			公共文化服务能力	排序	地方行政服务能力	排序
环渤海地区	80.01	2	98.40	1	72.89	3
北　京	80.17	3	97.60	2	73.41	3
山　东	74.16	5	87.27	13	69.08	6
河　北	69.11	9	85.40	17	62.79	10
天　津	68.48	10	98.56	1	56.82	13

（三）东南地区文化产业竞争力现状

东南地区文化产业综合竞争力在全国七大区域中排名第三，反映综合竞争力的五项一级指标除“需求能力”（得分排名第四）和“公共支撑”（得分排名第三）外，其余三项一级指标均列全国第二名。分地区来看，广东和福建文化产业综合竞争力全国排名分别为第3位和第10位，从一级指标的分解看，该两个地区主要受制约因素是“需求能力”的得分水平较低。海南文化产业综合竞争力得分61.97，列全国第14位，而其突出的得分能力主要表现在“需求能力”上（见表14）。

表14　东南地区综合竞争力得分排序情况

区域	综合竞争力	排序	综合竞争力									
			发展基础	排序	需求能力	排序	发展水平	排序	发展效率	排序	公共支撑	排序
东南地区	79.21	3	83.71	2	63.16	4	86.38	2	82.45	2	76.44	3
广　东	79.89	3	84.37	4	65.81	11	86.59	1	78.16	2	81.98	2
福　建	65.34	10	71.59	6	58.69	20	66.36	9	58.13	12	71.96	8
海　南	61.79	14	63.77	18	67.54	9	55.16	20	60.74	10	63.55	14

东南地区“发展基础”得分全国排序第二，其中“经济发展”得分97.00，在全国七大区域中排名第二，“居民生活”位列全国第三，“基础设施”位列全国第一。分地区看，广东在“基础设施”指标的得分位居全国第一，但“居民生活”的得分能力相对较弱，使得广东文化产业的“发展基础”整体水平受到影响而排在全国第4位。福建在“经济发展”、“居民生活”和“基础设施”等三项指标的排序分别为全国第10位、第7位和第8位，却共同促成了其在一级指标“发展基础”第6位的全国排序（见表15）。

表15　东南地区“发展基础”得分排序情况

区域	发展基础	排序	发展基础					
			经济发展	排序	居民生活	排序	基础设施	排序
东南地区	83.71	2	97.00	2	60.69	3	98.62	1
广　东	84.37	4	94.82	2	65.31	6	97.34	1
福　建	71.59	6	84.81	10	61.48	7	69.93	8
海　南	63.77	18	82.02	15	48.42	16	63.25	18

从“需求能力”得分来看，东南地区该项指标得分63.16，在全国七大区域中排名第四。分地区来看，广东文化产业“投资需求”得分拉低了其“需求能力”的全国排序。而作为“消费需求”得分能力较弱的海南和福建，“投资需求”则成为“需求能力”排序得以提升的关键因素（见表16）。

表16　东南地区“需求能力”得分排序情况

区域	需求能力	排序	需求能力			
			消费需求	排序	投资需求	排序
东南地区	63.16	4	46.48	5	86.41	2
海　南	67.54	9	55.59	17	84.19	4
广　东	65.81	11	64.91	10	67.07	17
福　建	58.69	20	48.23	28	73.25	11

从“发展水平”得分来看，东南地区该项指标得分86.38，全国排名第二，主要受益于东南地区文化产业“规模水平”的得分能力。分地区看，东南地区三大省域呈现显著梯度差异，广东、福建和海南分列“优势水平”、“相对优势水平”和“相对劣势水平”三个梯度。广东文化产业“发展水平”全国排名第一，其“规模水平”的得分也高居全国第一。福建列全国第9位，“增长能力”和“规模水平”分别列全国第10位和第9位。海南则受到“规模水平”得分能力约束，其“发展水平”仅列全国第20位（见表17）。

表17　东南地区“发展水平”得分排序情况

区域	发展水平	排序	发展水平			
			增长能力	排序	规模水平	排序
东南地区	86.38	2	72.33	3	98.63	1
广　东	86.59	1	74.58	9	97.05	1
福　建	66.36	9	73.42	10	60.22	9
海　南	55.16	20	68.99	16	43.11	29

从“发展效率”得分来看，东南地区该项指标得分82.45，全国排名第二。尽管“市场效率”和“创新能力”两项得分均位列全国第一，但“生

产效率”仅得48.60分，严重制约了该一级指标的得分能力。分地区看，广东和福建分列全国第2位和第12位，“创新能力”是推动广东和福建文化产业“发展效率”获得进一步提升的主要路径。海南位列全国第10位，其主要制约因素则来自“创新能力”的不足（见表18）。

表18　东南地区“发展效率”得分排序情况

区域	发展效率	排序	发展效率					
			生产效率	排序	市场效率	排序	创新能力	排序
东南地区	82.45	2	48.60	4	98.55	1	98.67	1
广　东	78.16	2	56.04	9	79.37	5	97.45	1
海　南	60.74	10	49.82	18	89.93	3	43.56	27
福　建	58.13	12	49.93	17	61.38	19	62.67	10

从“公共支撑”得分来看，东南地区该项指标得分76.44，全国排名第三。分地区看，广东位列全国第2位，福建和海南则分别列第8位和第14位（见表19）。

表19　东南地区“公共支撑”得分排序情况

区域	公共支撑	排序	公共支撑			
			公共文化服务能力	排序	地方行政服务能力	排序
东南地区	76.44	3	76.13	3	76.56	2
广　东	81.98	2	94.51	3	77.12	2
福　建	71.96	8	87.07	15	66.10	8
海　南	63.55	14	81.45	26	56.61	14

（四）中部地区文化产业竞争力现状

中部地区文化产业综合竞争力在全国七大区域中排名第四。反映综合竞争力的五项一级指标中，“发展基础”和“发展水平”均位列全国第四，“需求能力”位列全国第三，“发展效率”位列全国第七，“公共支撑”位列全国第五。分地区来看，依托“需求能力”和“发展水平”的较高得分，湖南文化产业综合竞争力进入全国前十行列，排名第8位。湖北得分62.67，全国排名第13位，其相对突出的得分能力表现在“需求能力”上。河南则主要依托“发展水平”和“公共支撑”两项指标的得分能力，文化产业综合竞争力列全国第17位。江西紧随河南，依托“需求能力”和“发展水平”的得分能力，全国排名第18位。尽管“发展基础”和“需求能力”两项得分情况相对较好，但其余一级指标的得分能力较弱，山西文化产业综合竞争力列全国第22位。总体上看，“需求能力”的较好得分成为支撑中部地区文化产业竞争力的重要因素（见表20）。

表20　中部地区综合竞争力得分排序情况

区域	综合竞争力	排序	综合竞争力									
			发展基础	排序	需求能力	排序	发展水平	排序	发展效率	排序	公共支撑	排序
中部地区	58.38	4	61.72	4	69.95	3	61.09	4	44.45	7	55.53	5
湖　南	66.63	8	64.85	14	78.63	2	68.53	7	55.55	16	67.57	11
湖　北	62.67	13	65.17	12	70.31	7	59.25	17	56.21	14	64.14	13
河　南	60.82	17	64.03	17	56.41	25	66.26	10	53.37	20	63.24	15
江　西	59.03	18	60.27	23	63.25	15	61.12	14	50.53	25	60.74	21
山　西	57.82	22	66.29	10	62.44	16	52.52	25	48.69	28	60.61	22

中部地区“发展基础”得分全国排序第四，处在中游水平。从二级指标分解来看，近年来中部地区相对高速的经济增长能力是推动文化产业“发展基础”获取相对优势的主要原因。分地区看，山西列全国第10位，“经济发展”的最高得分是支撑该指标较高排序的关键。湖北和湖南分列全国第12位和第14位，“居民生活”的得分能力是湖北和湖南提升文化产业“发展基础”竞争能力的重要因素。河南和江西则分别排名第17位和23位（见表21）。

表 21　中部地区“发展基础”得分排序情况

区域	发展基础	排序	发展基础					
			经济发展	排序	居民生活	排序	基础设施	排序
中部地区	61. 72	4	85. 72	3	44. 05	5	57. 78	5
山　西	66. 29	10	98. 35	1	43. 86	27	59. 52	21
湖　北	65. 17	12	80. 67	18	51. 85	13	65. 10	14
湖　南	64. 85	14	79. 33	20	52. 25	11	65. 00	15
河　南	64. 03	17	83. 48	12	45. 95	25	65. 70	12
江　西	60. 27	23	75. 81	21	47. 24	18	59. 79	20

从“需求能力”得分来看，相对强劲的“消费需求”和“投资需求”提升了中部地区文化产业“需求能力”的竞争优势，排位超过东南地区，位列全国第三。分地区看，湖南文化产业“需求能力”得分列全国第 2 位，而湖北列第 7 位。江西、山西和河南则分列全国第 15 位、第 16 位和第 25 位。分指标看，湖南、湖北和山西较高的“消费需求”是确保其文化产业“需求能力”获得较好竞争优势的重要保证。同时，湖南、湖北和江西的“投资需求”进入全国前十序列，进一步表明文化产业资本向中西部转移的趋势（见表 22）。

表 22　中部地区“需求能力”得分排序情况

区域	需求能力	排序	需求能力			
			消费需求	排序	投资需求	排序
中部地区	69. 95	3	71. 42	2	67. 91	4
湖　南	78. 63	2	82. 21	2	73. 63	10
湖　北	70. 31	7	67. 00	6	74. 93	7
江　西	63. 25	15	55. 07	19	74. 63	8
山　西	62. 44	16	65. 00	9	58. 86	27
河　南	56. 41	25	50. 13	26	65. 15	21

从“发展水平”得分来看，中部地区该项指标得分 61. 09，全国排名第四。分地区看，湖南和河南依托较好的“规模水平”得分，进入全国前十行列。江西、湖北和山西则分列全国第 14 位、第 17 位和第 25 位（见表 23）。

表 23　中部地区“发展水平”得分排序情况

区域	发展水平	排序	发展水平			
			增长能力	排序	规模水平	排序
中部地区	61.09	4	63.11	4	59.34	4
湖　南	68.53	7	74.88	8	63.00	7
河　南	66.26	10	70.40	14	62.65	8
江　西	61.12	14	69.74	15	53.61	14
湖　北	59.25	17	61.49	25	57.29	10
山　西	52.52	25	61.96	24	44.30	25

从“发展效率”得分来看，中部地区该项指标居全国七大区域之末，三项二级指标中仅“创新能力”超过东北地区，位居全国第六。分地区看，中部地区五省整体排名靠后。其中，湖北依托“市场效率”的得分能力，居全国第 14 位；湖南则得到“创新能力”的支撑，居全国第 16 位（见表 24）。

表 24　中部地区“发展效率”得分排序情况

区域	发展效率	排序	发展效率					
			生产效率	排序	市场效率	排序	创新能力	排序
中部地区	44.45	7	40.79	7	41.24	7	50.83	6
湖　北	56.21	14	50.77	16	68.91	10	49.38	19
湖　南	55.55	16	47.01	25	56.58	24	62.47	11
河　南	53.37	20	47.65	24	62.61	16	50.01	16
江　西	50.53	25	46.80	28	55.41	25	49.42	18
山　西	48.69	28	47.96	21	55.13	26	43.34	29

从“公共支撑”得分来看，中部地区该项指标及分解的两个二级指标得分排名均列全国第五。分地区看，湖南、湖北和河南分列全国第 11 位、第 13 位和第 15 位，江西和陕西分列全国第 21 位和第 22 位（见表 25）。

表 25　中部地区“公共支撑”得分排序情况

区域	公共支撑	排序	公共支撑			
			公共文化服务能力	排序	地方行政服务能力	排序
中部地区	55.53	5	67.24	5	50.99	5
湖　南	67.57	11	87.25	14	59.93	11
湖　北	64.14	13	90.22	7	54.03	19
河　南	63.24	15	84.86	19	54.86	16
江　西	60.74	21	76.50	29	54.63	17
山　西	60.61	22	90.29	6	49.11	23

（五）西南地区文化产业竞争力现状

西南地区文化产业综合竞争力在全国七大区域中排名第五。反映综合竞争力的五项一级指标中，“发展效率”和“公共支撑”均位列全国第六，其余一级指标均位列全国第五。分地区来看，依托“发展基础”和“发展效率”的较高得分，四川文化产业综合竞争力进入全国前十行列，排名第 9 位。以“需求能力”和“发展基础”为支撑，重庆文化产业综合竞争力全国排名第 11 位。其余地区排名均较靠后，云南列全国第 20 位，贵州列全国第 24 位，广西列全国第 26 位，西藏列全国第 29 位（见表 26）。

表 26　西南地区综合竞争力得分排序情况

区域	综合竞争力	排序	综合竞争力									
			发展基础	排序	需求能力	排序	发展水平	排序	发展效率	排序	公共支撑	排序
西南地区	54.27	5	57.88	5	61.98	5	52.89	5	49.54	6	49.19	6
四　川	65.35	9	69.49	8	66.03	10	63.47	13	64.96	8	62.26	18
重　庆	63.13	11	65.21	11	77.23	3	59.26	16	53.86	19	62.43	17
云　南	57.88	20	62.57	19	55.72	27	59.68	15	54.84	18	55.40	29
贵　州	55.94	24	62.52	20	63.49	14	46.29	30	53.05	22	56.20	27
广　西	55.29	26	55.42	27	58.95	18	56.43	19	50.38	27	55.88	28
西　藏	53.68	29	55.70	26	52.64	28	52.77	22	48.60	29	59.81	23

西南地区“发展基础”得分全国排序第五，处在中游水平。与中部地区相似，近年来西南地区相对高速的经济增长能力是推动文化产业“发展基础”获取相对优势的主要原因。分地区看，四川较好的“经济发展”得分和相对完备的“基础设施”建设，夯实了四川文化产业竞争力的发展基础，其得分69.49，居全国第8位。重庆和云南分别居全国第11位和第19位，贵州、西藏和广西则分列全国第20位、第26位和第27位（见表27）。

表27　西南地区“发展基础”得分排序情况

区域	发展基础	排序	发展基础					
			经济发展	排序	居民生活	排序	基础设施	排序
西南地区	57.88	5	77.69	5	40.82	7	57.83	4
四　川	69.49	8	88.63	6	49.70	14	73.74	6
重　庆	65.21	11	80.34	19	52.08	12	65.31	13
云　南	62.57	19	81.94	16	43.17	28	66.02	11
贵　州	62.52	20	87.94	7	42.92	29	59.51	22
西　藏	55.70	26	85.25	9	40.94	31	41.83	31
广　西	55.42	27	63.19	30	44.70	26	60.60	19

从“需求能力”得分来看，西南地区位居全国第五。尽管“消费需求”位居全国第四，而“投资需求”位居全国第三，但“消费需求”较高的权重和较低的得分，使得西南地区“需求能力”以微弱差距位居东南地区之后。分地区看，进入全国前十的省域分别是重庆和四川，以全国最高的“投资需求”得分和较好的“消费需求”能力，重庆得分77.23，居全国第3位；而四川则在“消费需求”的强力支撑下，居全国第10位。此外，贵州和广西分别居全国第14位和第18位，云南和西藏分列全国第27位和28位（见表28）。

表28　西南地区“需求能力”得分排序情况

区域	需求能力	排序	需求能力			
			消费需求	排序	投资需求	排序
西南地区	61.98	5	46.67	4	83.32	3
重　庆	77.23	3	62.64	11	97.57	1
四　川	66.03	10	66.51	7	65.37	20

续表

区域	需求能力	排序	需求能力			
			消费需求	排序	投资需求	排序
贵　州	63.49	14	57.88	13	71.30	15
广　西	58.95	18	50.03	27	71.38	14
云　南	55.72	27	56.18	16	55.08	28
西　藏	52.64	28	42.82	30	66.32	19

从“发展水平”得分来看，西南地区该项指标得分52.89，全国排名第五。分地区看，四川、云南、重庆和广西位居全国中游水平，而西藏和贵州排名相对靠后，分别居全国第22位和第30位（见表29）。

表29　西南地区“发展水平”得分排序情况

区域	发展水平	排序	发展水平			
			增长能力	排序	规模水平	排序
西南地区	52.89	5	59.27	5	47.33	5
四　川	63.47	13	71.87	13	56.16	12
云　南	59.68	15	73.09	11	48.01	20
重　庆	59.26	16	67.63	18	51.98	16
广　西	56.43	19	65.86	21	48.21	19
西　藏	52.77	22	66.00	20	41.25	30
贵　州	46.29	30	42.40	31	49.68	18

从“发展效率”得分来看，西南地区位居全国第六。分地区看，四川文化产业“发展效率”居全国第8位，主要获益于“生产效率”和“创新能力”的得分能力。云南主要受到“创新能力”相对较弱的限制，居全国第18位。重庆主要受到“生产效率”的约束，居全国第19位。贵州和广西分别居全国第22位和第27位。尽管在“生产效率”的得分上西藏居全国第8位，但较低的得分和相对均衡的权重，不能有效拉升“发展效率”得分，其排名全国第29位（见表30）。

表 30　西南地区"发展效率"得分排序情况

区域	发展效率	排序	发展效率					
			生产效率	排序	市场效率	排序	创新能力	排序
西南地区	49.54	6	48.17	5	47.67	6	52.55	5
四　川	64.96	8	58.11	4	65.05	14	71.21	6
云　南	54.84	18	52.70	14	68.00	11	44.52	24
重　庆	53.86	19	47.92	22	61.39	18	52.30	15
贵　州	53.05	22	46.33	29	68.91	9	44.45	25
广　西	50.38	27	46.99	26	58.60	21	45.84	22
西　藏	48.60	29	56.06	8	49.33	28	41.04	31

从"公共支撑"得分来看，西南地区该项指标及分解的两个二级指标的得分排名均列全国第六。分地区看，重庆和四川分居全国第 17 位和第 18 位。贵州、广西和云南在"公共文化服务能力"上的得分分别居全国第 9 位、第 10 位和第 11 位。西藏在"地方行政服务能力"上的得分居全国第 9 位，得分 65.82（见表 31）。

表 31　西南地区"公共支撑"得分排序情况

区域	公共支撑	排序	公共支撑			
			公共文化服务能力	排序	地方行政服务能力	排序
西南地区	49.19	6	54.38	6	47.17	6
重　庆	62.43	17	86.36	16	53.15	21
四　川	62.26	18	83.17	21	54.15	18
西　藏	59.81	23	44.30	31	65.82	9
贵　州	56.20	27	88.77	9	43.57	28
广　西	55.88	28	88.62	10	43.18	29
云　南	55.40	29	87.80	11	42.83	30

（六）西北地区文化产业竞争力现状

西北地区文化产业综合竞争力在全国七大区域中排名第六。反映综合竞争力的五项一级指标中，"发展效率"位列全国第四，"需求能力"和"发展水平”均位列全国第六，而“发展基础”和“公共支撑”均位列全国第七。分地区来看，西北六省（区）仅陕西文化产业综合竞争力进入全国中上游行列，居全国第12位。其余地区排名均较靠后，其中甘肃和宁夏文化产业综合竞争力分居全国末位和第30位（见表32）。

表32　西北地区综合竞争力得分排序情况

区域	综合竞争力	排序	综合竞争力									
			发展基础	排序	需求能力	排序	发展水平	排序	发展效率	排序	公共支撑	排序
西北地区	49.58	6	43.99	7	47.58	6	48.27	6	58.95	4	49.02	7
陕　西	62.68	12	64.78	15	65.74	12	63.62	12	54.95	17	65.12	12
内蒙古	57.86	21	48.51	31	69.57	8	52.52	26	52.00	24	72.43	7
新　疆	56.53	23	60.45	22	50.38	29	45.53	31	70.74	5	55.14	30
青　海	54.75	28	50.98	30	49.42	31	52.60	24	60.42	11	61.20	20
宁　夏	53.12	30	58.15	25	56.26	26	52.62	23	46.18	30	52.64	31
甘　肃	52.04	31	54.52	29	49.79	30	54.81	21	44.16	31	57.33	26

西北地区“发展基础”得分全国排序第七，其中，西北地区“基础设施”得分全国最低。分地区看，陕西依托良好的“经济发展”和“基础设施”两项二级指标得分，其文化产业“发展基础”得分64.78，居全国第15位。新疆和宁夏分别居全国第22位和25位，而甘肃、青海和内蒙古则分别居全国第29位、30位和31位（见表33）。

表33　西北地区“发展基础”得分排序情况

区域	发展基础	排序	发展基础					
			经济发展	排序	居民生活	排序	基础设施	排序
西北地区	43.99	7	47.83	6	42.83	6	41.22	7
陕　西	64.78	15	84.57	11	46.10	24	66.84	10
新　疆	60.45	22	82.83	14	46.70	22	53.28	27
宁　夏	58.15	25	75.46	23	47.20	20	53.02	28
甘　肃	54.52	29	70.26	27	41.63	30	53.62	26
青　海	50.98	30	63.44	29	46.27	23	43.17	30
内蒙古	48.51	31	43.28	31	54.95	10	46.02	29

从“需求能力”得分来看，西北地区位居全国第六，其中“投资需求”位居全国第五，处在全国中游水平。分地区看，内蒙古在“消费需求”和“投资需求”共同推动下，“需求能力”得分69.57，居全国第8位。陕西则主要依靠“投资需求”的突出得分能力，列全国第12位（见表34）。

表34 西北地区“需求能力”得分排序情况

区域	需求能力	排序	需求能力			
			消费需求	排序	投资需求	排序
西北地区	47.58	6	40.89	7	56.90	5
内蒙古	69.57	8	66.50	8	73.84	9
陕　西	65.74	12	51.30	25	85.86	2
宁　夏	56.26	26	53.56	23	60.02	25
新　疆	50.38	29	41.54	31	62.71	23
甘　肃	49.79	30	54.79	20	42.83	30
青　海	49.42	31	54.59	21	42.22	31

从“发展水平”得分来看，西北地区该项指标得分48.27，全国排名第六。分地区看，除陕西列全国第12位外，其余地区的得分均不理想（见表35）。

表35 西北地区“发展水平”得分排序情况

区域	发展水平	排序	发展水平			
			增长能力	排序	规模水平	排序
西北地区	48.27	6	56.60	6	41.01	7
陕　西	63.62	12	76.77	7	52.17	15
甘　肃	54.81	21	66.77	19	44.40	24
宁　夏	52.62	23	63.05	23	43.54	27
青　海	52.60	24	65.86	22	41.05	31
内蒙古	52.52	26	60.83	26	45.28	23
新　疆	45.53	31	48.28	30	43.14	28

从“发展效率”得分来看，西北地区位居全国第四，“市场效率”和“创新能力”均位居全国第四，而“生产效率”的得分相对较低，位居全国

第六。分地区看，“市场效率”的良好表现有力支撑了新疆在“发展效率”上的得分能力，居全国第5位。青海以全国第2位的“创新能力”得分，有效提高了其文化产业“发展效率”，居全国第11位。陕西通过“生产效率”和“创新能力”两项指标较好的得分水平，居全国第17位。此外，内蒙古居全国第24位，宁夏和甘肃则分列全国第30位和31位（见表36）。

表36 西北地区“发展效率”得分排序情况

区域	发展效率	排序	发展效率					
			生产效率	排序	市场效率	排序	创新能力	排序
西北地区	58.95	4	43.81	6	60.67	4	71.31	4
新　疆	70.74	5	52.72	13	97.59	1	62.28	12
青　海	60.42	11	46.97	27	41.75	31	90.27	2
陕　西	54.95	17	56.95	5	54.96	27	53.09	14
内蒙古	52.00	24	48.25	20	58.24	22	49.63	17
宁　夏	46.18	30	47.85	23	47.52	29	43.38	28
甘　肃	44.16	31	41.22	31	47.29	30	43.95	26

从“公共支撑”得分来看，西北地区该项指标得分位居全国第七。分地区看，内蒙古和陕西分居全国第7位和第12位，处在全国中上游水平。内蒙古、陕西和青海在“地方行政服务能力”上的得分分别位居全国第7位、第12位和第15位（见表37）。

表37 西北地区“公共支撑”得分排序情况

区域	公共支撑	排序	公共支撑			
			公共文化服务能力	排序	地方行政服务能力	排序
西北地区	49.02	7	41.55	7	51.91	4
内蒙古	72.43	7	81.25	27	69.01	7
陕　西	65.12	12	85.13	18	57.36	12
青　海	61.20	20	73.36	30	56.49	15
甘　肃	57.33	26	81.68	25	47.88	24
新　疆	55.14	30	78.27	28	46.17	26
宁　夏	52.64	31	81.77	23	41.35	31

（七）东北地区文化产业竞争力现状

东北地区文化产业综合竞争力在全国七大区域中排名第七。反映综合竞争力的五项一级指标中，“公共支撑”位列全国第四；“发展效率”得分49.72，位居全国第五；“发展基础”位列全国第六，而“需求能力”和“发展水平”均位列全国第七，需求不足和产业发展不足成为制约东北地区文化产业综合竞争力获得改善和提升的首要因素。分地区来看，东北地区三省均处于全国中下游水平，辽宁列全国第19位，黑龙江和吉林则分列全国第25位和第27位（见表38）。

表38　东北地区综合竞争力得分排序情况

区域	综合竞争力	排序	综合竞争力									
			发展基础	排序	需求能力	排序	发展水平	排序	发展效率	排序	公共支撑	排序
东北地区	45.98	7	46.21	6	43.16	7	41.68	7	49.72	5	49.87	4
辽　宁	58.45	19	64.58	16	56.48	24	51.78	27	57.63	13	62.75	16
黑龙江	55.43	25	58.95	24	58.58	22	50.26	29	53.05	21	57.60	25
吉　林	55.00	27	55.25	28	59.28	17	51.72	28	52.62	23	57.62	24

东北地区“发展基础”得分全国排序第六，其中，东北地区“经济发展”得分全国最低，尽管在“居民生活”的得分上位居全国第四，但相对较低的得分水平依然无法提升东北地区文化产业“发展基础”的得分能力。分地区看，辽宁在“居民生活”指标上的得分居全国第8位，而其“发展基础”的得分居全国第16位。黑龙江和吉林在“发展基础”指标的得分分列全国第24位和28位（见表39）。

从“需求能力”得分来看，东北地区位居全国第七，其中“投资需求”位居全国第七，成为文化产业资本抽离的重点区域。分地区看，辽宁和黑龙江在“消费需求”指标的得分分列全国第12位和第14位。吉林则在“投资需求”指标的得分上居全国第16位（见表40）。

表 39 东北地区“发展基础”得分排序情况

区域	发展基础	排序	发展基础					
			经济发展	排序	居民生活	排序	基础设施	排序
东北地区	46.21	6	41.50	7	46.68	4	50.84	6
辽　宁	64.58	16	75.64	22	55.79	8	63.61	17
黑龙江	58.95	24	72.54	26	47.21	19	58.98	23
吉　林	55.25	28	64.78	28	46.87	21	55.46	25

表 40 东北地区“需求能力”得分排序情况

区域	需求能力	排序	需求能力			
			消费需求	排序	投资需求	排序
东北地区	43.16	7	44.42	6	41.41	7
吉　林	59.28	17	52.68	24	68.48	16
黑龙江	58.58	22	57.63	14	59.91	26
辽　宁	56.48	24	59.00	12	52.96	29

从“发展水平”得分来看，东北地区该项指标得分41.68，全国排名第七。分地区看，辽宁、吉林和黑龙江各项得分均不理想，分别居全国第27位、第28位和第29位（见表41）。

表 41 东北地区“发展水平”得分排序情况

区域	发展水平	排序	发展水平			
			增长能力	排序	规模水平	排序
东北地区	41.68	7	41.36	7	41.97	6
辽　宁	51.78	27	56.85	29	47.35	21
吉　林	51.72	28	57.84	27	46.38	22
黑龙江	50.26	29	57.13	28	44.28	26

从“发展效率”得分来看，东北地区位居全国第五。“生产效率”位居全国第三，而“市场效率”的得分处在全国相对优势水平。但总体而言，东北地区文化产业发展缺乏创新驱动，“创新能力”得分成为制约东北地区文化产业“发展效率”的重要因素。分地区看，辽宁居全国第13位，但辽

宁“创新能力”仅为全国第20位。黑龙江的“生产效率”得分居全国第12位，“创新能力”仅得分43.16。吉林在“市场效率”指标上的得分居全国第12位，而“创新能力”仅居全国第21位（见表42）。

表42　东北地区“发展效率”得分排序情况

区域	发展效率	排序	发展效率					
			生产效率	排序	市场效率	排序	创新能力	排序
东北地区	49.72	5	50.05	3	58.47	5	41.25	7
辽　宁	57.63	13	55.74	10	71.43	7	46.49	20
黑龙江	53.05	21	55.37	12	61.36	20	43.16	30
吉　林	52.62	23	45.92	30	66.25	12	46.08	21

从“公共支撑”得分来看，东北地区该项指标得分位居全国第四，但地方政府对于文化产业管理能力的不足，制约了“公共支撑”对于东北文化产业综合竞争力的贡献。分地区看，辽宁居全国第16位，其中“公共文化服务能力”指标的得分89.84，居全国第8位。吉林和黑龙江得分分别为57.62和57.60，分居全国第24位和第25位（见表43）。

表43　东北地区“公共支撑”得分排序情况

区域	公共支撑	排序	公共支撑			
			公共文化服务能力	排序	地方行政服务能力	排序
东北地区	49.87	4	72.62	4	41.05	7
辽　宁	62.75	16	89.84	8	52.24	22
吉　林	57.62	24	87.45	12	46.05	27
黑龙江	57.60	25	84.74	20	47.08	25

三　区域文化产业竞争力梯度分布状况

（一）综合竞争力的梯度分布

属于文化产业综合竞争力“优势水平”梯度的省域个数共计5个，其中长三角地区3个，分别是上海、浙江和江苏；环渤海地区和东南地区各1个，分别是北京和广东。属于文化产业综合竞争力“相对优势水平”梯度的省域个数共计5个，其中环渤海地区2个，分别是山东和天津；东南地区、中部地区和西南地区各1个，分别是福建、湖南和四川。属于文化产业综合竞争力“相对劣势水平”的省域个数共计8个，其中中部地区有湖北、河南和江西；其余是长三角地区的安徽、环渤海地区的河北、东南地区的海南、西南地区的重庆和西北地区的陕西。其余13个省（区、市）均属于文化产业综合竞争力的“劣势水平”，其中中部地区1个、西南地区4个、西北地区5个和东北地区3个（见表44）。

表44　综合竞争力的梯度分布

地区	优势水平		相对优势水平		相对劣势水平		劣势水平	
	个数	占比(%)	个数	占比(%)	个数	占比(%)	个数	占比(%)
长三角地区	3	60.0			1	12.5		
环渤海地区	1	20.0	2	40.0	1	12.5		
东南地区	1	20.0	1	20.0	1	12.5		
中部地区			1	20.0	3	37.5	1	7.6
西南地区			1	20.0	1	12.5	4	30.8
西北地区					1	12.5	5	38.5
东北地区							3	23.1

（二）文化产业“发展基础”的梯度分布

就一级指标“发展基础”的梯度分布来看，属于“优势水平”的省域共计5个，占全部省域比重的16.1%；属于“相对优势水平”的省域共计4个，占比为12.9%；属于“相对劣势水平”的省域个数共计15个，占比48.4%；属于“劣势水平”的省域共计7个，占比22.6%。分解来看，就二级指标“经济发展”来看，属于“优势水平”的省域共计7个；属于“相对优势水平”的省域共计13个；属于“相对劣势水平”的省域个数共计10个；属于“劣势水平”的省域共计1个。就二级指标“居民生活”来看，属于“优势水平”的省域共计2个；属于“相对优势水平”的省域共计4个；属于“相对劣势水平”的省域个数共计7个；属于“劣势水平”的省域共计18个。就二级指标“基础设施”来看，属于“优势水平”的省域共计3个；属于“相对优势水平”的省域共计5个；属于“相对劣势水平”的省域个数共计16个；属于“劣势水平”的省域共计7个（见表45）。

表45　文化产业“发展基础”梯度分布

单位：个

地区	发展基础				发展基础			
					经济发展			
	优势水平	相对优势水平	相对劣势水平	劣势水平	优势水平	相对优势水平	相对劣势水平	劣势水平
长三角地区	3		1		2	2		
环渤海地区	1	2	1		1	1	2	
东南地区	1	1	1		1	2		
中部地区			5		1	3	1	
西南地区		1	3	2	2	3	1	
西北地区			2	4		2	3	1
东北地区			2	1			3	

地区	发展基础							
	居民生活				基础设施			
	优势水平	相对优势水平	相对劣势水平	劣势水平	优势水平	相对优势水平	相对劣势水平	劣势水平
长三角地区	1	2		1	1	2	1	
环渤海地区	1	1	1	1	1	1	2	
东南地区		1	1	1	1	1	1	
中部地区			2	3			5	
西南地区			1	5		1	4	1
西北地区			1	5			1	5
东北地区			1	2			2	1

（三）文化产业“需求能力”的梯度分布

就一级指标“需求能力”的梯度分布来看，属于“优势水平”的省域共计5个，占全部省域的16.1%；属于“相对优势水平”的省域共计11个，占比为35.5%；属于“相对劣势水平”的省域个数共计11个，占比35.5%；属于“劣势水平”的省域共计4个，占比12.9%。分解来看，就二级指标“消费需求”来看，属于“优势水平”的省域共计2个；属于“相对优势水平”的省域共计9个；属于“相对劣势水平”的省域个数共计14个；属于“劣势水平”的省域共计6个。就二级指标“投资需求”来看，属于“优势水平”的省域共计4个；属于“相对优势水平”的省域共计11个；属于“相对劣势水平”的省域个数共计12个；属于“劣势水平”的省域共计4个（见表46）。

表46　文化产业“需求能力”梯度分布

单位：个

地区	需求能力				需求能力							
					消费需求				投资需求			
	优势水平	相对优势水平	相对劣势水平	劣势水平	优势水平	相对优势水平	相对劣势水平	劣势水平	优势水平	相对优势水平	相对劣势水平	劣势水平
长三角地区	1	1	2		1	1	2			1	3	
环渤海地区	2	1	1			2	1	1	1	3		
东南地区		2	1			1	1	1	1	1	1	
中部地区	1	3	1		1	2	1	1		3	2	
西南地区	1	2	2	1		2	2	2	1	2	2	1
西北地区		2	1	3		1	4	1	1	1	2	2
东北地区			3				3				2	1

（四）文化产业“发展水平”的梯度分布

就一级指标“发展水平”的梯度分布来看，属于“优势水平”的省域共计6个，占全部省域的19.3%；属于“相对优势水平”的省域共计7个，占比为22.6%；属于“相对劣势水平”的省域个数共计11个，占比35.5%；属于“劣势水平”的省域共计7个，占比22.6%。分解来看，就二级指标“增长能力”来看，属于“优势水平”的省域共计3个；属于“相对优势水平”的省域共计13个；属于“相对劣势水平”的省域个数共计13个；属于“劣势水平”的省域共计2个。就二级指标“规模水平”来看，属于“优势水平”的省域共计2个；属于“相对优势水平”的省域共计4个；属于“相对劣势水平”的省域个数共计13个；属于“劣势水平”的省域共计12个（见表47）。

表47 文化产业“发展水平”梯度分布

单位：个

地区	发展水平				发展水平							
					增长能力				规模水平			
	优势水平	相对优势水平	相对劣势水平	劣势水平	优势水平	相对优势水平	相对劣势水平	劣势水平	优势水平	相对优势水平	相对劣势水平	劣势水平
长三角地区	3	1			2	2			1	2	1	
环渤海地区	2	1	1		1	2	1			2	2	
东南地区	1	1	1			3			1		1	1
中部地区		2	2	1		3	2				4	1
西南地区		1	3	2		2	3	1			2	4
西北地区		1	1	4		1	4	1			1	5
东北地区			3				3				2	1

（五）文化产业“发展效率”的梯度分布

就一级指标“发展效率”的梯度分布来看，属于“优势水平”的省域共计7个，占全部省域的22.6%；属于“相对优势水平”的省域共计4个，占比为12.9%；属于“相对劣势水平”的省域个数共计13个，占比41.9%；属于“劣势水平”的省域共计7个，占比22.6%。分解来看，就二级指标“生产效率”来看，属于“优势水平”的省域共计1个；属于“相对优势水平”的省域共计1个；属于“相对劣势水平”的省域个数共计12个；属于“劣势水平”的省域共计17个。就二级指标“市场效率”来看，属于“优势水平”

的省域共计4个；属于“相对优势水平”的省域共计10个；属于“相对劣势水平”的省域个数共计13个；属于“劣势水平”的省域共计4个。就二级指标“创新能力”来看，属于“优势水平”的省域共计4个；属于“相对优势水平”的省域共计8个；属于“相对劣势水平”的省域个数共计7个；属于“劣势水平”的省域共计12个（见表48）。

表48 文化产业“发展效率”梯度分布

单位：个

地区	发展效率				发展效率			
					生产效率			
	优势水平	相对优势水平	相对劣势水平	劣势水平	优势水平	相对优势水平	相对劣势水平	劣势水平
长三角地区	3		1		1		2	1
环渤海地区	2	1		1		1	2	1
东南地区	1	1	1				1	2
中部地区			3	2				5
西南地区		1	3	2			3	3
西北地区	1	1	2	2			2	4
东北地区			3				2	1
地区	发展效率							
	市场效率				创新能力			
	优势水平	相对优势水平	相对劣势水平	劣势水平	优势水平	相对优势水平	相对劣势水平	劣势水平
长三角地区	1	2	1		2	1	1	
环渤海地区	1	1	2			3		1
东南地区	1	1	1		1	1		1
中部地区		1	4			1	3	1
西南地区		3	2	1		1	1	4
西北地区	1		2	3	1	1	2	2
东北地区		2	1					3

（六）文化产业“公共支撑”的梯度分布

就一级指标“公共支撑”的梯度分布来看，属于“优势水平”的省域共计1个，占全部省域的3.2%；属于“相对优势水平”的省域共计7个，占比为 22.6%；属于“相对劣势水平”的省域个数共计 14 个，占比 45.2%；属于“劣势水平”的省域共计 9 个，占比 29.0%。分解来看，就二级指标“公共文化服务能力”来看，属于“优势水平”的省域共计 5 个；属于“相对优势水平”的省域共计 15 个；属于“相对劣势水平”的省域个数共计 10 个；属于“劣势水平”的省域共计 1 个。就二级指标“地方行政服务能力”来看，属于“优势水平”的省域共计 1 个；属于“相对优势水平”的省域共计 9 个；属于“相对劣势水平”的省域个数共计 12 个；属于“劣势水平”的省域共计 9 个（见表 49）。

表 49　文化产业“公共支撑”梯度分布

单位：个

地区	公共支撑				公共支撑							
					公共文化服务能力				地方行政服务能力			
	优势水平	相对优势水平	相对劣势水平	劣势水平	优势水平	相对优势水平	相对劣势水平	劣势水平	优势水平	相对优势水平	相对劣势水平	劣势水平
长三角地区	1	2	1		2		2		1	2	1	
环渤海地区		2	2		2	2				3	1	
东南地区		2	1		1	1	1			2	1	
中部地区			5			4	1				4	1
西南地区			2	4		4	1	1		1	2	3
西北地区		1	2	3		1	5			1	2	3
东北地区			1	2		3					1	2

四　区域文化产业竞争力综合评述

（一）“不平衡”——区域文化产业竞争力的基本格局

具有显著差异的区域文化产业竞争梯度分布状态，不同区域相同指标得分能力的巨大差异，均表明区域文化产业竞争力格局已基本确定。“不平衡”发展不仅体现在区域之间、区域之内，还表现在各自省域的不同指标得分上。从文化产业综合竞争力的评价结果来看，长三角地区、环渤海地区和东南地区位列全国前三，始终作为中国文化产业发展的前沿引领全国文化产业发展方向。从区域来看，文化产业综合竞争力得分排名第一的长三角地区与排名第二的环渤海地区得分相差12.25，与排名第七的东北地区得分相差46.34，七大区域文化产业综合竞争力得分标准差达到23.95。从省域来看，文化产业综合竞争力排名第一的上海与属于“中等优势”中排名第一的山东得分相差14.67，与排名31位的甘肃相差31.81。其次，一级指标文化产业发展基础的权重为21.8%，也表明了现阶段中国文化产业综合竞争力存在显著“不平衡”态势的另一关键因素，即“基础强则产业强”的基本定式。

（二）“差异化”——区域文化产业竞争发展的基本形态

以上海、浙江和江苏三地为代表的长三角地区，区域内发展相对平衡，省际竞合协调发展能力相对突出。尽管如此，长三角区域内各省域在文化产业竞争力的评价过程中依然呈现差异显著的梯度变化。相较长三角地区，环渤海地区和东南地区在各项指标的得分能力上呈现巨大差距，内部省域文化产业竞争力所侧重的层级也表现出显著差异。即使相对稳态的东北地区，五个一级指标得分侧重也存在明显波动，辽宁、吉林和黑龙江三大省域文化产业竞争力的发展路径也各具特色。

（三）“效率改进”——区域文化产业高质量发展的关键

由投资和消费需求两个二级指标所构成的一级指标文化产业需求能力，其权重占比仅为17.7%。从省域文化产业竞争力的评价结果来看，需求能力得分的标准差最小，仅为9.02。数据离散程度最小，也表明了各省域在这项指标上的得分能力相差不大。广东（需求能力得分65.81，全国排名第11位）、浙江（需求能力得分58.59，全国排名第21位）和山东（需求能力得分58.94，全国排名第19位）三地的文化产业综合竞争力得分分别为79.89、76.47和69.18，分别位居全国第3位、第4位和第6位；而需求能力得分全国排名第2位的湖南和排名第3的重庆，其文化产业综合竞争力排名仅是第8位和第11位。相反，文化产业发展水平（22.9%）和文化产业发展效率（21.0%）两个指标权重总和为43.9%，表明其是区域文化产业高质量发展的关键。通过市场化程度的提高、资源配置效率的改进、创新创意能力的提升和产业规模的扩张等方式积极实现文化产业供给侧效率提高是实现区域文化产业竞争力快速提高的主要途径。随着效率改进和创新驱动的方式的变化，区际文化产业发展的驱动力差异性特征将日益显著，区域间文化产业竞争力的“不平衡”格局将进一步固化。

（四）“公共支撑”——区域文化产业健康有序发展的保障

文化产业公共支撑由“公共文化服务能力”和“地方行政服务能力”两个指标构成，考察的是文化产业公共服务体系的完善程度和地方政策的执行效率。随着文化产业政策从“特惠式”转向“普惠式”，在“政策红利”对区域文化产业发展影响逐步下降的同时，公共服务能力对于文化产业竞争力的支撑作用也就凸显出来。地方政府高效率的公共服务能力以及精准的文化产业政策供给成为影响区域文化产业发展效率的重要因素之一。当下文化和科技、文化和金融、文化和旅游的深度融合，都不可避免地对政府的公共服务能力提出更高要求。转变政府职能，深化文化体制改革已经成为区域文化产业竞争力发展的又一关键。

专　题　篇

Special Reports

B.10
新时代中国文化消费发展研究报告

饶蕊　耿达*

摘　要：　新时代中国政府高度重视文化消费，文化消费逐渐成为人民群众追求美好生活需要的重要内容，中国文化消费开始进入高质量发展时期。2015～2018年，中国文化消费的总量规模逐年扩大，文化消费的城乡结构、地区结构和行业结构呈现不断优化的特征，新的文化消费内容和形态大量涌现。但同时，中国文化消费存在显著的城乡差距、地区差距和结构性差异。中国文化消费的优化路径在于改善文化消费环境，丰富文化市场供给，激发新消费业态，完善消费体制。

关键词：　文化消费　文化产业　高质量发展

* 饶蕊，博士，云南师范大学泛亚商学院讲师，研究方向：文化产业管理。耿达，云南大学师资博士后，云南大学文化发展研究院助理研究员，研究方向：文化产业管理、公共文化政策。

近年来，国家高度重视文化消费，出台了一系列政策，旨在进一步激发文化消费的潜力。2018 年，国务院机构改革将原文化部和国家旅游局组建为文化和旅游部。这意味着国家将统筹文化事业、文化产业发展和旅游资源开发。文化和旅游融合发展将促进文化消费结构升级，参观博物馆、看电影、出门旅游成为中国居民日常生活中的一部分。本研究报告将通过相关数据分析新时代中国文化消费的发展态势，重点分析新时代中国文化消费所存在的结构性特征，并对其未来发展趋势进行探讨，最后提出中国文化消费的优化路径。

一　文化消费的概念范畴与统计分类

提升文化消费是满足人民日益增长的美好生活需要的重要一环，这已成为社会共识。但是，目前学界对文化消费的概念范畴并不明确清晰，政府对文化消费的统计分类还不完善。本研究通过梳理国内外学者对文化消费的认识，并参照美国、英国、日本等世界发达国家的文化消费统计分类，结合新时代中国文化国情，对中国文化消费的概念范畴与统计分类作初步分析。

（一）文化消费的概念范畴

中国学者对文化消费的研讨始于 20 世纪 80 年代中后期。在研究初期，学者们从马克思主义政治经济学的角度理解文化消费，较多关注文化消费的精神层面，“精神文化消费”被广泛提及。如尹世杰（1994）、李伟（2000）、米银俊（2002）等认为文化消费是社会化生产过程的一个重要环节，在于满足人的精神文化需要。[①] 随着学界对文化消费研究的深入开展，文化消费的概念范畴更加宽泛和丰富。徐淳厚认为文化消费是指“对精神文化类产品及精神文化性劳务的占有、欣赏、享受和使用等，其实质是对社会及他人

① 欧翠珍：《文化消费研究述评》，《经济学家》2010 年第 3 期。

提供的精神财富（物质形态和非物质形态）的消耗，同时这种消费（消耗）过程又是精神财富的消化、继承、积蓄、再造和创新过程”。[①] 徐淳厚进一步指出，文化消费是分层次的，基于文化消费主体的素质和文化修养、价值取向、兴趣爱好及收入水平等因素不同，可将文化消费划分为各种层次，如普及型和提高型；自娱型和专业型；生存型和发展型；消遣型、娱乐型、享受型、社交型、发展型和智力型等。从中国学者对文化消费的理解来看，文化消费已经从狭义的以消费文学艺术为主延伸到广义的消费文化产品和服务的层面。

西方学界对文化消费的研究较早，形成了一系列的理论观点。如法兰克福学派的代表人物阿多诺和霍克海默率先提出了“文化工业”的概念，他们认为“文化工业”通过标准化的文化生产，控制和规范着文化消费者的需要，文化消费是社会控制的一种手段。[②] 而丹尼尔·米勒则认为文化消费是一种创制文化的实践，文化消费者有能力对于文化产品中所蕴含的内涵和文化价值进行甄别、选择、理解和吸收。[③] 另外，皮埃尔·布迪厄认为文化消费是一种社会区分的独特模式，处于不同社会阶层的人会有不同的惯习，这种惯习决定了他们对文化产品的消费取向和水平。[④] Jason Potts（2018）在综合了 Galbraith（1960）、Baumol 和 Bowen（1966）、Frey 和 Pommerehne（1989）、Throsby（2001）、Heilbrun 和 Gray（2001）等人的相关定义后，认为文化消费的范围包括视觉与表演艺术、音乐、电影以及通常被称为高雅文化的文化产品。以这种方式界定文化消费有助于突出消费行为的正外部性。Jason Potts 进一步指出文化消费与偏好、市场这类概念紧密相连，即使这样的市场可能以零货币价格运转。文化产品和服务既是信息产品，又是体验性产品。基于技术与制度因素的不同，文化产品可以有竞争性或非竞争性、排

① 徐淳厚：《关于文化消费的几个问题》，《北京商学院学报》1997 年第 4 期。

② Adorno T. W. and Horkheimer M.，*Dialectic of Enlightenment*（London：verso，1979），p. 120.

③ 杨晓光：《关于文化消费的理论探讨》，《山东社会科学》2006 年第 3 期。

④ 朱伟钰、姚瑶：《阶级、阶层与文化消费——布迪厄文化消费理论研究》，《湖南社会科学》2012 年第 4 期。

他性或非排他性等特征。因此，考虑到人类、生活、社会、意义以及审美体验等因素，或者更宽泛的关于新价值观念的社会消费，文化消费发生在与文化情境紧密相连的信息空间和体验中。①

西方学者对文化消费的研究更侧重于理论批判和美学建构的基础之上，而中国学者则侧重于文化经济理论的决策体制和实用功能。随着文化产业的发展，文化与相关领域的相互融合愈加明显，商品的生产消费越来越重视商品的符号价值和文化内涵，加之互联网的出现，文化产品消费方式越来越多样化，消费渠道越来越便利，呈现主流化、科技化、大众化、网络化、全球化的特征，文化消费被赋予了新的内涵。② 本文认为文化消费是人们为了满足其精神文化需求而对文化产品和服务进行消费的行为过程及其后续影响的总称。在新时代，中国文化消费研究既要在西方文化消费理论中汲取有用资源，又要高度关注社会经济的实践进程和技术发展进程对文化消费的影响，并在兼容国家话语、市场话语、学术话语和公众话语的前提下构建文化消费研究的话语体系。尤其是在全球化和文化经济一体化的宏大背景下，文化消费研究的交叉性、融合性和前沿性特点越发明显。

（二）世界主要国家文化消费的统计分类

梳理世界主要国家文化消费的统计分类有助于进一步理解文化消费的概念范畴，以及为具体的统计分析研究工作提供框架。在世界范围内，美国、日本、英国的文化消费总量、人均文化消费、文化消费占 GDP 的比重、文化消费占总消费的比重均高于其他国家，美国、日本和英国文化产业发展也具有全球化影响。因此，美国、日本和英国的文化消费统计分类对中国文化消费统计有着重要的借鉴作用。

美国经济分析局把居民消费中与文化消费相关的支出细分为九大类：

---

① 〔比〕维克托·A. 金斯伯格、〔澳〕戴维·思罗斯比编著《艺术与文化经济学手册（上）》，东北财经大学出版社，2018，第 165 页。

② 彭翊主编《中国文化消费指数报告（2016）》，人民出版社，2016，第 2 页。

（1）视频音频设备、电脑和相关服务；（2）体育休闲商品和服务；（3）会员俱乐部、体育中心、公园、剧院和博物馆；（4）杂志、报纸、书籍和文具；（5）博彩业；（6）宠物、宠物用品及相关服务；（7）摄影商品及服务；（8）旅游费；（9）教育。英国国家统计局“家庭消费支出”调查，将文化消费大致分为七大类：（1）视听、图像和信息处理设备；（2）其他主要文化休闲耐用品；（3）其他休闲娱乐项目、园艺和宠物；（4）文化休闲娱乐服务；（5）报刊、书籍和文具；（6）旅行费用；（7）教育支出。日本总务省统计局的《日本统计年鉴》将文化消费分为五大类：（1）教育支出，包括学费、教科书和参考书、补习费用；（2）文化娱乐耐用品；（3）文化娱乐用品；（4）书籍和其他印刷品；（5）文化娱乐服务，包括住宿费用、旅行费用、学习费用、其他文化娱乐服务。

通过比较美国、英国和日本的文化消费统计分类，我们可以发现他们都将教育、文化娱乐服务、文化娱乐用品和旅游等涵盖在内。中国目前尚未对文化消费进行明确的统一分类统计。国家统计局编辑的《中国统计年鉴》，将人民生活消费支出分为食品烟酒、衣着、居住、生活用品及服务、交通通信、教育文化娱乐、医疗保健和其他用品及服务八大类。其中，教育文化娱乐消费一般被政府和学界广泛用作文化消费的统计。2013 年，国家统计局在《居民消费支出分类》中将教育分为学前教育、小学教育、初中教育、高中教育、中专职高教育、高等教育、其他教育和培训七类，将文化和娱乐消费分为文化和娱乐耐用消费品、其他文化和娱乐用品、文化和娱乐服务、一揽子旅游度假服务四类。但是《中国统计年鉴》并没有展示具体分类的统计数据。因此，本研究在分析中国文化消费的发展态势时将主要使用《中国统计年鉴》中教育文化娱乐消费数据以及文化行业的相关数据。

二　中国文化消费的发展态势

十八届三中全会以来，中国社会经济进入新常态。文化消费逐渐成为人民群众追求美好生活需要的重要内容，中国文化消费开始进入总量迅速发展和结构不断优化的时期。

（一）中国文化消费的总量规模与发展态势

近年来，中国居民文化消费的总量规模逐年扩大（见图1）。2015～2018年，中国居民文化消费总量从23684.7亿元增长到31061.2亿元，年均增长率为9.46%。同期，城镇居民文化消费总量从18376.7亿元增长到24724.9亿元，年均增长率为10.40%；农村居民文化消费总量从5847.5亿元增加到7343.4亿元，年均增长率为7.89%。城镇居民文化消费能力和势头高于农村居民。并且，城乡居民文化消费总量之间的差距有所扩大，从2015年的3.14倍扩大到3.37倍。这在一定程度上表明，农村居民文化消费需求总量增长乏力。总体来看，中国城乡居民文化消费的潜力还有待进一步释放。

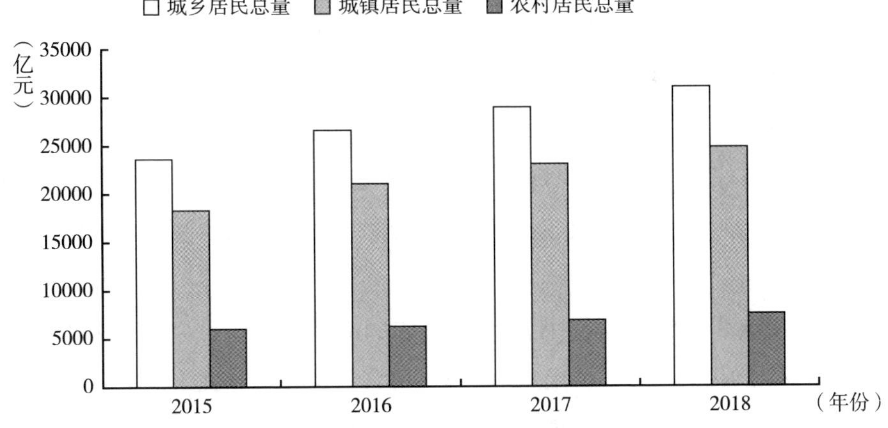

图1　中国居民文化消费总量增长情况

注：中国居民文化消费总量为估算值，根据当年人均文化消费量乘以人口数量而得。
资料来源：国家统计局：《国家数据》（2015～2018年度数据）。

从国际上看，中国居民文化消费总量已经超过日本和英国，但与美国还有较大差距。2015年，美国文化消费总量为13753亿美元，日本为

2400亿美元左右，英国为2100亿美元左右。但是2015～2018年，中国居民文化消费占GDP的比重基本维持在3.45%左右。而2015年美国文化消费占GDP的比重达到7.63%，日本和英国文化消费占GDP的比重为5.55%和6.95%。[①] 中国文化消费占GDP的比重与美国、英国和日本还有较大差距。

从文化消费的内部结构来看，根据美国经济分析局文化消费九大分类统计，2015年，美国居民文化消费总额为13753亿美元，其中视频音频设备、电脑和相关服务的总量为3067亿美元，占文化消费总额的22.30%；体育休闲商品和服务的总量为2231亿美元，占文化消费总额的16.22%；会员俱乐部、体育中心、公园、剧院和博物馆的总量为1823亿美元，占文化消费总额的13.26%；杂志、报纸、书籍和文具的总量为1197亿美元，占文化消费总额的8.70%；博彩业的总量为1270亿美元，占文化消费总额的9.23%；宠物、宠物用品及相关服务的总量为990亿美元，占文化消费总额的7.20%；摄影商品及服务的总量为182亿美元，占文化消费总额的1.32%；旅游费的总量为111亿美元，占文化消费总额的0.81%；教育的总量为2883亿美元，占文化消费总额的20.96%。根据日本总务省统计局的《日本统计年鉴》文化消费五大分类统计，2015年，日本家庭每月文化消费总额为32500日元，其中教育支出为7521日元，占文化消费总额的23.14%；文化娱乐耐用品为1425日元，占文化消费总额的4.38%；文化娱乐用品为5369日元，占文化消费总额的16.52%；书籍和其他印刷品为3344日元，占文化消费总额的10.29%；文化娱乐服务为14841日元，占文化消费总额的45.66%。2016年英国家庭平均每周消费详细调查显示，英国家庭每周文化消费75英镑，超过每周食品和饮料支出的68.2英镑。其中，视听、图像和信息处理设备的支出为6.1英镑，占文化消费总额的8.13%；其他主要文化休闲耐用品的支出为2.3英镑，占文化消费总额的3.07%；

① 毛中根等：《中国文化消费提升研究》，科学出版社，2018，第302页。

其他休闲娱乐项目、园艺和宠物的支出为11.9英镑，占文化消费总额的15.87%；文化休闲娱乐服务的支出为20.2英镑，占文化消费总额的26.93%；报刊、书籍和文具的支出为5.3英镑，占文化消费总额的7.07%；旅行费用的支出为22.2英镑，占文化消费总额的29.60%；教育支出为7.0英镑，占文化消费总额的9.33%。[①] 可以看出，美国、日本和英国均是文化娱乐用品和服务占主导地位，而中国文化消费则是教育支出占主导地位。因此，中国文化消费的结构还需进一步优化升级，推动生活消费方式由生存型、传统型、物质型向发展型、现代型、服务型转变。

（二）中国文化消费的结构特征与发展态势

中国文化消费的结构特征主要体现在城乡结构、地区结构和行业结构方面。城乡结构、地区结构可以具体反映城乡之间、地区之间的文化消费差距及其发展演变态势，而行业结构则可以具体反映行业之间的文化消费情况及新的增长点。

1. 城乡结构

从城乡居民的人均消费和文化消费的增长速率来看（见图2），2015～2018年，中国居民人均消费从15712元增长至19853元，年均增长率为8.11%；居民人均文化消费从1723元增长至2226元，年均增长率为8.91%；居民人均文化消费增长速度略高于人均消费增长速度。同期，城镇居民人均消费从21392元增长至26112元，年均增长率为6.87%；城镇居民人均文化消费从2383元增长至2974元，年均增长率为7.66%；而农村居民人均消费从9223元增长至12124元，年均增长率为9.54%；农村居民人均文化消费从969元增长至1302元，年均增长率为10.35%；农村居民人均消费和人均文化消费的增长速度要明显高于城镇居民；城镇居民人均消费和人均文化消费的增长速度甚至低于中国居民人均消费和人均文化消费的增长速度。

① 毛中根等：《中国文化消费提升研究》，科学出版社，2018，第270～292页。

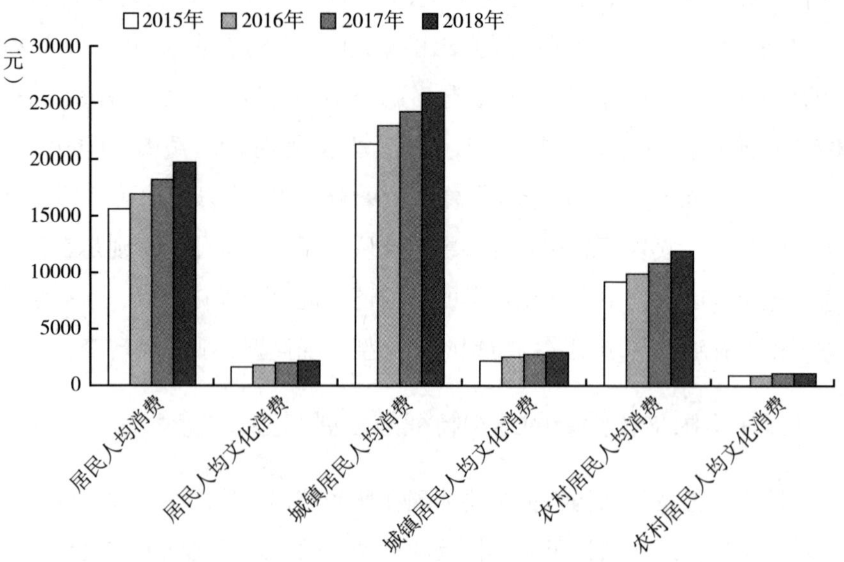

图 2　中国城乡居民人均消费、人均文化消费情况

资料来源：国家统计局：《国家数据》（2015 ~2018 年度数据）。

从城乡居民人均文化消费的占比来看，2015 ~2018 年，中国居民人均文化消费占人均消费的比重从 10. 97% 增长至 11. 21%；城镇居民人均文化消费占人均消费的比重从 11. 14% 增长至 11. 39%；农村居民人均文化消费占人均消费的比重从 10. 51% 增长至 10. 74%；城镇居民人均文化消费占人均消费的比重要高于农村居民。另外，从城乡居民人均文化消费的差距比来看，2015 ~2018 年，城镇居民人均文化消费与农村居民人均文化消费之间的差距比从 2. 46 缩小至 2. 28。总之，由于农村居民人均文化消费的增长速度高于城镇居民，城镇居民人均文化消费与农村居民人均文化消费之间的差距比逐年缩小，中国居民人均文化消费的城乡结构有所优化。但是，城乡居民人均文化消费之间的差距仍然较大，差距比仍在 2 以上。

2. 地区结构

2015 ~2017 年中国各地区居民人均文化消费情况参见表 1。以 2017 年居民人均文化消费量为依据，排名前五的地区分别是上海、北京、浙江、湖南、江苏；排名后五的地区分别是西藏、四川、甘肃、河南、云南。2015～2017年，各地区人均文化消费年均增长率高于全国水平的是西藏、海南、湖南、重庆、辽宁、天津、贵州、安徽、上海、山东、新疆、黑龙江、广西、广东、云南、湖北、青海、四川18个省（区、市），此外，北京、内蒙古、福建、江苏、吉林等13个省（区、市）低于全国人均文化消费年均增长率。

表1　2015～2017年各地区居民人均文化消费情况

单位：元、%

地区	2015年	2016年	2017年	年均增长率
全国	1723.1	1915.3	2086.2	10.03
北京	3634.6	3686.6	3916.7	3.81
天津	2096.0	2404.0	2691.5	13.32
河北	1338.6	1449.2	1578.3	8.59
山西	1628.0	1810.7	1879.3	7.44
内蒙古	2067.1	2165.8	2227.8	3.81
辽宁	1973.3	2422.1	2534.5	13.33
吉林	1683.6	1850.1	1928.5	7.03
黑龙江	1526.2	1688.3	1898.0	11.52
上海	3718.1	4174.6	4685.9	12.26
江苏	2423.8	2514.5	2747.6	6.47
浙江	2428.3	2794.3	2844.9	8.24
安徽	1339.3	1558.8	1700.5	12.68
福建	1784.7	1905.4	1966.4	4.97
江西	1354.0	1424.4	1606.8	8.94
山东	1557.3	1754.6	1948.4	11.85
河南	1337.2	1439.5	1559.8	8.00
湖北	1577.6	1739.5	1930.4	10.62
湖南	2049.7	2392.7	2805.1	16.98
广东	2117.3	2431.2	2620.4	11.25
广西	1280.1	1444.0	1585.8	11.30
海南	1278.0	1544.9	1756.8	17.24

续表

地区	2015 年	2016 年	2017 年	年均增长率
重庆	1513.4	1745.9	1993.0	14.76
四川	1207.9	1284.8	1468.2	10.25
贵州	1401.2	1602.5	1783.3	12.81
云南	1281.5	1429.8	1573.7	10.82
西藏	314.1	370.1	441.6	18.57
陕西	1608.4	1785.2	1857.6	7.47
甘肃	1315.9	1502.1	1537.1	8.08
青海	1383.4	1568.2	1686.6	10.42
宁夏	1707.9	1772.1	1955.6	7.00
新疆	1282.1	1471.2	1599.3	11.69

资料来源：国家统计局：《中国统计年鉴》（2015～2017 年相关数据）。

2017 年各地区居民人均文化消费的地区差距与城乡差距情况参见图 3，按照地区比①计算，2017 年各地区人均文化消费高于全国人均文化消费水平的仅有上海、北京、浙江、湖南、江苏、天津、广东、辽宁、内蒙古 9 个省（区、市），还有 22 个省（区、市）的人均文化消费低于全国人均文化消费水平。按照城乡比②计算，2017 年各地区城乡差高于全国水平的是西藏、上海、新疆、北京、青海、广东、四川、辽宁 8 个省（区、市），城乡差距较小的依次为内蒙古、黑龙江、湖北、海南、吉林、广西，这 6 个地区的城乡比都小于 2。

3. 行业结构

近年来，中国文化市场经营机构数量和从业人员稳步增长，营业收入实现快速攀升，文化市场发展的活力较充足。根据统计，2015～2017 年全国文化市场经营机构数从 231709 个增长至 257345 个，从业人员从 1564660 人增长至 1733235 人，实现营业收入从 29656347 万元增长至 96723615 万元，年均增长率分别为 5.39%、5.25% 和 80.60%（见表 2）。

① 地区比为各地区人均文化消费与全国人均文化消费之比。

② 城乡比为各地区城镇居民人均文化消费与农村居民人均文化消费之比。

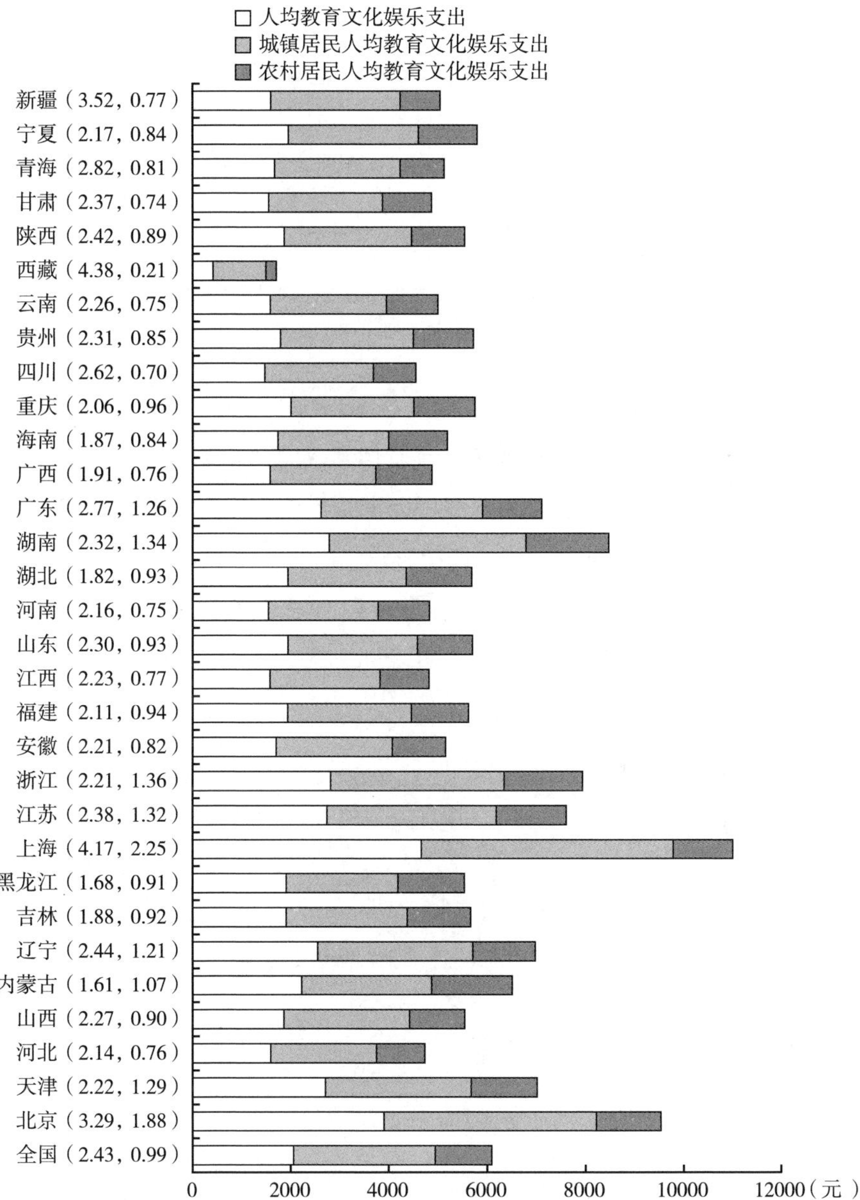

图3　2017年各地区居民人均文化消费的地区差距与城乡差距

注：纵坐标轴为各地区居民文化消费的城乡比和地区比，横坐标柱形图从左至右为人均教育文化娱乐支出、城镇居民人均教育文化娱乐支出和农村居民人均教育文化娱乐支出。各地城镇、农村人均值左右对比直观体现城乡差距，各地人均值上下对比直观体现地区差距。

资料来源：国家统计局：《中国统计年鉴（2018）》。

表 2 2015～2017 年全国文化市场经营机构基本情况

项目	2015 年	2016 年	2017 年
机构数(个)	231709	242686	257345
从业人员(人)	1564660	1609329	1733235
资产总计(万元)	53671039	66760690	94634340
营业收入(万元)	29656347	44989191	96723615
利润总额(万元)	10020910	10345244	12241695

资料来源：《中国文化文物统计年鉴（2018)》。

2017 年，娱乐场所、互联网上网服务营业场所（网吧）、非公有制艺术表演团体、非公有制艺术表演场馆、经营性互联网文化单位、艺术品经营机构、演出经纪机构的营业收入分别达到 54687017 千元、38258680 千元、13756415 千元、6264794 千元、817102453 千元、5760950 千元、31405843 千元，占当年全国文化市场经营机构营业收入总额的比重分别为 5.65%、3.96%、1.42%、0.65%、84.48%、0.59%、3.25%（见图 4)。

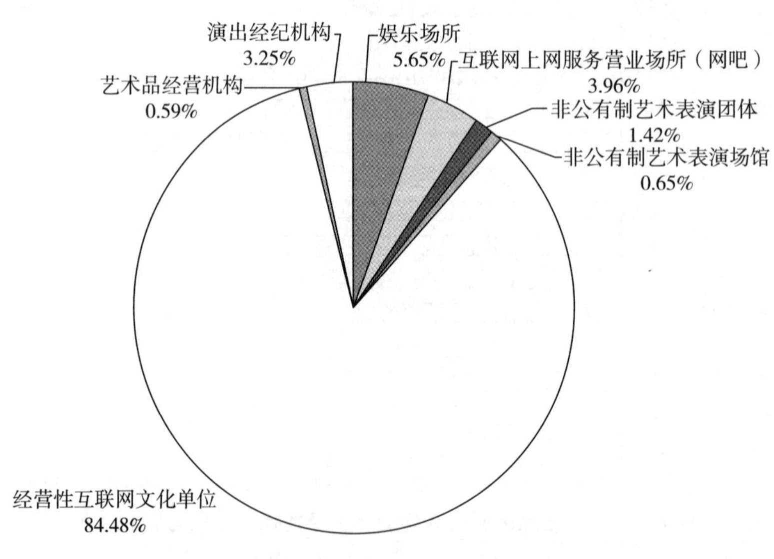

图 4 2017 年全国文化市场经营机构营业收入情况

资料来源：《中国文化文物统计年鉴（2018)》。

经营性互联网文化单位的营业收入额最高，占比达到84.48%。而在经营性互联网文化单位中按照经营类别统计，网络游戏、网络音乐、网络动漫、网络表演和其他的营业收入分别为413937828千元、253657995千元、13243205千元、43624515千元和92638909千元，占经营性互联网文化单位营业收入总额的比重分别为50.66%、31.04%、1.62%、5.34%和11.34%。这表明，随着互联网经济和文化产业发展日渐成熟，数字文化产业成为新的文化消费市场业态，成为新的增长极，发展规模和增长速度远超传统文化产业，以网络游戏、网络音乐等为代表的数字文化产业已经成为文化消费市场的生力军。

随着居民可支配收入的持续增加，看电影和出门旅游等文化消费已经成为中国居民幸福生活的重要组成部分。据统计，2015～2018年，全国电影票房收入从4388045.5万元增长至6069732.1万元，年均增长率为11.42%；电影放映场次从5440.1万次增长至11084.6万次，年均增长率为26.78%；观影人次从126089.4万人次增长至171842.4万人次，年均增长率为10.87%（见表3）。2018年，中国电影票房突破600亿元，已经成为全球仅次于美国的第二大电影市场。近年来，电影票房、电影放映场次和观影人次的快速持续增长，表明中国居民对看电影的文化消费需求日益高涨。

表3　2015～2018年中国电影票房情况

项目	2015年	2016年	2017年	2018年
票房(万元)	4388045.5	4552671.8	5583125.9	6069732.1
场次(万)	5440.1	7466.6	9449.6	11084.6
人次(万)	126089.4	137384.4	162194.8	171842.4
票房同比上涨(%)	49.1	3.8	22.6	8.7
场次同比上涨(%)	36.4	37.3	26.6	17.3
人次同比上涨(%)	51.1	9.0	18.1	6.0

资料来源：艺恩数据库2015～2018年全国票房明细。

旅游业方面，2015～2018 年，国内居民出境人数从 127.86 百万人次增长至 161.99 百万人次，国内游客从 4000 百万人次增长至 5539 百万人次，年均增长率分别为 8.21% 和 11.46%，中国居民出门旅游的消费需求持续高涨。同期，城镇居民国内游客从 2802 百万人次增长至 4119 百万人次，农村居民国内游客从 1188 百万人次增长至 1420 百万人次，年均增长率分别为 13.70% 和 6.13%。城镇居民的旅游需求远高于农村居民。国内旅游总花费从 34195.1 亿元增长至 51278.3 亿元，其中城镇居民国内旅游总花费从 27610.9 亿元增长至 42590.0 亿元，农村居民国内旅游总花费从 6584.2 亿元增长至 8688.3 亿元，国内居民、城镇居民和农村居民的国内旅游总花费年均增长率为 14.46%、15.54% 和 9.68%。而国内旅游人均花费从 857.0 元增长至 925.8 元，城镇居民国内旅游人均花费从 985.5 元增长至 1034.0 元，农村居民国内旅游人均花费从 554.2 元增长至 611.9 元，国内居民、城镇居民和农村居民的国内旅游人均花费年均增长率分别为 2.61%、1.61% 和 3.36%（见表 4）。虽然国内旅游总花费增长速度较快，但是国内旅游人均花费却增长较缓慢。让广大居民更便捷优质地享受旅游服务是下一步需要推进的重点。

表 4　2015～2018 年中国居民旅游情况

项目	2015 年	2016 年	2017 年	2018 年
国内居民出境人数(百万人次)	127.86	135.13	142.73	161.99
国内游客(百万人次)	4000	4440	5001	5539
城镇居民国内游客(百万人次)	2802	3195	3677	4119
农村居民国内游客(百万人次)	1188	1240	1324	1420
国内旅游总花费(亿元)	34195.1	39390.0	45660.8	51278.3
城镇居民国内旅游总花费(亿元)	27610.9	32241.3	37673.0	42590.0
农村居民国内旅游总花费(亿元)	6584.2	7147.8	7987.7	8688.3
国内旅游人均花费(元)	857.0	888.2	913.0	925.8
城镇居民国内旅游人均花费(元)	985.5	1009.1	1024.6	1034.0
农村居民国内旅游人均花费(元)	554.2	576.4	603.3	611.9

资料来源：国家统计局：《中国统计年鉴（2019）》。

另外，随着国家现代公共文化服务体系建设不断提质增效，居民参与公共文化服务消费的热情也不断高涨，这也成为促进文化产业健康长效发展的动力。以博物馆为例，2015～2017年，博物馆机构数从3852个增长至4721个，博物馆从业人员从89133人增长至105079人，博物馆文物藏品从30441422件/套增长至36623080件/套，博物馆参观人次从78111.69万人次增长至97172.15万人次（参见表5），年均增长率分别为10.71%、8.58%、9.69%和11.53%，其中，参观人次的增速最快，表明居民对博物馆公共文化服务的喜爱热度持续升温。大量的参观流量也催生了博物馆文化创意产品的开发，2017年全国博物馆文化创意产品种类共41472个，文化创意产品销售收入为3545757千元。特别是北京故宫博物院所开发的口红等爆款文化创意产品赢得了消费者的青睐，仅北京故宫博物院开发的文化创意产品销售收入就达到15亿元，占到全国博物馆文化创意产品销售收入的42.3%。但是，受到文化市场、影响力和营销渠道等因素的制约，博物馆文化创意产品开发目前仅在北京、上海、苏州等经济发达城市发展较好，而地方中小城市博物馆文化创意产品开发却举步维艰，效益低下。因此，以博物馆为代表的文化文物单位的文化创意产品开发需要逐步推进，防止一哄而上、盲目发展。

表5　2015～2017年全国博物馆发展情况

项目	2015年	2016年	2017年
博物馆机构数(个)	3852	4109	4721
博物馆从业人员(人)	89133	93431	105079
博物馆文物藏品(件/套)	30441422	33293561	36623080
博物馆参观人次(万人次)	78111.69	85061.03	97172.15

资料来源：《中国文化文物统计年鉴（2018）》。

三　中国文化消费的发展趋势

通过对2015～2018年中国文化消费的总量规模、结构特征与发展态势进行分析，有助于我们对 2019 ~ 2022 年中国文化消费的总体发展趋势和新的增长点做出预测。2019 ~ 2022 年是新时代中国“两个一百年”奋斗目标的历史交汇期，文化消费是新时代中国居民追求美好生活的表达形式，对释放内需潜力、推动经济转型升级、保障和改善民生具有重要意义，对实现全面建成小康社会和“两个一百年”奋斗目标具有重大作用。

（一）中国文化消费的发展预测

按照 2015 ~ 2018 年中国居民文化消费总量的年均增长速度 9.46% 测算，2019 ~ 2022 年中国居民文化消费的规模总量，到 2021 年，中国居民文化消费总规模将突破 4 万亿元，到 2022 年，中国居民文化消费总规模将达到 44590 亿元。

按照 2015 ~ 2018 年中国居民人均文化消费的年均增长速度 8.91% 测算，2019 ~ 2022 年中国居民人均文化消费，到 2022 年，中国居民人均文化消费将达到 3132 元。

按照 2015 ~ 2018 年中国城镇居民人均文化消费的年均增长速度 7.66% 测算，2019 ~ 2022 年中国城镇居民人均文化消费，到 2022 年，中国城镇居民人均文化消费将达到 3995 元。

按照 2015 ~ 2018 年中国农村居民人均文化消费的年均增长速度 10.35% 测算，2019 ~ 2022 年中国农村居民人均文化消费，到 2022 年，中国农村居民人均文化消费将达到 1931 元。

表 6　2019 ~ 2022 年中国文化消费发展预测

项目	2019 年	2020 年	2021 年	2022 年
全国居民文化消费总量(亿元)	33999.59	37215.95	40736.58	44590.26
全国居民人均文化消费(元)	2424	2640	2876	3132
城镇居民人均文化消费(元)	3202	3447	3711	3995
农村居民人均文化消费(元)	1437	1585	1750	1931

但是，也应该看到，2019～2022 年中国文化消费发展也面临着严峻的挑战。2018 年，中共中央多次提出当今世界面临百年未有之大变局，特别是在中美贸易摩擦等国际环境因素影响下，中国经济下行压力制约着居民文化消费能力的提升并增加了文化企业融资难度，中国文化消费发展面临新挑战和新机遇。进一步激发居民文化消费潜力、优化文化消费结构、顺应居民消费行为变迁是这一阶段促进中国文化消费发展的重点工作。

（二）中国文化消费的发展趋势

新时代中国文化消费呈现文化消费规模迅速扩大和文化消费结构不断优化的主要特征。在此发展背景驱动下，中国文化消费也出现了一些新的发展趋势，未来新的发展增长点也开始闪现。

一是城乡文化不断融合，新的文化消费项目涌现。中国城乡文化有其各自的优势和魅力，城乡融合发展是中国文化消费发展的一个重要趋势。我国历史上长期存在城乡二元体制，导致文化资本主要集中在城市，而农村原始文化产业要素没有有效地从生产要素中被充分激活，农村文化产业发展一直处于市场经济的边缘，其产业链条也仅局限于农业化背景下的增收项目，无法适应目前的农村经济状态和今后发展趋势①。乡村具有特色文化资源，文化市场和文化资本却集中在城市。因此，近年来国家高度重视城乡融合发展，通过制度供给和资源输入来实现文化资本在城乡之间的合理流动与实效运转，通过开发乡村文化旅游、特色小镇、田园综合体、现代创意农业等具体文化资本下乡项目带动乡村文化市场发展，以此来促进城乡居民文化消费发展。乡村文化旅游这一新的旅游形式也被越来越多的人青睐。

二是公共文化服务与文化产业相融合，文化消费参与度提高。现代公共文化服务体系的标准化均等化建设是保障居民基本文化需求、促进居民文化消费的基础。近年来，公共文化服务体系建设不断完善，服务质量和效能都

① 王军：《从“中央农村工作会议”看文化资本下乡的巨大潜力》，《文化产业评论》2018 年第 1854 期，https：//mp. weixin. qq. com/slaszpspkknUH8prp0k7jxzw，最后检索时间：2020 年 4 月 8 日。

得到了提升，公共文化服务与文化产业之间区隔的打通和融合，有效促进了居民文化消费参与的热情。《中国统计年鉴（2018）》显示，2015～2017年，我国艺术表演团体机构从10787个发展到15742个，艺术表演团体国内演出场次从209万场次增长至292万场次，艺术表演团体国内演出观众人次从95799万人次增长至124739万人次，艺术表演团体收入合计从2576499万元增长至3419618万元，艺术表演团体演出收入从939310万元增长至1476786万元，年均增长率分别为20.80%、18.20%、14.11%、15.21%、25.39%。在政府向社会力量购买公共文化服务的激励下，我国文艺演出产业发展迅猛，观众人次和演出收入都实现了两位数以上的增幅，其中演出收入更是达到25.39%的增长。公共文化服务与文化产业的融合也促进了农村文化市场和文化消费发展。中国演出行业协会发布的《2018中国演出市场年度报告》显示，2018年演出市场总体经济规模514.11亿元，相较于2017年的经济规模489.51亿元，上升5.03%，其中，农村演出收入29.02亿元，比2017年上升10.22%。在农村演出收入中，农村惠民演出7.12万场，政府补贴4.97亿元，农村商业演出129.91万场，演出收入24.05亿元，分别增长10.22%、19.18%、5.43%、8.53%①。

三是政府—市场—民间组织供给相并行，多元文化市场主体形成。根据文化消费模式所反映的政府、市场和民间组织三者之间的博弈与均衡关系，我们可以将由政府供给文化产品和服务、反映国家公共意志、满足公众基础性文化消费需求的文化消费模式称为“政府供给—群体消费模式”；由市场主体供给文化产品和服务、体现民众个人消费偏好及其特殊文化消费需求的文化消费模式称为“市场供给—个人消费模式”，还有一种包含前两者特点的文化消费模式“俱乐部供给—小众化专业消费模式”②。这三种文化消费模式并行不悖，共同促进了多元文化市场主体的形成。例如云南省曲靖市以创建国家公共文化服务体系示范区为契机，在设施建设、政策倾斜、资金投入、人

① 中国演出行业协会：《2018中国演出市场年度报告》，中文互联网数据资讯网，http://www.199it.com/archives/911691.html，最后检索时间：2020年4月8日。

② 傅才武：《中国文化市场与消费研究》，云南人民出版社，2014，第27页。

才培养和业务培训等方面给予农村文化户（文化联合体）扶持，形成了“政府主导、社会参与、农民自办、市场运作”的发展模式。一部分农村文化户发展成为独资公司、股份制民营艺术团，呈现规模化、产业化的发展态势[①]。

四是线下阵地与线上数字网络相连接，文化消费空间转型升级。随着移动互联网、大数据、AI、VR等科技的发展和运用，文化科技深度融合，文化消费将向智能化、互动社交化、大数据化、服务聚合化方向发展，文化消费空间不断转型升级、迭代更新。有学者认为网络化、信息化的发展将促进文化消费模式从物质形态的产品消费到非物质形态的符号消费、从实物消费到体验消费、从在场消费到在线消费、从区域市场到世界市场的转变。但是，数字信息技术的发展也使得传统业态催生出新兴业态，数字网络平台成为连接线上线下、打通传统业态与新兴业态的有效手段。根据相关研究机构核算预测，2015～2019年中国线上娱乐行业规模（包含网络游戏、网络动漫、网络视频、数字音乐、网络直播、网络文学等六个细分业态的收入）由3622.2亿元增长至8374.1亿元，年增长速度保持在20%左右；而2015～2019年中国线下娱乐行业规模由2816.3亿元增长至4900.7亿元，年增长速度也维持在10%以上[②]。以传统院线、KTV、游戏游艺场所、网吧等为代表的传统娱乐业态面临着市场增长缓慢、商业模式老旧、内容单薄、消费人群窄化等困境，亟须借助数字网络平台进行文化娱乐业态的转型升级。目前，娃娃机集合店、迷你KTV、点播影院、电竞馆等新兴文化娱乐综合体不断涌现，实现了娱乐体验优化升级和线上线下融合发展。文化娱乐综合体成为文化消费的新型空间，文化娱乐综合体将线上文化内容与线下多种业态融合，围绕线上文化内容打造线下文化场景化体验，实现线上线下的互动和社交，并提供一“账”式服务的新娱乐业态，这已经成为“80、90、00”后新生代文化消费的主要方式。数字文化消费的发展也使文化产业链分工更加细化，跨界融合越发紧密，互相赋能联动打通产业链。

① 杨文明、杨志伟：《农村文化户　升级不停步》，《人民日报》2018年6月7日，第11版。

② 艾瑞咨询：《2018年中国新生代线下娱乐消费升级研究报告》，艾瑞网 http://report.iresearch.cn/report/201807/3251.shtme，最后检索时间：2020年4月8日。

四　中国文化消费的优化路径

结合上文所分析的2015～2018年中国文化消费的发展态势及其呈现出来的结构特征和发展趋势，本研究认为，新时代中国文化消费的优化路径在于改善文化消费环境，丰富文化市场供给，激发新消费业态，完善消费体制。

一是改善消费环境，激发居民文化消费潜力。对于政府而言，改善消费环境主要表现在经济社会环境、法律制度环境和文化环境的营造与完善。对于经济社会环境，政府要推动社会主义市场经济高质量发展，健全社会保障制度、完善公共服务体系，改善人民的生活质量。对于法律制度环境，《公共文化服务保障法》已经于2016年12月通过，这部法律将有力地促进基本公共文化服务标准化均等化、提升服务效能，切实保障人民群众基本文化权益。而《文化产业促进法》也于2019年12月发布草案送审稿，围绕创作生产、文化企业、文化市场三个环节，在人才、科技、金融财税等方面予以扶持保障，促进文化产业发展。《公共文化服务保障法》和《文化产业促进法》对于提高城乡居民文化消费水平、增进文化民生、推动文化大发展大繁荣提供了法律保障。对于文化环境，政府要完善文化基础设施建设，在城市中要形成以博物馆、文化馆、图书馆、艺术馆、演艺中心、文化广场和城市文化综合体为支撑的城市文化基础设施；在农村中要形成以乡镇综合文化站、乡村大舞台和文化大院为代表的农村文化基础设施，并要营造富有地方感和体验性的文化场景。

二是扩大文化供给，满足居民文化消费需求。当前我国文化消费市场存在结构性失衡，主要原因在于文化供需不匹配，文化供给远落后于文化需求，扩大文化消费应基于供给端创新。[①] 因此，要以文化供给侧结构性改革为推手，从文化产品及服务的增品种、提品质、创品牌方面促进居民文化消

① 李涛：《供给经济学视角下文化消费问题论要》，《光明日报》2014年1月20日，第11版。

费提升，达到以文化供给数量和品种的扩大来推动居民文化消费需求层次升级，以高品质、好品牌文化供给促进消费结构优化和满意度提升的目标。扩大文化供给需要培育文化市场多元主体。政府、市场和民间组织是最主要的文化供给主体。其中，政府要提供基础性、公共性和普惠性的文化产品和服务，满足人民群众的基本文化需求；市场要提供差异性、个性化和多样性的文化产品和服务，满足人民群众的多元文化需求；民间组织要提供具有在地性、特色性和体验性的文化产品和服务，满足人民群众的日常文化需求。通过政府—市场—民间组织多元文化供给主体的多元供给，增加优质新型文化产品和生活服务的有效供给，满足不同群体不断升级的多样化消费需求。

三是促进业态融合，推动居民文化消费升级。产业融合不但能够推动我国文化产业提质增效，更能够有效地契合居民消费结构升级的需求，以丰富多元的文化产品供给刺激并释放文化需求。[①] 随着信息技术和数字技术的不断发展，不同产业之间的产业结构、发展方式和运作模式发生了改变，业态裂变与跨界融合趋势明显，“创造出新的产品和服务、新的生产加工复制艺术、新的载体、新的传播渠道、新的销售网络和空间，催生新的文化业态”[②]，推动文化消费的结构升级。数字信息技术的发展使得文化消费主体从传统的文化消费方式向以移动互联网为载体的数字消费方式转变。尤其是近几年兴起的知识产品消费和数字娱乐消费，市场规模迅速扩大。在文化科技融合的推动下，文化创意与工业、旅游业、建筑设计业和农业等产业的融合发展已经成为我国文化产业新业态的重要类型。[③] 因此，要充分利用5G、超高清、增强现实、虚拟现实、人工智能等新技术，大力发展数字文化产业，开发新一代沉浸式体验型文化消费内容。通过促进业态融合，不断丰富文化消费新热点、新模式，推动居民文化消费升级。

四是健全消费体制，保障居民文化消费质量。要进一步放宽文化消费领

① 于进：《扩大和升级城乡居民文化消费的路径研究》，《宏观经济管理》2019年第6期。

② 邓安球：《文化产业发展研究》，中国社会科学出版社，2010，第118页。

③ 耿达、傅才武：《带际发展与业态融合：长江文化产业带的战略定位与因应策略》，《福建论坛》（人文社会科学版）2016年第8期。

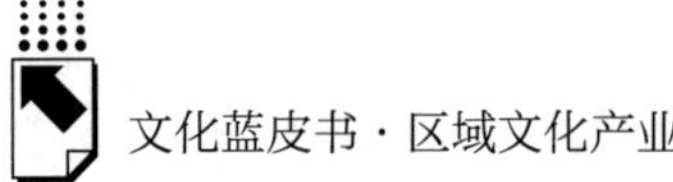

域市场准入，推进经营性文化事业单位转企改制、公益性文化事业单位改革，深化电影院线制改革。要稳步推进引导城乡居民扩大文化消费试点工作，通过采取发放文化惠民卡、举办文化惠民消费季、搭建公共文化服务和文化消费平台以及积分激励等措施促进演艺、动漫、娱乐、文化旅游、文化会展、艺术品与工艺美术、创意设计、数字文化服务、电影电视、图书报刊等文化领域的消费。完善文化服务质量管理体系、质量监督体系和质量标准体系，丰富文化内涵，打造服务品牌。建立健全文化消费信用体系，依托文化信息共享平台，建立健全企业信用档案和人员档案数据库，实现产品生产信息和质量追溯信息互联互通。

B.11
“北上广深杭”数字创意产业竞争力比较研究

郭 嘉　闫 烁　裴华秀*

摘　要： 本研究首先基于产业状况、营商环境和企业投入产出能力三大指标建构了城市数字创意产业竞争力评估模型，然后选取了我国数字创意产业发展较为突出的北京、上海、广州、深圳、杭州五个城市作为研究对象，根据评估模型运用熵权法对其进行比较分析。研究发现：首先，深圳、北京、杭州的数字创意产业发展不分伯仲，已形成三足鼎立之势。深圳依靠腾讯的头部带动作用及良好的营商环境，在本次排名中高居榜首；北京依托雄厚的产业发展基础位居第二；排序第三的杭州拥有极佳的营商环境，还有阿里、网易等头部企业作为支撑；上海的特色数字创意企业在细分领域有着较强的垄断地位；广州的排名较为靠后，需要着力推动产业结构调整。其次，头部企业对于城市数字创意产业的发展有着至关重要的作用。百度、阿里、腾讯等企业对其所在城市的数字创意产业的产业规模、影响力等方面贡献突出。各城市应结合头部企业的优势，壮大产业整体规模，这样才能规避风险，促进产业健康有序发展。

关键词： 数字创意产业　竞争力　营商环境　北上广深杭

* 郭嘉，首都师范大学文化产业系副教授，北京观恒文化发展研究院副院长，主要研究方向：文化产业理论与实践、基于互联网平台的营销传播。闫烁，首都师范大学文化产业系硕士研究生，主要研究方向：政府文化管理。裴华秀，首都师范大学文化产业系硕士研究生，主要研究方向：公共文化服务。

数字创意产业是现代信息技术与文化创意产业融合而产生的新经济形态，是文化产业发展中最有活力、最具前景的产业类别，代表着新一轮科技革命和产业变革方向，是促进传统产业转型升级、新旧动能转换的重要途径。数字创意产业是未来城市经济发展的主要驱动力，它能够有效集聚高端人才、增强城市活力、创造巨大的经济价值。伴随着我国城市化进程的推进，大中城市开始把产业结构调整提上日程，高污染、劳动力密集型的传统产业逐渐从城市中被转移出去，这为智力密集型的数字创意产业提供了新机遇。

2016年国务院颁布《“十三五”国家战略性新兴产业发展规划》，把“数字创意产业”列为五大关键产业之一，提出将其打造成我国经济持续健康发展的主导力量和新支柱，为数字创意产业赋予了重要使命。

目前，国内主要城市都在积极促进数字创意产业发展，成效显著，各有优势和特色。但各城市数字创意产业竞争实力强弱如何，竞争优势体现在哪些方面，尚未有一致结论和科学统一的评价标准。

本研究将数字创意产业特定为其中的数字文化创意部分——依托于数字技术的创意内容业，即：数字创意产业是以数字创意技术为基础支撑，以文化创意为核心，依托互联网等新兴媒体进行传播的新型业态，涵盖了影视、音乐、动漫、游戏、网络文学等领域，是城市经济和文化发展活跃度的重要反映。

本研究基于数据的可得性，选取了层次模型作为理论基础，创建了由宏观的产业状况、中观的营商环境、微观的企业投入产出能力三大要素组成的城市数字创意产业竞争力评价模型，并以发展较为突出的北京、上海、广州、深圳、杭州五个城市为研究对象，探究各城市数字创意产业竞争优势及存在问题，为促进其更好的发展厘清思路。

一　数字创意产业竞争力评价模型的构建

在一般的产业竞争力分析中，钻石模型、层次模型、VRIO模型及过程模型的运用较为普遍。针对数字创意产业的相关特性与可操作性，本研究选取了层次模型作为理论基础，同时基于对数字创意企业、政府相关单位的调研，创建了由宏观的产业状况、中观的营商环境、微观的企业投入产出能力三大要素组成的城市数字创意产业竞争力评价模型。

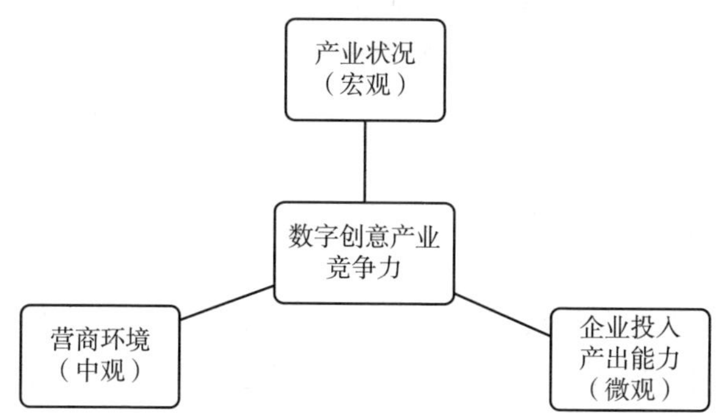

图 1　城市数字创意产业竞争力评价模型

（一）产业状况

产业状况从宏观层面反映了各城市数字创意产业的整体现状，是衡量产业基础的重要指标，包括文化及相关产业增加值、文化及相关产业增加值占地区 GDP 比重、R&D 经费支出、R&D 经费支出占地区 GDP 比重、数字创意企业数量、数字创意产业融资额和数字创意产业从业人员数量 7 个二级指标，如表 1 所示。

表 1　“北上广深杭”数字创意产业状况指标

指标	北京	上海	广州	深圳	杭州
文化及相关产业增加值(亿元)	2700. 40	1696. 54	1100. 00	1529. 75	1580. 00
文化及相关产业增加值占地区 GDP 比重(%)	9. 60	5. 63	5. 16	6. 82	12. 50
R&D 经费支出(亿元)	1484. 60	1049. 30	451. 00	842. 97	346. 36
R&D 经费支出占地区 GDP 比重(%)	5. 78	3. 72	2. 30	4. 37	3. 06
数字创意企业数量(家)	211	99	44	49	40

续表

指标	北京	上海	广州	深圳	杭州
数字创意产业融资额(亿元)	675.10	97.47	39.50	267.73	197.51
数字创意产业从业人员数量(万人)	20.04	5.38	3.57	6.20	12.98

说明：后三项指标统计的是五城市数字创意企业的境外上市公司、A 板上市公司和三板上市公司的情况，其中北京 211 家、上海 99 家、广州 44 家、深圳 49 家、杭州 40 家。

资料来源：国民经济和社会发展统计公报、权威网站的 2017 年数据。需注意：各地统计口径略有不同，北京统计口径较宽，广州统计口径较窄。

（二）营商环境

营商环境是保障企业建立、运营和发展壮大的制度环境和法制环境，重点是保障营商的便利性、效率、成本和公平，政府对于营商环境的塑造至关重要。营商环境是经济发展的有力保证，好的营商环境对内能产生凝聚力、向心力和驱动力，对外能增强影响力、吸引力和竞争力。作为一种文化密集型、知识密集型的战略新兴产业，数字创意产业的培育与发展需要更为开放的孵化环境和条件，因此对开办企业的条件要求会更高。营商环境一方面有赖于城市丰富的便利设施和舒适的生活环境，另一方面则受到城市的人才环境、文化环境以及技术创新水平影响。本研究在北上广深杭五个城市分别发放了不少于 50 份问卷，问卷采用李克特量表进行统计，问卷填答人为数字创意企业合伙人（小型创业公司）或者财务、人事总监（大、中型公司）。测量营商环境的 16 个指标结果如表 2 所示。

表 2 “北上广深杭”数字创意产业营商环境调查得分情况

指标	北京	上海	广州	深圳	杭州
数字公共文化服务水平	3.40	3.20	3.40	3.73	3.97
政府工作人员服务意识	3.12	2.90	3.04	3.76	3.67
数字创意产业相关政策出台情况	3.22	3.14	3.18	3.70	3.93
数字创意产业相关政策落实情况	3.14	3.21	3.02	3.91	3.68
政府对数字创意类企业融资的扶持力度	3.14	3.32	3.22	3.94	3.40
政府对数字创意类企业的宣传推广力度	3.36	3.95	3.24	3.63	3.49

续表

指标	北京	上海	广州	深圳	杭州
城市居住舒适度(交通、房租、物价等)	3.09	3.20	3.49	3.28	3.34
网络文化经营许可审批流程	2.88	3.02	3.12	3.27	4.02
网络文化产品管理方法创新力度	3.03	3.27	3.20	3.51	3.98
知识产权审批流程	3.01	2.90	3.12	3.49	4.00
知识产权保护措施	3.88	3.06	2.96	3.24	3.38
政府对企业维权行为的支持力度	3.26	3.36	3.18	3.52	4.05
文化项目审批流程	3.15	3.32	3.06	3.39	3.91
政府对文化项目的扶持力度	3.70	3.43	3.26	3.37	3.45
相关税收政策减免税力度	3.07	3.29	3.10	3.93	3.41
人才引进力度	3.28	3.43	3.10	3.52	3.93

（三）企业投入产出能力

企业是市场经济的活动主体，企业集合能够直接反映其所属产业发展状况。因此，企业投入产出能力是产业竞争力最直观的表现，该项指标对厘清数字创意产业增加值的真正来源、产业规模以及行业关联度有着非常重要的意义。企业投入产出能力包含 4 个二级指标，分别是数字创意企业资产总额、数字创意企业年度总营收、数字创意企业总利润额以及数字创意企业技术以及创意能力，如表 3 所示。

表 3 "北上广深杭"数字创意企业投入产出能力指标

指标	北京	上海	广州	深圳	杭州
资产总额(亿元)	5868.51	974.34	534.96	5733.85	8728.87
年度总营收(亿元)	2343.58	474.92	396.57	2473.17	1054.53
总利润额(亿元)	334.85	44.37	51.93	741.40	240.84
技术及创意能力(亿元)	108.99	16.25	3.49	169.09	280.20

说明：企业投入产出能力统计的是五城数字创意企业的境外上市公司、A 板上市公司和三板上市公司的情况，其中北京 211 家、上海 99 家、广州 44 家、深圳 49 家、杭州 40 家。其中：资产总额统计的是整个企业的数据（企业财务报表资产总额部分无法拆分）；年度总营收、总利润额统计的是企业数字创意业务部分数据；技术及创意能力统计的是整个企业无形资产中与技术及创意能力相关的数据（版权、软件著作权、软件许可权等价值总和）。

二　基于熵权法的指标得分及排序

本研究首先运用熵权法来确定三大要素中各自的指标权重，然后算出各要素的城市排序，最后完成五城市竞争力综合评价排序。按照信息论基本原理的解释，熵是系统无序程度的一个度量。如果指标的信息熵越小，该指标提供的信息量就越大，在综合评价中所起作用理当越大，权重就应该越高。熵权法的基本步骤首先是指标标准化，然后算出指标的信息熵，最后确立指标权重。

（1）数据标准化

将各个指标的数据进行标准化处理。假设给定了 k 个指标 $X_1, X_2, \cdots, X_K$，其中 $X_1 = \{x_1, x_2, \cdots, x_n\}$。假设各指标数据标准化后的值为 $Y_1, Y_2, \cdots, Y_K$，那么 $Y_{ij} = \dfrac{X_{ij} - \min(X_i)}{\max(X_i) - \min(X_i)}$

（2）求各指标的信息熵

首先，计算所有样本对指标 X_j 的贡献总量，将上步生成的矩阵每个元素变成每个元素与该 ln（元素）的积，即 $p_{ij} = Y_{ij} / \sum_{\iota=1}^{n} Y_{\gamma}$，表示第 i 个数据的第 j 个指标的比重，如果 $p_{ij} = 0$，则定义 $\lim_{p_n - 0} p_{ij} lnp_{ij} = 0$。

其次，根据信息论中信息熵的定义，可以用公式计算得到一组数据计算信息熵 $E_j = -\ln(n)^{-1} \sum_{i=1}^{n} p_{ij} lnp_{ij}$。

（3）确定各指标权重

根据信息熵的计算公式，计算出各个指标的信息熵为 $E_1, E_2, \cdots, E_K$。通过信息熵计算各指标的权重：$W_i = \dfrac{1 - E_i}{k - \sum E_i} (i = 1, 2, \cdots, k)$。

（一）产业状况评估

将产业状况的 7 个指标标准化处理后，得到结果如表 4 所示。

表 4　"北上广深杭"数字创意产业状况指标标准化后结果

城市	文化及相关产业增加值	文化及相关产业增加值占地区 GDP 比重	R&D 经费支出	R&D 经费支出占地区 GDP 比重	数字创意企业数量	数字创意产业融资额	数字创意产业从业人员数量
北京	1.0000	0.5000	1.0000	1.0000	1.0000	1.0000	1.0000
上海	0.4660	0.1250	0.6176	0.5000	0.3450	0.0912	0.1101
广州	0.0000	0.0000	0.0919	0.0000	0.0234	0.0000	0.0000
深圳	0.3357	0.2500	0.4363	0.5000	0.0526	0.3591	0.1598
杭州	0.3750	1.0000	0.0000	0.2500	0.0000	0.2486	0.5715

利用熵权法对以上 7 个指标计算指标权重，得到各个指标的信息熵如表 5 所示。

表 5　"北上广深杭"数字创意产业状况指标信息熵

指标	信息熵
文化及相关产业增加值	0.6773
文化及相关产业增加值占地区 GDP 比重	0.5922
R&D 经费支出	0.5461
R&D 经费支出占地区 GDP 比重	0.6460
数字创意企业数量	0.3790
数字创意产业融资额	0.5792
数字创意产业从业人员数量	0.5317

通过上述表格中信息熵计算得到各个指标的权重值如表 6 所示。

表 6　"北上广深杭"数字创意产业状况指标权重

指标	权重
文化及相关产业增加值	0.1059
文化及相关产业增加值占地区 GDP 比重	0.1338
R&D 经费支出	0.1489
R&D 经费支出占地区 GDP 比重	0.1161
数字创意企业数量	0.2037
数字创意产业融资额	0.1380
数字创意产业从业人员数量	0.1536

最后通过各个指标的权重，计算得到各个城市的产业状况最终评分值，计算公式如下。

$$C = 0.1059 * C1 + 0.1338 * C2 + 0.1489 * C3 + 0.1161 * C4 + 0.2037 * C5 + 0.1380 * C6 + 0.1536 * C7$$

其中，C 表示各个城市产业状况综合评分，C 值越大，说明城市的产业状况越好。通过上述公式计算得到各个城市的综合得分如表 7 所示。

表 7 “北上广深杭”数字创意产业状况得分及排序

城市	得分	排序
北京	0.9331	1
上海	0.3159	3
广州	0.0185	5
深圳	0.2768	4
杭州	0.3246	2

依托全国政治中心、文化中心、国际交往中心、科技创新中心的有利条件，北京数字创意产业发展极具优势。由表 1 可知，北京的文化及相关产业增加值（2017 年）达到了 2700.40 亿元，产业根基牢固，基础雄厚，这为数字创意产业的生长提供了肥沃的土壤。北京现拥有多达 211 家上市数字创意企业以及可统计的 20 余万数字创意产业从业人员，呈现“一览众山小”的格局。北京地区的 R&D 经费支出遥遥领先于其他城市，表现了该城市突出的技术孕育能力。此外，北京数字创意产业融资体量庞大，其数字创意产业发展前景可观。

杭州、上海、深圳之间的产业状况得分差距甚微，杭州的文化及相关产业增加值占地区 GDP 比重达到了 12.50%，足以说明其文化产业对于城市经济的贡献程度。得益于突出的数字技术创新能力、包容的文化氛围和宜居的城市环境，杭州对于人才的吸引力显著，可统计的数字创意产业的从业人员达到了 12.98 万。上海作为全国金融中心，其文化及相关产业增加值、上市数字创意企业的数量仅次于北京，可见其数字创意产业的发展也具有较好的基础。深圳作为一个新兴城市，城市负担比较轻，人才落户政策相对宽松，给予了新兴产业一定的自由空间，因此其数字创意产业的各项指标都表现良好。

相较而言，广州数字创意产业发展缓慢，整体产业状况远远落后于其他城市，处于五城市排序的末位。作为传统意义上的一线城市，广州近些年来发展活力不足，产业结构单一，人才流失严重，创新能力欠缺，给城市经济发展带来了阻力，经济总量也于 2018 年被深圳超越。当前广州上市的数字创意企业仅有 44 家，并且缺少综合实力过硬的头部企业，企业融资能力较差，与城市定位不符的 R&D 经费支出间接影响了相关技术的生产及应用。

（二）营商环境评估

将营商环境的 16 个指标标准化处理后，得到结果如表 8 所示。

表 8　“北上广深杭”数字创意产业营商环境指标标准化后结果

指标	北京	上海	广州	深圳	杭州
城市居住舒适度（交通、房租、物价等）	0.0000	0.2901	1.0000	0.4704	0.6272
政府工作人员服务意识	0.2581	0.0000	0.1644	1.0000	0.8900
数字公共文化服务水平	0.2536	0.0000	0.2576	0.6912	1.0000
人才引进力度	0.2157	0.3964	0.0000	0.5098	1.0000
政府对数字创意类企业融资的扶持力度	0.0000	0.2285	0.1018	1.0000	0.3214
政府对数字创意类企业的宣传推广力度	0.1726	1.0000	0.0000	0.5478	0.3536
数字创意产业相关政策出台情况	0.1029	0.0000	0.0470	0.7072	1.0000
数字创意产业相关政策落实情况	0.1323	0.2153	0.0000	1.0000	0.7433
网络文化经营许可审批流程	0.0000	0.1238	0.2116	0.3407	1.0000
网络文化产品管理方法创新力度	0.0000	0.2528	0.1751	0.5002	1.0000
知识产权审批流程	0.1024	0.0000	0.2015	0.5383	1.0000
知识产权保护措施	1.0000	0.1101	0.0000	0.3064	0.4591
政府对企业维权行为的支持力度	0.0905	0.2081	0.0000	0.3940	1.0000
文化项目审批流程	0.1106	0.3058	0.0000	0.3883	1.0000
政府对文化项目的扶持力度	1.0000	0.3787	0.0000	0.2437	0.4295
相关税收政策减免税力度	0.0000	0.2510	0.0360	1.0000	0.3995

利用熵权法对以上 16 个指标计算指标权重，得到各个指标的信息熵如表 9 所示。

表 9 "北上广深杭"数字创意产业营商环境指标信息熵

指标	信息熵
数字公共文化服务水平	0.4081
政府工作人员服务意识	0.5340
数字创意产业相关政策出台情况	0.6131
数字创意产业相关政策落实情况	0.6419
政府对数字创意类企业融资的扶持力度	0.4192
政府对数字创意类企业的宣传推广力度	0.3784
城市居住舒适度(交通、房租、物价等)	0.4231
网络文化经营许可审批流程	0.4072
网络文化产品管理方法创新力度	0.4830
知识产权审批流程	0.4298
知识产权保护措施	0.4018
政府对企业维权行为的支持力度	0.4115
文化项目审批流程	0.6832
政府对文化项目的扶持力度	0.7142
相关税收政策减免税力度	0.4823
人才引进力度	0.3531

通过上述表格中信息熵计算得到各个指标的权重值如表 10 所示。

表 10 "北上广深杭"数字创意产业营商环境指标权重

指标	权重
数字公共文化服务水平	0.0524
政府工作人员服务意识	0.0686
数字创意产业相关政策出台情况	0.0788
数字创意产业相关政策落实情况	0.0825
政府对数字创意类企业融资的扶持力度	0.0539
政府对数字创意类企业的宣传推广力度	0.0486
城市居住舒适度(交通、房租、物价等)	0.0544
网络文化经营许可审批流程	0.0523

续表

指标	权重
网络文化产品管理方法创新力度	0.0620
知识产权审批流程	0.0552
知识产权保护措施	0.0516
政府对企业维权行为的支持力度	0.0529
文化项目审批流程	0.0878
政府对文化项目的扶持力度	0.0918
相关税收政策减免税力度	0.0620
人才引进力度	0.0454

最后通过各个指标的权重，计算得到各个城市的文化环境最终评分值，计算公式如下。

$$M = 0.0524*M1 + 0.0686*M2 + 0.0788*M3 + 0.0825*M4 + 0.0539*M5 + 0.0486*M6 + 0.0544*M7 + 0.0523*M8 + 0.0620*M9 + 0.0552*M10 + 0.0516*M11 + 0.0529*M12 + 0.0878*M13 + 0.0918*M14 + 0.0620*M15 + 0.0454*M16$$

其中，M 表示各个城市文化环境综合评分，M 值越大，说明城市的营商环境越好。通过上述公式计算得到各个城市的综合得分如表 11 所示。

表 11 "北上广深杭"数字创意产业营商环境得分及排序

城市	得分	排序
北京	0.2317	3
上海	0.2284	4
广州	0.1236	5
深圳	0.6058	2
杭州	0.7656	1

测量营商环境的二级指标共有 16 个，主要可以概括为城市吸引力评价指标、政府服务水平和政府扶持力度三个方面。各城市的居住舒适度具体指城市的交通成本、房租、物价水平等方面，它是城市吸引力的直接反映，对数字创意企业（尤其是中小微企业）的生存而言意义重大。政府的服务水

平对企业经营至关重要，比如审批流程影响着企业生产经营的效率，知识产权更是数字创意企业的核心价值。政府扶持力度则体现了地方政府对于数字创意产业的重视程度，主要集中表现在政府出台的相关政策、宣传推广程度等，它显示了当地政府发展数字创意产业的决心和诚意，也是企业选择入驻城市的重要关注点。

杭州在营商环境方面表现最佳，各项指标得分都比较突出。首先，城市居住舒适度是企业选址、人才择业的重要参考指标。杭州是一座历史文化名城，环境优越、生活便利，房价和物价也相对合适，这使得杭州成为比较适合生活的城市。其次，杭州的政府服务水平备受好评，政府对数字创意产业的发展也极为重视。政府一方面简化相关审批流程，创新管理办法，加大人才引进力度，出台数字创意产业扶持政策，设置产业发展专项资金；另一方面，政府还实施城乡智慧文化工程，引入社会资本对接公共文化供给，积极帮助数字创意企业开辟市场。2017 年《杭州市文化创意产业发展“十三五”规划》将互联网文化创意产业、文化软件业、现代传媒业、动漫游戏业等列为重点行业，为其提供资金、土地、人才、技术等要素支持，足见政府对于数字创意产业的重视程度。

深圳的营商环境排名第二，政府对数字创意类企业融资的扶持力度、相关税收政策减免力度较其他城市更为突出。2018 年颁布的《深圳市战略性新兴产业发展专项资金扶持政策》，采用直接资助、股权投资、贷款贴息、风险补偿等多元化扶持手段，推动新兴产业的发展。另外，数字创意产业相关政策的落地实施效果好也是深圳打造卓越营商环境的关键。

北京、上海的营商环境分别位列第三、第四。首先，高企不下的房价、拥堵的交通、缩紧的落户名额等同于对人才设置了天然障碍，这是北京、上海的城市居住舒适度得分较低的重要原因。

北京对于知识产权的重视使得以版权为核心的数字创意产业受益匪浅。2017 年，北京市知识产权局专利行政执法办案总量为 1209 件，同比增长 43.6%；全市 9 家知识产权调解委员会累计调解知识产权纠纷 360 件，调解成功率达到67.7%。[①] 但是政府在对数字创意企业的资金扶持方面远远落后于其他城市，税收优惠政策饱受诟病。另外，政府方面未能跟紧互联网时代的脚步，网络文化经营许可审批效率低，网络文化产品管理方法缺乏创新，给数字创意企业经营带来了不小的障碍。

上海对数字创意产业的发展虽有所重视，但是政策落地实施效果不佳。问卷数据表明，上海政府工作人员的服务意识偏差，使得政府与企业间产生距离感，难以建立起积极的互动关系，极大地阻碍了产业的进步。政府虽然对于数字创意企业的宣传推广表现积极，策划开办了许多推介会、博览会，但是针对数字创意产业的政策落实情况不佳，难以吸引优秀企业的入驻。

广州有着别具一格的人文环境、开放的城市文化、便利的生活条件及相对低廉的生活成本，因此广州在居住舒适度指标中得分最高，但是广州的营商环境整体得分是最低的。调查数据显示，文化类项目在广州得不到足够的认可和重视，政府对于文化项目的扶持力度尚待提高。另外，数字创意产业的特性决定了企业对知识产权的敏感性，广州在知识产权方面的措施还有待加强。总之，广州在政府的顶层设计中亟待强调产业结构的升级转型，突出数字创意产业对城市未来发展的重要性。

（三）企业投入产出能力评估

将企业投入产出能力的4个指标标准化后，得到结果如表12所示。

表12 “北上广深杭”数字创意产业投入产出能力指标标准化后结果

城市名称	资产总额	年度总营收	总利润额	技术及创意能力
北京	0.6509	0.9376	0.4167	0.3813
上海	0.0536	0.0377	0.0000	0.0461
广州	0.0000	0.0000	0.0109	0.0000
深圳	0.6345	1.0000	1.0000	0.5984
杭州	1.0000	0.3168	0.2819	1.0000
权重	0.2473	0.2967	0.2345	0.2216

① 李倩：《北京：推动“七位一体”知识产权大保护格局》，人民网，http：//ip.people.com.cn/n1/2018/0309/c179663-29857240.html，2018年3月9日。

利用熵权法对以上4个指标计算指标权重，得到各个指标的信息熵如表13所示。

表13　“北上广深杭”数字创意产业投入产出能力指标信息熵

指标	资产总额	年度总营收	总利润额	技术及创意能力
信息熵	0.4505	0.3406	0.4789	0.5075

通过表13信息熵计算得到各个指标的权重值如表14所示。

表14　“北上广深杭”数字创意产业投入产出能力指标权重

指标	资产总额	年度总营收	总利润额	技术及创意能力
权重	0.2473	0.2967	0.2345	0.2216

最后通过各个指标的权重，计算得到各个城市企业投入产出能力的最终评分值，计算公式如下：

$$F = 0.2473 * F1 + 0.2967 * F2 + 0.2345 * F3 + 0.2216 * F4$$

其中，F表示各个城市企业投入产出能力综合评分，F值越大，说明城市企业投入产出能力状况越好。通过上述公式计算得到各个城市的综合得分如表15所示。

表15　“北上广深杭”数字创意产业投入产出能力得分及排序

城市	得分	排序
北京	0.6214	3
上海	0.0347	4
广州	0.0026	5
深圳	0.8207	1
杭州	0.6290	2

数据结果显示，深圳位于"企业投入产出能力"指标的首位，其企业资产规模和盈利能力十分突出。尽管深圳和北京的数字创意产业年度总营收相差较小，但深圳数字创意产业的总利润额是北京的两倍多，这反映了深圳数字创意企业极强的成本控制和盈利能力，一定程度上也印证了数字创意产业高附加值、低成本的特征。

杭州位居"企业投入产出能力"指标的第二。杭州数字创意产业资产总额的数值明显高于其他城市，其年度总营收与总利润额也表现不俗，阿里、网易等商业巨头对此数值贡献良多。值得一提的是，阿里掌握的数字技术大幅提升了杭州在"技术及创意能力"指标中的表现，而且阿里孵化并引领着杭州诸多中小型数字创意企业的发展，为它们提供相应的资金和技术支持，对杭州数字创意产业的发展起到了积极的推动作用。

北京虽然拥有 211 家数字创意企业，但其年度总营收与总利润额并未超过深圳，相较而言，北京处于第二梯队的中小型的数字创意企业更多，政府需要出台资金支持、人才引进等方面相关政策加以扶持。相较于深圳的腾讯、杭州的阿里，北京的百度、新浪、搜狐等数字创意企业发挥的带动效应就小得多。

由于数字创意企业规模较小，上海和广州在"企业投入产出能力"的比较中被远远甩在了后面。但是，不同于广州数字创意企业的整体羸弱，上海诞生了数家特色内容数字创意企业，在数字创意产业的细分领域中影响力十足。比如以网络阅读为核心业务的阅文集团、以 ACG 内容为核心业务的哔哩哔哩、以数字音频为核心业务的喜马拉雅等。尽管在营业收入、获利能力方面特色内容创意企业不及头部数字创意企业，但其在深耕领域有着非常忠实的用户群体，社会影响力不可轻视。

（四）数字创意产业竞争力综合评估

利用熵权法对产业状况、企业投入产出能力和营商环境三个综合指标计算指标权重，得到各个指标的信息熵如表 16 所示。

表 16 “北上广深杭”数字创意产业竞争力指标信息熵

指标	信息熵
企业投入产出能力	0.3374
产业状况	0.6765
营商环境	0.5038

通过表 16 信息熵计算得到各个指标的权重值如表 17 所示。

表 17 “北上广深杭”数字创意产业竞争力指标权重

指标	权重
企业投入产出能力	0.4370
产业状况	0.2683
营商环境	0.2947

最后通过各个指标的权重，计算得到各个城市的文化环境最终评分值，计算公式如下：

$$I = 0.2683 * C + 0.4370 * F + 0.2947 * M$$

其中，I 表示各个城市数字创意产业竞争力综合评分，F 表示企业投入产出能力，C 表示产业状况，M 表示营商环境。I 值越大，说明城市的城市数字创意产业竞争力越强。通过上述公式计算得到各个城市的综合得分如表 18 所示。

表 18 “北上广深杭”数字创意产业竞争力得分及排序

城市名称	得分	排序
北京	0.5901	2
上海	0.1672	4
广州	0.0425	5
深圳	0.6114	1
杭州	0.5875	3

根据本次研究的数字创意产业竞争力评价模型，以及熵权法的计算，我们得出了五个城市数字创意产业竞争力的具体排序。数据结果显示，目前我国数字创意产业基本上已经形成了深圳、北京、杭州三足鼎立的格局；上海着力于内容生产，在细分领域具有一定的竞争力。

三　城市数字创意产业竞争力研究总结

（一）数字创意产业发展已形成三足鼎立的格局

基于城市数字创意产业竞争力模型，本研究选取我国数字创意产业发展较为领先的北上广深杭五个城市进行了研究，数据显示，深圳、北京、杭州的数字创意产业发展不分伯仲，已形成三足鼎立之势。

综合来看，杭州、深圳作为新兴城市，营商环境较传统一线城市“北上广”更为优越。由于没有限制性的功能定位，城市负担比较轻，因此市场准入门槛偏低，人才落户政策也相对宽松，给予了新兴产业一定的自由空间。

深圳依靠腾讯的头部带动作用及良好的营商环境，在本次数字创意产业竞争力排名中高居榜首，其今后的发展应结合而不是仅仅依靠头部企业的优势，壮大产业整体规模，这样才能促进产业健康有序发展。排序第三的杭州拥有极佳的营商环境，还有阿里、网易等头部企业作为支撑，这对于数字创意人才具有很强的吸引力，其数字创意产业未来的发展值得期待。

产业发展基础雄厚的北京位居第二，研究结果显示，北京不仅有 211 家上市数字创意企业，还拥有丰富的文化资源、人力资源，但是其营商环境还有待完善。北京应继续疏解非首都功能，改善居住环境，通过创新人才落户机制、资金扶持方式、税收优惠政策等方式优化数字创意产业的软环境，这样才能使其实现可持续性发展。

上海的特色数字创意企业在细分领域有着较强的垄断地位，其社会影响不容小觑。政府应积极发挥主观能动性，因地制宜，营造良好的营商环境，促使企业深耕内容，推动特色数字创意企业的发展，这样才能树立具有上海特色的数字创意产业品牌。排名较为落后的广州则需要着力推动产业结构调整，重视数字创意产业的价值，加大政府的扶持力度，为数字创意产业发展搭建有效平台。

（二）头部企业呈现出强有力的带动作用

从“产业投入产出能力”这项指标可以看出，头部企业对于城市数字创意产业的发展有着至关重要的作用。百度、阿里、腾讯等企业对其所在城市的数字创意产业的产业规模、影响力等方面贡献突出。

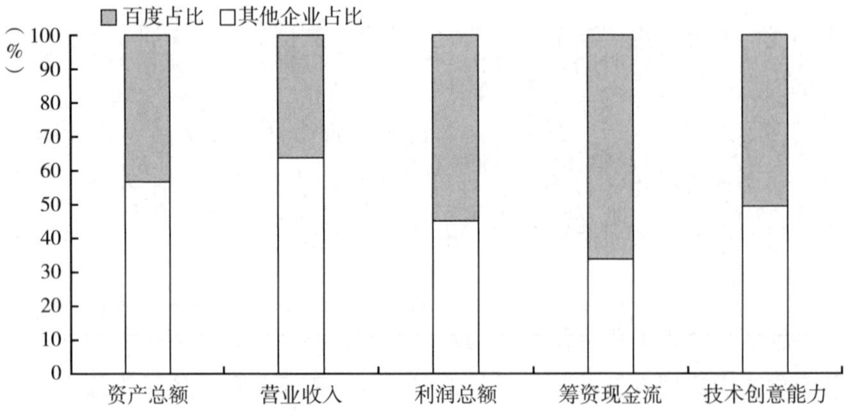

图2　百度在北京数字创意企业中的投入产出相关指标占比

深圳在“企业投入产出能力”指标衡量中脱颖而出，与腾讯集团所发挥的头部带动作用密切相关，因为腾讯一家公司的数值在资产总额、年度总收入、总利润额、技术及创意能力这些二级指标中都占了极高的比重。在过去20年的发展过程中，腾讯在社交软件、游戏、影视、动漫等数字创意领域积累了丰硕的成果，可以说是我国最大的数字创意企业，它凭借多年积累的游戏版权和先进的运营模式，已经成为深圳数字创意产业发展的主力军。而阿里的主营业务虽然不属于数字创意部分，但其为杭州营造的创新创业环境，对许多中小企业产生了积极影响。

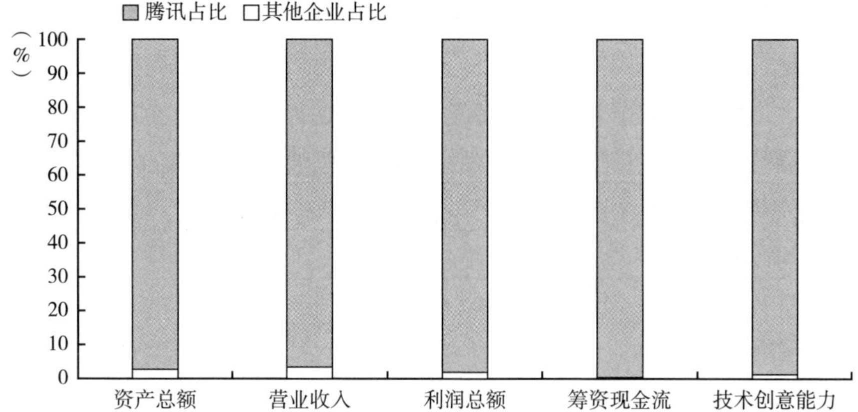

图3　腾讯在深圳数字创意企业中的投入产出相关指标占比

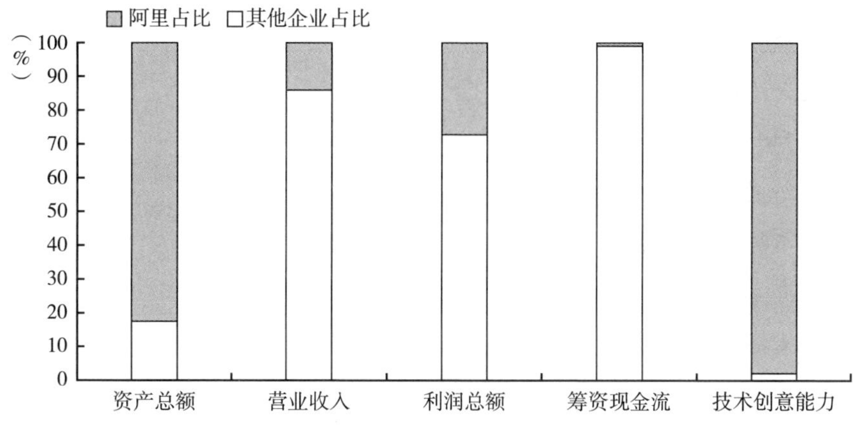

图4　阿里在杭州数字创意企业中的投入产出相关指标占比

由此可见，头部企业呈现强有力的带动作用是数字创意产业发展的重要特点，但是各城市要发展数字创意产业不仅应该积极壮大头部企业，更需要结合头部企业的优势，壮大产业整体规模，这样才能规避风险，促进产业健康有序发展。

本研究尚存在一些不足。首先，数字创意产业中发展最具活力、最具发展潜力的是各类中、小型创业公司，但由于这些公司的数量难以统计，其公司投入、产出数据不能获得，因此不能纳入研究范围。建议相关部门加强对

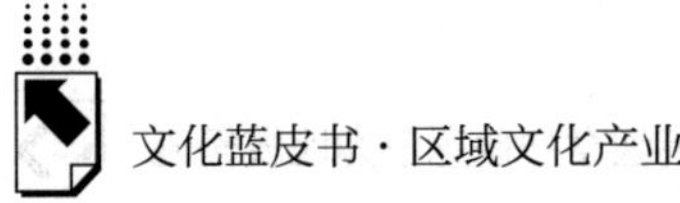

这些公司的关注、统计，将其各种数据向社会开放，研究机构才能将其纳入研究视野。

其次，数字创意企业归根到底是文化企业，提供的是精神文化产品。因此，在今后的数字创意产业竞争力的分析中，需要改变对以往传统产业进行衡量的标准，更加关注数字创意产业的文化属性、社会价值，深入研究其社会影响力，增加定性分析的统计指标。

B.12

台湾地区文化创意产业发展报告

潘博成*

摘　要： 2017年台湾地区文化创意产业呈现“止跌回升”的整体趋势，相关产业数据表现良好。在法律规章落实的基础上，台湾地区以“前瞻基础建设计划”为契机，构建起了“数位建设”和“城乡建设—文化生活圈建设计划”两项全新计划。这些计划反映出台湾地区文化创意产业政策制定者和实务者目前的观念更迭。他们不仅更多地利用地方历史文化内容，以之作为文化创意产业资源，甚至主动地介入地方历史文化考掘和整理等环节。这种发展趋势，将可能使台湾文化创意产业具有更为强烈的地方特色。

关键词： 文化创意产业　地方文化资源　文化政策　台湾地区

引　言

根据中国台湾地区《文化创意产业发展法》规定，“文化创意产业”是指“源自创意或文化积累，透过智慧财产之形成及运用，具有创造财富与就业机会之潜力，并促进全民美学素养，使国民生活环境提升之产业”。根据此定义，文化创意产业包含了内容、经济和公共三方面价值。首先，文化创意产业是针对文化资源的调查、整理、累积和再造；其次，文化创意产业

---

* 潘博成，广东财经大学公共管理学院讲师。

深具经济价值，能够推动区域经济增长与带动人口就业；最后，文化创意产业具有公共价值，在创造经济价值的同时，能够改善本地文化生活环境，进而有望提升人民文化素养。该定义首提于2010年，台湾地区在此之后的文化创意产业的规划与建设重点大体依循了该法律设定的路径。这也是我们观察与探讨该地文化创意产业的基本前提，而2017年台湾地区文化创意产业的发展形态对该定义的实践尤为显著。

本报告包括三部分主要内容：第一部分概观2017年台湾地区文化创意产业基本发展态势。第二部分回顾2017～2018年间台湾地区文化创意产业的政策动向，其中既有地区层面的政策，也有具体行业的政策。第三部分剖析了“再造历史现场”和“群众募资”两个在2017年影响较大的热点案例，以期从微观视角展现台湾地区文化创意产业的发展特色。

一　台湾地区文化创意产业2017年发展基本态势

2017年台湾地区文化创意产业总营业额达8362.06亿元（货币单位为新台币，下同），较之于2016年增长1.17%。该数据表现较为亮眼，表明当地文化创意产业已经初步复苏，从2016年的跌势中“止跌回升”，重新返回到2015年的增长势头。台湾当局“文化部”认为，此数据表现得益于全球经济正在走出欧洲次贷危机影响，有整体回稳的态势。[①] 但值得注意的是，自2013年以来，文化创意产业占当地GDP的比重已经连续五年小幅缓慢下跌，[②] 若依照支柱产业为占地方GDP总量5%或以上的习惯性标准，文化创意产业在2016年和2017年，已经连续两年低于此标准（见表1）。

① “文化部”：《2018台湾文化创意产业发展年报》，新北：“文化部”，2019，第19页。
② “文化部”：《2018台湾文化创意产业发展年报》，新北：“文化部”，2019，第20页。

表1　2013～2017年台湾地区文化创意产业营业额

年份	营业额(新台币亿元)	年增长率(百分比)	占地方GDP比重(百分比)
2013	8310.35	2.69	5.46
2014	8483.93	2.09	5.27
2015	8586.59	1.21	5.12
2016	8265.68	-3.74	4.82
2017	8362.06	1.17	4.80

资料来源："文化部"《2018台湾文化创意产业发展年报》，第19～20页。

在次级产业门类层面，各行业在2017年的表现各有千秋。从企业数量来看，广告产业（23.38%）、工艺产业（18.17%）、出版产业（12.89%）、数位内容产业（7.54%）和音乐及表演艺术产业（6.57%）是企业数量最多的五个次级产业门类，它们已经占据了企业总数的68.55%。从营业额来看，占据前五名的次级产业则依次是广播与电视产业（20.32%）、广告产业（18.08%）、出版产业（11.98%）、数位内容产业（10.07%）以及工艺产业（9.24%）。[①] 无论是企业数量还是营业额，"大者恒大"的基本格局依然显著，出版、工艺、广告等相对传统的次级产业始终是台湾文化创意产业的核心支柱。在相当长的时期内，这种格局应不会有明显变化，这也持续地反映出文化创意产业经济价值的一面（见表2）。

表2　2017年台湾地区文化创意产业次级产业营业额与企业数

产业门类	营业额(新台币亿元)	年增长率(百分比)	企业数(家)	年增长率(百分比)
视觉艺术产业	56.33	3.97	2329	0.22
音乐与表演艺术产业	231.87	22.74	4157	9.39
文化资产应用及展演设施产业	46.65	6.73	587	9.31
工艺产业	772.90	-13.04	11493	-0.52
电影产业	292.85	4.88	2057	7.64
广播与电视产业	1699.21	2.04	1945	4.80

① "文化部"：《2018台湾文化创意产业发展年报》，新北："文化部"，2019，第24、26页。

续表

产业门类	营业额(新台币亿元)	年增长率(百分比)	企业数(家)	年增长率(百分比)
出版产业	1002. 03	-1. 70	8156	-1. 19
流行音乐与文化内容产业	310. 66	1. 24	3915	0. 82
广告产业	1512. 04	3. 36	14786	1. 57
产品设计产业	458. 99	13. 44	1427	-1. 52
视觉传达设计产业	32. 97	15. 12	1331	9. 10
设计品牌时尚产业	505. 35	6. 73	2469	7. 11
建筑设计产业	332. 31	-1. 19	3689	5. 04
数位内容产业	842. 29	0. 80	4770	-5. 06
创意生活产业	265. 62	-4. 39	139	-0. 71

资料来源："文化部"《2018 台湾文化创意产业发展年报》，第 24、26 页。

数量规模尚不能充分反映台湾地区次级文化创意产业近年来的发展特色。台湾当局《2018 台湾文化创意产业发展年报》显示，2012 ~ 2017 年，年复合增长率最高的产业门类并不是上述传统行业，而是文化资产应用及展演设施产业，其营业额增长率达到 21. 26%，企业数量规模的增幅更是达到 62. 38%。[①] 依据《文化创意产业内容及范围》的界定，文化资产应用及展演设施产业包括"文化资产利用、展演设施［如剧院、音乐厅、露天广场、美术馆、博物馆、艺术馆（村）、演艺厅等］经营管理之行业"[②]。其中，展演设施属于传统领域的文化创意产业，而文化资产利用则是台湾地区颇具特色的文化创意产业增长点，我们将在本报告第三部分以热点述评的形式进一步讨论。

从企业规模（资本额）来看，台湾文化创意产业以中小（微型）企业占绝大多数。具体而言，资本额在 1000 万元新台币以下的企业多达 58339 家，占所有企业数的 92. 98%，其中，又以 100 万元新台币以下资本额的企

① "文化部"：《2018 台湾文化创意产业发展年报》，新北："文化部"，2019，第 24、26 页。

② 《文化创意产业内容及范围》，https：//www. moc. gov. tw/information_ 311_ 20450. html，最后检索时间：2020 年 4 月 16 日。

业数量最多，占企业总数之62.1%。[①] 由此可见，中小型和微型企业，是目前台湾文化创意产业界的主要企业类型，而它们也是当地政府目前着力扶持的企业类型（见表3）。本报告的第二、三部分将进一步述及。

表3　2017年台湾文化创意产业企业资本额情况

资本额（新台币元）	0.1百万元以下	0.1~1百万元	1~5百万元	5~10百万元	1~2千万元	2~10千万元	1亿元以上	总计
企业数(家)	16490	22477	14142	5230	2200	1606	601	62746
所占比重（百分比）	26.28	35.82	22.54	8.34	3.51	2.56	0.96	100

资料来源："文化部"：《2018台湾文化创意产业发展年报》，第6、29页。

如果从企业经营时间长度分析，5年以下的新兴企业共有18931家，约占所有企业数之三成（见表4）[②]。从营业情况来看，在5年以下企业中，除了经营1~2年的企业整体营业额略有增长以外，其余几类均存在较大幅度的下跌，[③] 这也凸显地方政府对年轻企业加强扶持的政策必要性。

表4　台湾文化创意产业企业经营时间（以2017年为统计时点）

经营时间	1年以下	1~2年	2~3年	3~4年	4~5年	5~10年	10~20年	20年以上	总计
企业数(家)	4389	4168	3818	3308	3248	10785	19900	13130	62746
所占比重（百分比）	7.00	6.64	6.09	5.27	5.18	17.19	31.72	20.93	100

资料来源："文化部"：《2018台湾文化创意产业发展年报》，第6、30页。

在产业人口方面，2017年文化创意产业相关领域的就业者达26万人，占全部就业人数之2.29%。[④] 其中，就业人数最多的三个领域依次为运动、

① "文化部"：《2018台湾文化创意产业发展年报》，新北："文化部"，2019，第29页。

② "文化部"：《2018台湾文化创意产业发展年报》，新北："文化部"，2019，第30页。

③ "文化部"：《2018台湾文化创意产业发展年报》，新北："文化部"，2019，第30页。

④ "文化部"：《2018台湾文化创意产业发展年报》，新北："文化部"，2019，第35页（注：就业人数及其比重，均不含创意生活产业）。

娱乐及休闲服务业（6.68 万人）、专门设计业（5.86 万人）和出版业（4.10 万人）。[①] 整体来说，传统领域的文化创意产业依然是刺激就业的主要门类，而设计业由于行业利好政策较多，就业者亦较多。

在内外销数据表现方面，与此前数年间的结构相同，2017 年台湾文化创意产业仍旧以内销为大宗，高达 7499.87 亿元，占据总营业额之 89.69%，相较之下，外销部分仅有 862.19 亿元，仅占总营业额约一成。[②] 进一步分析外销部分，外销比重最大的次级产业是产品设计产业，其外销比重高达 71.19%，[③] 远远超过其他次级产业。产品设计产业之所以形成如此规模的外销效应，显然与当地文化创意产业主管部门的政策导向有关。从 2012 年开始，台湾地区持续推行“Fresh Taiwan”的产业辅导机制，累计已经组织了 320 家设计品牌，参与巴黎时尚家居设计展、东京礼品展等 34 个国际产品设计展览会。[④]

就台湾地区内部空间分布而言，台北（18979 家）、新北（9634 家）、台中（7145 家）、高雄（5723 家）和台南（4108 家）是当地文化创意产业企业数量最多的行政市县。[⑤] 台北与新北（“双北”）作为台湾地区经济与文化资本集聚密度最高的地区，其文化创意产业影响力远超其他行政县市，短期内亦不可能被其他县市超越。但值得注意的趋势是，桃园市在 2017 年大有后来居上的潜力，其企业数达到 3537 家，与台南市差距已经不大，而且其营业额早已超过台南、高雄和台中等城市，仅次于“双北”两市。回顾 2012 ~ 2017 年间的发展情况，亦能看出桃园市除了 2015 年以外，营业额增长情况均优于台湾地区整体水平。故而从区域布局来看，桃园市应当值得相关行业者多予关注（见表 5、表 6）。

---

① “文化部”：《2018 台湾文化创意产业发展年报》，新北：“文化部”，2019，第 35 页。

② “文化部”：《2018 台湾文化创意产业发展年报》，新北：“文化部”，2019，第 22 ~ 23 页。

③ “文化部”：《2018 台湾文化创意产业发展年报》，新北：“文化部”，2019，第 27 页。

④ “Fresh Taiwan” 网站，https：//ccimarketing.org.tw/about，最后检索时间：2020 年 4 月 12 日。

⑤ “文化部”：《2018 台湾文化创意产业发展年报》，新北：“文化部”，2019，第 31 页。

表5　2017年台湾地区部分行政县市文化创意产业企业数与营业额

县市	企业数(家)	年增长率(百分比)	营业额(新台币亿元)	年增长率(百分比)
台北	18979	2.30	4899.24	2.29
新北	9634	0.60	1186.96	0.62
台中	7145	3.19	413.22	6.03
高雄	5723	0.86	354.38	-3.05
台南	4108	1.08	231.00	-1.22
桃园	3537	1.61	428.11	3.71

资料来源："文化部"：《2018台湾文化创意产业发展年报》，第31页。

表6　2013～2017年桃园市（县）文化创意产业营业额

年份	2013	2014[注]	2015	2016	2017
营业额(新台币亿元)	311.06	310.54	363.31	296.52	428.11
增长率(百分比)	10.93	2.65	-5.90	-1.37	3.71

注：2013、2014两年数据未含数位内容产业和创意生活产业。
资料来源："文化部"：《台湾文化创意产业发展年报》（2014～2018年）。

就消费状况而言，台湾地区民众在2017年的每户休闲、文化与教育领域的消费支出出现了较大幅度的增长。较之2016年的72875元增长至77503元，增长率达到6.35%，为2013年以来增速最快的一年。① 若以细类项目评估，套装旅游（即团体形式的旅游）增幅最大（12.59%），次之为"教育消遣康乐器材及其附属品"（11.77%），"娱乐消遣及文化服务"较之2016年水平亦有7.56%之增速，而传统领域的书刊报章的支出水平则出现微小下跌。总体而言，上述数据反映出台湾地区民众在文化创意产业或其相关领域依然具有较高的消费偏好与消费能力。

总体而言，得益于全球同期经济状况的复苏，2017年台湾地区文化创意产业在行业领域和消费环节，均出现了比较明显的回温和增长态势。但需要注意的是，不同区域间发展不平衡，部分次级产业领域缺乏发展动力，甚至持续衰退等问题依然突出，尚待进一步观察与研究。

① "文化部"：《文化统计（2018）》，新北："文化部"，2018，第274页。

表7　休闲、文化与教育领域的消费支出情况（2017）

消费支出情况	套装旅游（不含自助旅游）	娱乐消遣及文化服务	书刊报章文具	教育消遣康乐器材及其附属品	教育	小计
支出金额(新台币元)	24744	11468	4405	6733	30153	77503
增长率(百分比)	12.59	7.56	-1.56	11.77	1.37	6.35

资料来源："文化部"：《文化统计2018》，第274页。

二　台湾地区文化创意产业政策动态

自2010年《文化创意产业发展法》颁布与施行以来，台湾地区已经累计出台了《文化创意产业内容及范围》（2010）、《文化创意产业发展法施行细则》（2010）、《"文化部"公有文化创意资产利用办法》（2010）等法则，以及《"文化部"办理加强投资文化创意产业实施方案作业要点》（2010）、《文化创意产业优惠贷款要点》（2010）等行政规则。构成了相对完善与系统的文化创意产业法律、法规与行政规则体系。在2017年，台湾地区依旧因循了上述规章，未有重大变动。

2017年以后，台湾地区文化部门基于"前瞻基础建设计划"，主要推动了"数位建设"和"城乡建设—文化生活圈建设计划"两项全新计划。正如《2018台湾文化创意产业发展年报》对"数位内容"的高度重视，台湾文化部门目前对数字化与文化创意产业的结合投入甚多。"数位建设"的中心议题是"内容建设"，相关政策认为其是"带动软硬整合和提升数位经济的关键力量"。①

具体而言，"数位建设"的主要内容包括"文化记忆库及数位加值应用计划"、"推动超高画质电视内容升级前瞻计划"以及"新媒体跨平台

① "文化部"前瞻基础建设计划专区（"数位建设"）：https://www.moc.gov.tw/content_419.html，最后检索时间：2020年4月16日。

内容产制计划”三项。“文化记忆库及数位加值应用计划”的基本目标是利用数字化技术“保存、转译、开放和运用”台湾各地文化元素和日常生活经验，并且在此过程中鼓励一般民众参与书写地方知识以及建立与分享相关知识，从而形成虚实结合的项目形态。值得注意的是，该计划具有多层次和多样化的特点，既有台北故宫博物院等大型文物博物馆机关项目，也有地方政府文化部门相关项目，同时还有各类以社区为单位的小型项目。截至 2019 年 8 月，该计划已经累计核定项目 46 项，[①] 而相关项目申请与审批工作亦仍在持续进行中。

与上述“记忆库”计划相似，“推动超高画质电视内容升级前瞻计划”也是以“内容建设”为基本方向。该计划意图在“建构有利数位创新之基础环境”、“全方位培育数位创新人才”和“数位创新支持跨产业转型升级”三方面，借由电视和电影等制作单位，生产、制作与推广具有高品质和高画质的文化创意产业内容，并且在此过程中建立起标准化制作流程，以扩大计划效应。[②]

相对于“推动超高画质电视内容升级前瞻计划”主要由大型文化创意产业企业推动和落实，“新媒体跨平台内容产制计划”则具有更为广泛的生产者群体。该计划旨在引导行业者更为有效地利用知识产权（Intellectual Property，“IP”）授权与应用制度，使其能够具有多平台跨越能力以及迈向海外市场的能力。它广泛地涉及网络影音、电影、电视、流行音乐、演唱会、数字内容、漫画、动画等诸多领域。[③] 截至 2019 年 8 月，该计划已经批准“补助案”263 项，内容涉及影音节目、流行音乐、原创漫画内容开发与利用等方面。[④]

“前瞻基础建设计划”中涉及文化创意产业的第二个计划是“城乡建设

① 《前瞻基础建设计划竞争型补助核定表：数位建设》，新北：“文化部”，2019，第 1 页。

② 相关政策的具体规划可见“文化部”《推动超高画质电视内容升级前瞻计划书》。

③ 相关政策的具体规划可见“文化部”《新媒体跨平台内容产制计划》。

④ 《前瞻基础建设计划竞争型补助核定表：数位建设—新媒体跨平台内容产制计划》，新北：“文化部”，2019，第 1 ~ 11 页。

—文化生活圈建设计划”。该计划主张“越基础，越前瞻”和“文化的前瞻性来自文化扎根”。我们也可以将此计划的理念理解为通过挖掘地方文化资源以构建具有前瞻性的文化创意产业形态。从 2017 年开始，文化主管部门计划以 158 亿元新台币“特别预算”推动“文化生活圈”建设计划。[①] 该计划下辖四个执行方法：文化保存、重建台湾艺术史、地方馆舍升级和地方文化特色活动。“文化保存”部分将在下一节以“再造历史现场”为实例说明。“重建台湾艺术史”则意图调查和整理在过往不受重视的文学、艺术、音乐、影像、工艺和美术等史料，并且尤其注重收集民众相关经验。“地方馆舍升级”则是延续此前计划，对各地博物馆和地方文化馆的收藏、空间和教育推广等方面予以政策辅导和经费支援，同时对相关展览与演出场所进行设备和管理技术的升级，以期实现台湾地区不同区域内民众文化消费的均等化。“地方文化特色活动”除了延续既有政策对艺文欣赏人口和艺术专业人才的培育以外，还提出了两点具有新意的内容。一是协助各地方政府构建起具有识别价值的文化元素，二是以具有地方特色的文化活动整合串联起“前瞻计划”相关文化政策，使之有效地在地方层次落实。截至 2019 年 7 月，该计划已经列入 936 项具体计划，[②] 不过，该计划执行周期甚长，至 2021 年方告结束，故而其具体成效如何目前尚未得见，我们将在未来的报告中追踪观测。

三　台湾地区文化创意产业近期热点

在上述两部分内容中，我们对台湾地区文化创意产业在 2017 年基本态势以及近期主要政策的走向进行了整体回顾。其中，文化资产利用和中小（微型）企业的规模化发展是当地文化创意产业两个较为有特色的新近现

① “文化部”前瞻基础建设计划专区（“城乡建设—文化生活圈建设计划”）：https：//www.moc.gov.tw/content_420.html，最后检索时间：2020 年 4 月 16 日。

② 《前瞻基础建设：城乡建设竞争型计划核列情形表》，新北：“文化部”，2019，第 1~45 页。

象。本节将就此两种热点现象进行案例评述，以期更为深入地说明台湾地区文化创意产业的发展形态。

（一）文化资产利用实践：以“再造历史现场”为例

正如开篇所说，台湾地区对文化创意产业的理解，包含了内容、经济和公共三个基本面向。台湾地区文化部门在“前瞻基础建设计划”的“城乡建设—文化生活圈建设计划”下推动的“再造历史现场”就是一项综合了上述三方面功能的新近政策，其看似不直接与文化创意产业相关，却是地方政府为调查本地文化资源，进而厚植文化创意产业“内容”基础的重要工程。

“历史”、“现场”和“再造”是该政策的三个构想维度。首先，“历史”偏向于乡土、地方历史，强调与“土地”和当地人相联系的历史。其次，“现场”则有“实”与“虚”两个尺度。实体面向强调“有形生活空间”的塑造，虚体面向则是对无形化的历史文化记忆的建立，两者结合以后，构成“现场”。最后，“再造”并不是“复制”或“生产”，其核心构思是促进“历史故事与现代产生联结，凝聚形塑文化资产保存意识，让历史记忆回到生活，透过多元形式再现重新产生意义”①。“再造”可以说是整个计划的终点，也是其核心部分。通过夯实地方资源，再形构出新的文化资产应用形态，从而推动地方文化创意产业发展。

就政策构想而言，它与台湾地区 20 世纪 90 年代实施的“社区总体营造”政策一脉相承，均是以地方历史和文化资源为基本内容，形构出文化资产应用的不同方式。但与此前政策的明显区别是，“再造历史现场”对场所本身的构建较为重视，其不仅是地方文史资料的整理和建设，同时也涉及如何恢复、搭建、重现特定历史空间的问题。此举对于文化创意产业颇有裨益，地方历史空间的建立将明显有助于文化创意产业实践者实体化地介入、利用与参与文化资产应用。

---

① “文化部”：《再造历史现场专案计划总体论述》，新北：“文化部”，2018，第 2 ~ 3 页。

截至2019年8月，台湾地区已经批准了30项计划项目，其中又以台北、新北、桃园、新竹、苗栗所在的北区数量较多（见表8、表9）。这些项目覆盖了清代以来的台湾地区不同历史阶段，亦涉及地方工业、军事和城市文化等不同方面的历史场景，相关项目的执行机构既有地方文化部门，也有博物馆、社区中心等各式团体组织。就目前项目情况来看，“再造历史现场”应当能够为文化创意产业未来发展提供较为丰富与多元的内容来源。

表8　“再造历史现场”项目分部情况

区域	北区	中区	南区	东区	离岛[注]
项目(件)	11	4	9	3	3

注：北区：台北、新北、桃园、新竹、宜兰；中区：苗栗、云林、彰化、南投、台中；南区：台南、嘉义、高雄、屏东；东区：花莲、台东；离岛：澎湖、金门、马祖等。

资料来源：“文化部”“再造历史现场专案计划网”：https://www.rhs-moc.tw/index.php?inter=project&id=0&id=1，最后检索时间：2020年4月16日。

表9　“再造历史现场”北区项目一览（截至2019年8月）

项目名称	执行机关	主要内容
中兴纸厂·宜兰兴自造	宜兰县文化局	有形文化资产修复设计与再利用、产业调查研究、社区自造实验、公共空间活化参与
兰阳地区二战军事遗构群历史再现计划	宜兰县文化局	透过完整的调查研究、必要的设计修复、局部的再利用及视听科技的辅助，还原相关历史场景，并展开后续应用实践
苗栗出磺坑矿业历史现场活化发展计划	苗栗县文化观光局	在复原历史的基础上，再造原油矿陈列馆之展示体验、再现油矿开采场景及作业景象、承继与伸展客家聚落与矿产文化的生命力
大基隆历史场景再现整合计划	基隆市文化局	发掘基隆的历史，透过AR、VR等技术，建立基隆地方历史的“读本”，营造当地民众的“生活现场”
新竹日本海军第六燃料厂与眷村聚落历史现场再造与活化计划	新竹市文化局	以大烟囱厂房基地和原六燃遗址为两大基本据点，还原历史场景，并且进行相关宣传和利用工程
台北市疗、浴、北投－生活环境博物园区	台北市文化局	为北投长期发展考量，整合相关自然、历史与前人智慧等产业资源
沪尾之役历史场域重现计划	新北市立淡水古迹博物馆	串联相关战争场域，整理当地居民对淡水历史的地方记忆

续表

项目名称	执行机关	主要内容
八里坌千年河口文化再现计划	新北市立十三行博物馆	以“文化层”的概念,整合山区、平原、河岸和海滩等历史场所空间,重现“千年河口文化的大尺度保存思维”
“慢城·大溪”再造历史现场	桃园市立大溪木艺生态博物馆	以桃园市立大溪木艺生态博物馆为中心,整理周边历史街区,规划游憩区域,重振大溪地方的“山·水”文化
“前‘空军’桃园基地设施群”——35 中队飞机棚厂损坏修复工程暨先期成果数位多媒体展示案	桃园市文化局	修复飞机棚场本体,展开口述历史访问与出版计划,进而加强“在地联结”,举办展览
“前‘空军’桃园基地设施群”活化再利用先期规划		

资料来源:“文化部”“再造历史现场专案计划网”,https://www.rhs-moc.tw/index.php?inter=project&id=0&id=1,最后检索时间:2020 年 4 月 16 日。

“再造历史现场”计划的基本构想对大陆地区有比较直接的参照与借鉴价值。近年来,大陆地区的“新农村建设”与城市历史文化街区营建工程遍地开花,也取得了比较显著的建设成效。而“再造历史现场”中联结历史资源与文化再造的思路,可以为大陆规划者参考,由此更为有效地联结地方民众、地方历史文化以及文化创意产业的内容或从业者,以此形成更具整体性和系统性的文化创意产业空间格局。但由于此类工程项目往往耗时多,且产业价值无法立竿见影式呈现,故而仍应以地方政府为主要推手,再以各类型文化创意企业的加盟作为补充。

(二)“群众募资”潮流的出现:以“啧啧”平台为例

在第一部分中,我们曾指出了台湾地区文化创意产业的企业规模结构中,中小型乃至微型企业是最主要的构成者,但它们目前也面临着经营收入不甚稳定的现实困难。“群众募资”作为一项创新式的数字化商业模式,可以成为推动中小型文化创意企业发展的一支力量。而且,这一现象也引起了台湾地区文化部门的重视,《2018 台湾文化创意产业发展年报》也提及,包

括群众募资在内的各类全新商业模式，将促使产业从线性的价值链，转入网络状模式，进而走向“产业生态系统”。[①]

为了更好地说明群众募资现象，我们以“啧啧”（zeczec）平台为例进行详细介绍。该平台自2012年开始运营，以“让美好的事物发生”为基本精神，迄今已吸引了超过70万人次赞助，总募捐金额已经超过19亿元新台币。[②] 由各式文化创意工作者组织的“提案”既是“啧啧”平台的主要内容来源，也是其主要的服务对象。一般而言，一项“提案”由构想到最终登陆平台，包含了如下基本流程：文化创意工作者向“啧啧”平台递交提案初步方案，“啧啧”平台将就该方案的内容进行初步审核，初审内容主要包括项目能否贴合“啧啧”平台所主张的艺术设计文化社群。与此同时，提案人可持续地对方案进行完善和修订，此环节可延续到提案于平台正式上线之前。通常情况下，提案计划上线以后，将持续35~45天。若提案募捐截止时，已经达到预定集资目标，“啧啧”平台在扣除8%的款项后，将在次月将资金交由提案者。待提案实现后，赞助人将收到提案者提供的回馈。至此，整个流程方告完成。[③]

有意思的是，“啧啧”平台除了发布提案外，也会以“探索”和“故事墙”两种形式提供“新闻式”的提案展示方式。浏览“啧啧”平台的用户，可透过这些页面随机地浏览到不同提案内容，以增加提案面向社会大众——尤其是非预期受众的曝光机会。

以下将以“吸管”相关提案为例，对“啧啧”平台的运作稍予说明。随着台湾地区限塑政策的扩大推行，自2019年7月起，公共机关、公立与私立学校、百货公司、购物中心和连锁快餐店等机构均不得再提供一次性塑料吸管。“啧啧”此后便成为各类微小文化创意企业发布塑料吸管替代设计方案的重要平台。截至2020年3月初，“啧啧”平台已经累计发布了21项

---

① “文化部”：《2018台湾文化创意产业发展年报》，新北：“文化部”，2019，第201页。

② “啧啧”（zeczec）平台：https://www.zeczec.com/about，最后检索时间：2020年4月16日。

③ “啧啧”（zeczec）平台：https://www.zeczec.com/faq，最后检索时间：2020年4月16日。

相关文化创意项目，其中集资失败者3项，成功者有18项。其中，由源源钢艺发布的“Hiding饮料杯”更是创下了“啧啧”平台单项募资纪录，其募资目标为50万元，最终筹得2354.96万元，是原定目标的47倍。①

表10 “啧啧”平台吸管相关提案（截至2020年3月）

提案名称	募资需求(万元新台币)	募资结果(万元新台币)
DU环保提袋	5	1.94(失败)
Mobi硅胶折叠奶瓶	20	4.93(失败)
饮料方块提袋	5	1.37(失败)
威客杯	150	1092.09(成功)
动物玻璃吸管	10	15.86(成功)
蓝氧棒	30	90(成功)
春池计划	20	123.12(成功)
好食袋	50	1296.98(成功)
Hiding饮料杯	50	2354.96(成功)
大象杯	10	2074.02(成功)
贵竹/伸缩自如提袋	1.69	12.28(成功)
蓝鲸吸管	10	340.66(成功)
哇洗吸管	30	824.50(成功)
Green Energy吸管	10	169.51(成功)
锡银吸管	15	35.94(成功)
速吸杯	10	77.07(成功)
纯钛银冰晶餐具	20	401.68(成功)
Skon吸管	10	40.28(成功)
吸吸管	20	1288.95(成功)
漂浮珍奶杯	30	746.32(成功)
Air空气吸管	10	226.12(成功)

资料来源：整理自“啧啧”（zeczec）平台，https://www.zeczec.com/，最后检索时间：2020年4月16日。

① “Hiding饮料杯”，https://www.zeczec.com/projects/hiding，最后检索时间：2020年4月16日。

尽管本节的两个案例牵涉的领域不同，但它们共同地反映出台湾地区文化创意产业在经历了持续 20 年规划与发展以后的新变化。作为具有“新兴”甚至“时尚”性格的文化创意产业，如今出现了比较明显的地方化回流现象。文化创意产业者不仅继续地应用地方历史文化等资源，推动其产业化，同时试图更加深入地挖掘与整理相关地方资源。就这个层面来说，文化创意产业与文化遗产保护、地方历史文化研究等领域的边界出现了模糊和松动，这几方面在未来的合作与融合趋势中可能更为明显。

本报告首先指出了台湾地区文化创意产业 2017 年呈现止跌回升的整体态势，进而评述了“前瞻基础建设计划”内与文化创意产业相关的两项政策，最后从文化资产应用和“群众募资”两个热点现象，就本年度台湾地区文化创意产业发展进行了微观评述。

如果要用一个词语概述 2017 年台湾文化创意产业的基本格局，“复归”可能比较合适。一方面，2017 年的文化创意产业告别了 2016 年的衰落之势，出现了“止跌回升”的兴荣景象。另一方面，在“前瞻基础建设计划”的主导下，从文化创意产业政策的设计者到文化创意产业的从业者，都在不断重返地方历史文化，由此建构“文化内容”，并且将之转换为全新的文化创意产业形态。

理论综述

Research Review

B.13 2018年区域文化产业研究综述

贾 佳*

2018年，文化产业进入快速发展时期，文化产品供给内容提质升级、文化与旅游融合趋势凸显、文化新业态势头强劲、文化投资主体日趋多元、文化产业结构布局优化……中国文化产业的发展更加深入大众、贴近生活、面向未来，日益成为中国经济创新发展的核心驱动力之一。2018年，中国文化产业实现增加值38737亿元，占GDP比重提升至4.30%①，在国民经济中的比重逐年提升，离国家支柱性产业的目标仅有“一步之距”。

随着文化产业的快速发展，具有差异性和稀缺性的区域文化越发显示出独特的价值与魅力，我们关注到党的十九大报告指出：“要深化文化体制改

* 贾佳，四川农业大学人文学院讲师，主要研究方向：文化艺术管理、民族文化与文化产业。

① 国家统计局：《文化事业繁荣兴盛文化产业快速发展——新中国成立70周年经济社会发展成就系列报告之八》［DB/OL］，国家统计局网站 http：//www.stats.gov.cn/tjsj/zxfb/201907/t20190724_1681393.html，最后检索时间：2019年7月25日。

革，完善文化管理体制，加快构建把社会效益放在首位、社会效益和经济效益相统一的体制机制。完善公共文化服务体系，深入实施文化惠民工程，丰富群众性文化活动……健全现代文化产业体系和市场体系，创新生产经营机制，完善文化经济政策，培育新型文化业态。”这为区域文化产业的发展提供了重要遵循。伴随着全国文化产业发展步伐的加快，区域文化产业的研究也随之愈加受到学者、政府、媒体的关注。2018 年，区域文化产业研究进一步发展，研究成果主要集中在学术论文、学术著作、课题研究和科研基金项目、学术交流与合作、政策等方面。

一　学术论文

在中国知网上以“文化产业”为主题，跨库检索 2018 年的文章达到 4500 余条，这与最近几年年均 4000 ~ 5000 篇的数量对比来看，文化产业的研究热度一直持续不下。其中，涉及“区域文化产业”研究的文章有 1000 余篇，较往年年均研究数量基本持平。概括地说，区域文化产业学术论文的最大特色是理论研究更加深入、业态研究更加微观。研究内容主要集中在以下几个方面。

（一）区域文化产业理论研究

改革开放初期，区域文化的重要性就被国内学者注意到，在如今社会信息化、一体化的大环境下，区域文化和区域经济共同作用形成了区域文化产业。作为一门新兴学科，文化产业理论研究面临着理论原创性不足的突出问题，而区域文化产业理论研究更是处于起步阶段，在理论突破和理论创新方面严重落后于实践的发展。因此，基于区域文化产业建设的理论需要和区域文化资源有效利用的需要，区域文化产业相关理论研究就成为国内学术界研究的新热点之一。

1. 区域文化产业本质的探索

文化产业本质问题，是一个包含复杂内容的文本，且一直是国内多数学者力图厘清的核心问题。虞和平[①]指出区域文化的学理千头万绪，对区域文化的概念界定、内涵要义及其与主流文化关系三个最基本问题进行了讨论。认为区域文化的区域界定随着区域划分的变化而变化，其中既有行政区域亦有自然区域和文化区域；区域文化的内涵要义主要包括特性和共性、自守和开放、独立和包容、内涵和外延四个对立统一关系；区域文化与主流文化的关系主要有源与流、根系与主干、基础与主导的关系。张立波[②]认为能够超越区域文化资源或文化符号之特色的产品，才是为更大范围乃至世界所欢迎和喜爱的文化产品。文化资源或文化符号的特色只有经过创造性转化和创新性发展，才能变成现代人所喜闻乐见的内容和形式，区域文化产业发展模式需要以共通的人性主题、共通的商业规则、共通的现代科技表现手段之共通性实现对特色的否定之否定。

2. 区域文化产业政策研究

明确文化产业政策的演进趋势以及各地区（省、市）的区域差异，对把握文化产业政策体系的发展进程具有重要意义。黄国群、肖乐乐[③]对北、上、广、浙四省市涉及文化创意产业的知识产权政策进行了对比分析，构造文化创意产业知识产权政策运作机理框架，并结合实践案例给出区域文化创意产业知识产权政策的创新路径。李炎[④]关注区域文化发展与国家文化治理，认为区域文化发展与国家文化治理的文化政策、文化经济还存在不精确、不确切、不全面等问题，区域文化发展与国家文化治理需要政府、学界的更多关注、投入和研究。

3. 引入其他学科的理论工具

由于文化产业的新兴、跨学科性质，利用其他学科的研究方法为文化产

① 虞和平：《关于区域文化研究的几个问题》，《湖南社会科学》2018 年第 3 期，第 166 ~ 170 页。

② 张立波：《文化产业发展模式的特色与共通性辨正》，《北京联合大学学报》（人文社会科学版）2018 年第 2 期，第 68 ~ 73 页。

③ 黄国群、肖乐乐：《区域文化创意产业知识产权政策走向与创新路径研究》，《情报杂志》2018 年第 3 期，第 86 ~ 93 页。

④ 胡惠林、祁述裕、郭嘉、杨传张、李炎等：《“国家治理与文化治理能力建设”研究笔谈》，《浙江工商大学学报》2018 年第 2 期，第 109 ~ 121 页。

业理论研究提供理论支点和分析视角，成为近些年的理论热点。邱金龙等[①]基于管制经济学理论，从文化产业的社会效益和经济效益出发，探讨政府的角色定位和补位问题。政府应成为文化产业的引导者和监管者，同时要遵循市场规律，以法律手段和经济手段支持文化产业发展。曾涛等[②]借鉴系统动力学模型构建了我国区域文化创意产业竞争力影响因素指标，利用我国2015年和2016年各省份文化创意产业的62组基本数据，在原有的区域文化创意产业竞争力静态SEM模型的基础上，运用系统动力学模型（SD）对结构方程模型（SEM）进行升级与转化，构建了我国区域文化创意产业竞争力的动态博弈模型方程。郑海英[③]从文化产业的概念界定和经济法在文化产业发展中的重要性入手来研究少数民族地区文化产业发展存在的不足和缺陷，并重点考虑经济法在文化产业发展中的作用，提出实现少数民族地区文化跨越式发展的相关措施。

（二）区域文化产业业态研究

2018年，关于区域文化产业的学术研究主要着眼于中国各省市及少数民族地区的文化产业，在研究现状、总结特征的基础上提出未来发展趋势、发展空间布局及文化产业规划，或深入探讨文化旅游融合发展，或针对地方文化与产业、科技等的相互作用进行研究。概括地说，学者们对区域文化产业业态研究，关注点还在文化产业的传统领域，新兴文化产业业态的学术论文相较不多。

1. 文化产业区域空间布局研究

区域文化产业空间布局研究主要关注的是地区文化产业各部门、各要素等在地域上的动态组合与分布。戴俊骋等[④]在《中国区域文化产业发展空间

---

① 邱金龙、潘爱玲、张国珍：《政府在文化产业发展中的角色解析：定位与补位》，《经济问题探索》2018年第4期，第73～79页。

② 曾涛、杨朔、占绍文：《区域文化创意产业竞争力形成机理仿真研究》，《统计与决策》2018年第2期，第64～68页。

③ 郑海英：《经济法下的少数民族地区文化产业跨越式发展》，《贵州民族研究》2018年第9期，第13～17页。

④ 戴俊骋、孙东琪、张欣亮：《中国区域文化产业发展空间格局》，《经济地理》2018年第9期，第162～166页。

格局》中依托三次全国经济普查数据，利用“规模—效率”二维框架分析得到中国文化产业整体呈现东部规模与效率具有全面优势，中西部地区需要整体提升的空间格局，并发现这种空间不均衡格局会进一步极化。高乐华、张美英[①]从文化、地域、产业经济与可持续性四个视角，探讨区域性文化产业集群的特殊性，总结中国区域性文化产业集群发展的基本态势，提出中国区域性文化产业集群可基于社会网络、产业转型、遗产利用、产业创新等因素形成。薛莹等[②]采用 ArcGIS 地理分析方法，探索杭州文化创意特征产业的空间分布形态，并基于空间分布特征进一步探讨企业区位选址的影响因素，为杭州文化创意产业总体布局的合理调控提供认识依据。

2. 地方文旅产业融合发展研究

在文化旅游上升到国家战略发展新高度、产业投资主体呈现竞争新格局、消费升级倒逼供给侧创新产品新形态的背景下，文旅产业融合迎来了政策、市场方面新的机遇。张朝枝[③]从文化与旅游关系的深层根源出发，以身份认同的视角探讨了文化与旅游的关系。旅游者个体或者民族与国家集体寻找文化身份认同是旅游与文化关系的起源，而文化变成旅游者的身份符号则使旅游与文化的关系进一步强化，但由人们的身份角色差异引起的价值理解差异却是旅游与文化矛盾冲突的根源，文化与旅游的融合需要通过调整角色、培育文化自信增进相互理解与合作。许春晓、胡婷[④]引入生产力模型与生产要素理论，从资源、资料、劳动力、技术四个方面构建了文化与旅游融合潜力测度模型。张春香[⑤]基于修正的钻石模型构建了包

---

① 高乐华、张美英：《中国区域性文化产业集群发展模式与趋势》，《企业经济》2018 年第 6 期，第 127 ~ 134 页。

② 薛莹、刘婷、寻丹丹：《杭州文化创意特征产业的空间分布及其影响因素》，《世界地理研究》2018 年第 6 期，第 98 ~ 107 页。

③ 张朝枝：《文化与旅游何以融合：基于身份认同的视角》，《南京社会科学》2018 年第 12 期，第 162 ~ 166 页。

④ 许春晓、胡婷：《大湘西地区文化与旅游融合潜力及其空间分异》，《经济地理》2018 年第 5 期，第 208 ~ 210 页。

⑤ 张春香：《基于钻石模型的区域文化旅游产业竞争力评价研究》，《管理学报》2018 年第 12 期，第 1781 ~ 1788 页。

含4个层次45个具体指标的区域文化旅游产业竞争力评价指标体系，选择河南、陕西和湖北3个省份对其文化旅游产业竞争力进行了评价分析，以期为正确制定各区域文化旅游产业发展战略提供有益参考。

3. 区域文化与产业、科技等关系研究

马晓娜[①]认为，特定区域的文化考察为影视动画文化风格研究提供了一个合理可信的背景，要比孤立地考虑影视动画文化风格有更大的优越性。不同区域文化给予了动画以不同文化底色，形成了不同区域动画鲜明独立的文化风格。希望就区域文化与影视动画文化风格的关系研究能对中国影视动画创作的文化建构有所启示。贾佳等[②]总结了文化与科技在典型产业中上、中、下游产业链关键环节融合的方式，并以全国34家国家级文化和科技融合示范基地有关数据构建区域文化科技融合创新指标体系，提出促进区域文化科技融合发展的政策建议。李炎、杨永海[③]认为，在地方文化产业发展过程中迫切需要从理论上探究资源禀赋与文化资源禀赋、文化资源禀赋与文化产品服务、文化资源与全球化以及大众文化消费之间的内在关系。重新审视文化资源禀赋在优化资源配置中的作用机理，为地方文化产业差异化与特色化发展提供理论支撑。

（三）区域特色文化资源保护与开发

发展区域文化产业，必须善于盘活区域特色文化资源，结合地方文化消费需求，构筑特色鲜明、协同推进的区域文化产业发展格局，发挥区域文化优势。张芹玲、纪芬叶[④]以青州地域特色农民画的开发利用为例，探讨了如

① 马晓娜：《区域文化与影视动画文化风格关系初探》，《传媒》2018年第12期，第88～90页。

② 贾佳、许立勇、李方丽：《区域文化科技融合创新指标体系研究》，《科技促进发展》2018年第12期，第1159～1165页。

③ 李炎、杨永海：《资源禀赋与地方文化产业发展研究》，《中国名城》2018年第7期，第4～9页。

④ 张芹玲、纪芬叶：《“活化”地方传统文化资源促进区域发展——以山东青州农民画产业发展实践为例》，《行政管理改革》2018年第11期，第69～73页。

何“活化”地方文化资源，从而更好地促进区域发展。陆平[①]对云南普洱民族文化发展的现状进行了仔细分析，聚焦于把绿色生态文化、普洱茶文化、北回归线文化和边地民族文化通过产业化发展，形成普洱民族文化产业集群，提出品牌打造、产业融合、文化创新、人才培养、文化金融等普洱民族文化产业的发展策略。罗春秋[②]研究了藏羌彝走廊民族文化资源的开发和利用过程中存在的问题，提出必须充分发挥政府的扶持作用，利用藏羌彝走廊丰富的民族文化资源，加快藏羌彝走廊民族文化产业的融合发展，寻求藏羌彝走廊民族文化资源保护与传承的新模式。钟莹[③]关注了地方特色文化资源数字化建设问题，针对地方特色文化资源主要收藏机构——图书馆、博物馆、档案馆、美术馆等存在的管理体系条块分割、藏品管理制度传统封闭保守、资源整合欠缺协调等问题，提出基于馆际联盟合作方式、基于三维重建藏品数字化解决方案、基于关联数据地方特色信息资源整合模式等解决对策。史润玲[④]关注了甘肃杉树民族地区的特色文化产业存在产业集聚效应弱、品牌效应不强、基础设施薄弱等问题。

二 学术著作

2018 年，区域文化产业学术著作研究继续保持良好的发展态势，紧贴新时代文化产业发展要求，在产业发展报告、专题研究等方面有许多著作问世。与区域文化产业研究相关的学术著作有百余部，这些学术著作主要根植于各地区（省、市）的文化产业发展实践及地方特色文化资源，大多集中

① 陆平：《文化资本视域下中国边境地区民族文化产业发展研究——以云南省普洱市为例》，《西南民族大学学报》（人文社科版）2018 年第 9 期，第 40 ~45 页。

② 罗春秋：《藏羌彝走廊民族文化资源的保护与传承模式研究》，《内蒙古民族大学学报》（社会科学版）2018 年第 6 期，第 43 ~47 页。

③ 钟莹：《公共文化服务体系推进地方特色文化资源数字化建设研究》，《山东图书馆学刊》2018 年第 2 期，第 5 ~9 页。

④ 史润玲：《“一带一路”视野下甘肃少数民族地区特色文化产业发展研究》，《智库时代》2018 年第 30 期，第 1、10 页。

在区域文化产业综合研究或传统文化产业业态研究，总结出产业发展中的问题以及预测未来的趋势，这表明文化产业新兴业态的研究内容以学术著作形式进行成果转化还存在滞后性。

大部分地区（省、市）都形成了持续对区域文化或文化创意产业领域发展状况的跨年度观察和分析，且成果数量逐年上升，产业发展报告如期出版。如：北京市的《北京文化创意产业发展报告（2018）》（张京成等，社会科学文献出版社）、《北京新闻出版广电发展报告（2017～2018）》（北京市新闻出版研究中心，社会科学文献出版社），上海市的《上海文化发展报告（2018）》（荣跃明、花建，上海书店）、《上海文化产业发展报告（2018）》（荣跃明、花建，上海书店）、《上海文化创意产业发展报告（2017～2018）》（王慧敏等，社会科学文献出版社）、《上海电影产业发展报告（2018）》（荣跃明，上海社会科学院出版社）、《上海文化交流发展报告（2018）》（荣跃明、饶先来、李艳丽，上海书店），南京市的《南京文化发展报告（2017）》（中共南京市委宣传部，社会科学文献出版社），湖北省的《湖北文化产业发展报告（2018）》（黄晓华，社会科学文献出版社）、《武汉文化创意产业发展报告（2017）》（黄永林、吴天勇，社会科学文献出版社），四川省的《四川文化产业发展报告（2018）》（向宝云、张立伟，社会科学文献出版社），甘肃省的《甘肃文化发展分析与预测（2018）》（马廷旭、戚晓萍，社会科学文献出版社），江苏省的《江苏文化产业发展研究报告（2017）》（张为付，南京大学出版社）等。还出现了《中国区域文化力发展指数（2018）》（王琪延、王博，中国人民大学出版社）等新的区域文化产业研究发展报告。相较前几年，2018 年区域文化产业年度报告的学术性、规范性仍需加强，但其权威性、指导性日益凸显，为政府的文化政策决策和文化类企业的发展提供了一定的参考意见和咨询服务。

2018 年，区域文化产业的学术研究还体现在有很多区域文化产业的专题研究方面，且数量较之前有所增加。如：《区域文化资源与旅游产业经济协同发展研究》（佘曙初，经济日报出版社）、《区域文化视野下的巴蜀文化研究》（潘殊闲，巴蜀书社）、《深圳文化创新之路》（李小甘，中国社会科学出版社)、《文化产业融资平台供给侧建设：以天津市为例》（秦洪军，经济管理出版社)、《文博资源转化与利用——以四川省为例》（谢梅、王世龙，科学出版社)、《西部地区文化与文化产业发展研究》（周泽超、周榆涵，宁夏人民出版社)、《河北太行山文化产业带构建与发展策略》（杜浩，人民出版社)、《苗族银饰文化产业调查研究》（郑泓灏，社会科学文献出版社)、《上海文化产业供给侧改革的制度研究》（王海冬，上海社会科学院出版社)、《文化创意产业动态及其空间效应：以长江三角洲地区为例》（马仁锋，浙江大学出版社)、《杭州文化创意产业政策效应研究》（谌远知，经济科学出版社)、《北京文化创意产业竞争力评价及产业发展路径研究》（赵继新、宋钰，经济管理出版社)、《河南省文化产业创新与发展研究》（杨健燕，中国经济出版社）等。

三 课题研究和科研基金项目

2018 年，国家社科基金年度项目和青年项目立项方面，与文化产业相关的重点项目有《文化创意的价值管理研究》（四川大学，杨永忠)、《新时代工业文化遗产保护、利用的理论与方法研究》（上海交通大学，王林）等；一般项目有《我国人口结构变迁与文化产业互动机制研究》（广东外语外贸大学，段莉)、《新时代文化管理体制与文化企业管理创新研究》（济南大学，张振鹏)、《乡村振兴战略中传统村落文化的活化发展研究》（南方医科大学，任映红)、《石雕技艺文化遗产旅游活化保护研究》（华侨大学，黄远水)、《白洋淀水文化资源与数据库建设研究》（河北师范大学，魏占杰)、《赫哲——那乃跨界民族文化变迁比较与产业融合发展研究》（佳木斯大学，于善波)、《瑶族服饰文化在旅游文创产品中创造性转化的路径研究》（桂林理工大学，徐云)、《文化强国背景下提升原创文化节目传播力研究》（扬州大学，张爱凤)、《网络游戏供应链运营机制研究》（电子科技大学，胡本勇）等；青年项目有《中国文化产品贸易竞争力的测度、制约因素与提升对策研究》（华东师范大学，杨连星)、

《“一带一路”背景下推进中国对外文化贸易发展的路径研究》(国际关系学院，曾燕萍）等。

2018 年，教育部人文社会科学研究规划基金、青年基金立项方面，与文化产业相关的规划基金项目包括《新中国成立以来党维护国家文化安全的历史经验研究》(成都中医药大学，王伟强)、《工业遗产的文化价值挖掘与传承研究》(湖北工业大学，李睿)、《新时代我国音乐文化创意产业供给侧改革研究》(华中师范大学，涂波）等；青年基金项目有《生态文明城市景观建设中的矿冶文化创新研究——以黄石为例》(湖北理工学院，陈玲)、《从群体生计到文化遗产：聊城木版年画研究》(聊城大学，张兆林)、《文化传承与创新视阈下的博物馆馆藏资源转化与开发路径研究》(天津理工大学，周雅琴)、《工业遗产型创意产业园文化传承及地域认同研究：内涵重塑、业态培育、主题营造》(西安理工大学，乔治)、《文化认同视域下博物馆文创产品设计开发研究》(浙江理工大学，张祖耀)、《新时代中国政府文化治理机制研究》(黑龙江大学，张博)、《喀斯特地区民族生态文化产业发展研究》(贵州师范大学，胡馨月)、《“互联网+文化创意产品”在南京博物院纪念品设计开发中的应用及策略研究》(南京工程学院，李晓芳)、《数字化时代中国非物质文化遗产的“活态化”研究与实践》(南京理工大学，王潇娴）等。

总体来看，关于文化产业的科研基金立项的项目数量不是很多，但哲学、管理学、法学、民族学、社会学、经济学、艺术学、新闻学与传播学等不同学科背景的学者从专业出发，结合区域文化因素从事研究并成功立项的项目数量相较过去几年出现了很多，可以看出，越来越多具有多样研究视角的年轻学者加入了区域文化产业的研究阵营中。

四　学术交流与合作

2018 年，文化产业领域的学术交流与合作领域持续扩大、层次提升，一批高水平、多形式和实质性的学术研讨会、高端论坛及发展会议相继成功举办，并逐步实现制度化、规范化开展和管理。

2018 年，文化产业学术会议举办影响力较大的有第十八届海峡两岸文化创意产业高校研究联盟论坛（杭州）、第十五届中国文化产业新年论坛（北京）、第 11 届中日韩文化产业论坛（天津）、第十届文化创意产业投融资论坛（北京）、2018 第六届中国文化产业资本大会（北京）、2018 文化科技创新论坛（深圳）、2018 文化科技创新与文化产业发展高峰论坛、2018 文化产业与城市发展论坛（苏州）、首届紫金文化产业论坛暨中国文化产业管理专业委员会 2018 年年会（南京）、2018 中国文化 IP 发展高峰论坛、2018 文创产业论坛（北京）、新数字经济与文化产业发展论坛（深圳）、2018 中国网络文化产业年会论坛（北京）、2018 丝路国际文化产业创新与发展峰会（西安）、2018 中国文化金融峰会暨首都文化产业投融资年会（北京）、2018 中国数字艺术产业高峰论坛暨海峡两岸文化创意交流会（青岛）、中国数字娱乐产业年度高峰会（厦门）等，这些会议重点关注了学科发展、学术理论、产业实践、文化产业与地方发展以及文化产业各个行业等问题，在会议期间进行了充分的讨论，得到了学术界的广泛支持，并引起了各级政府相关部门和媒体的关注和报道。

与区域文化产业相关的学术交流与合作，呈现平稳发展、交流内容日益多样的态势，为区域文化产业研究成果发表做出了重大贡献。相关会议有第四届“一带一路”文化与产业发展研讨会（酒泉）、第四届全国区域文化研究会年会（泰山学院）、2018 第二届天府文化论坛（成都）、第二届民族地区文化产业发展论坛（沧源）、2018 特色文化产业与乡村振兴（云南）高峰论坛（鹤庆）、2018 孔孟之乡文化产业创新论坛（济宁）、首届内地与港澳文化产业合作论坛暨粤港澳大湾区文化合作论坛（深圳）、2018 重庆文博会文化创意产业高峰论坛、长春文化产业发展高峰论坛（长春）、2018 中国·南京文化产业产学研深度融合发展峰会（南京）、“儒库”祭孔暨区域文化发展战略研讨会（济宁）等。

2018 年，区域文化产业的学术交流与合作，以探索文化区域联盟的新方式为最大亮点。如长三角红色文化旅游区域联盟（上海虹口）、粤港澳大湾区文化创新研究联盟等。这些由政府部门、研究机构共同组成的合作组织，立足城市、服务区域、辐射全国，致力促进区域经济与文化创新领域的积极互动与协同创新。

五　政策研究

2018 年是文化产业全面贯彻落实党的十九大精神的开局之年。在政策的支持下，2018 年我国文化产业实现了平稳发展，文化产业实现增加值比 2004 年增长了 11.6 倍。2018 年，我国出台了多项政策促进文化产业发展，政策层次越来越高，政府对文化产业的管理转为“间接管理”，对文化产业的规划也上升到了国家战略的层面。

中央层面，2018 年国家政策依旧体现出一贯的连续性和逻辑性，既立足我国当前的实际情况制定大政方针，又根据时代变化和需求变动对政策进行调整与完善。总的来看，中央层面有多项政策涉及知识产权保护，这体现出我国对于知识价值的认知更进了一步。此外，市场监管持续收紧、整治乱象力度空前，公共文化服务体系建设有条不紊推进，改善政府与社会资本合作、保护传统文化、推进文化体制改革、发展新兴产业、促进文化交流等方面在政策中也均有涉及（见表 1）。

表 1　2018 年中央层面出台的文化领域相关政策汇总

颁发时间	颁发机构	政策名称
2018 年 1 月	中共中央、国务院	《中共中央国务院关于实施乡村振兴战略的意见》
2018 年 2 月	中共中央办公厅、国务院办公厅	《关于加强知识产权审判领域改革创新若干问题的意见》
2018 年 2 月	财政部、中共中央宣传部	《中央文化企业公司制改制工作实施方案》
2018 年 2 月	国家互联网信息办公室	《微博客信息服务管理规定》
2018 年 2 月	国家新闻出版广电总局	《关于加强网络直播答题节目管理的通知》
2018 年 2 月	国务院台办、国家发展改革委	《关于促进两岸经济文化交流合作的若干措施》
2018 年 3 月	国家新闻出版广电总局	《点播影院、点播院线管理规定》

续表

颁发时间	颁发机构	政策名称
2018 年 3 月	国务院办公厅	《关于促进全域旅游发展的指导意见》
2018 年 3 月	国家新闻出版广电总局办公厅	《关于进一步规范网络视听节目传播秩序的通知》
2018 年 3 月	科技部、中宣部、中央网信办、文化和旅游部、国家广播电视总局	《国家文化和科技融合示范基地认定管理办法(试行)》
2018 年 3 月	国家发展改革委、国土资源部、环境保护部、住房和城乡建设部、国家旅游局	《关于规范主题公园建设发展的指导意见》
2018 年 3 月	国家旅游局	《旅游行政许可办法》
2018 年 3 月	中央网信办、中国证监会	《关于推动资本市场服务网络强国建设的指导意见》
2018 年 4 月	文化和旅游部、财政部	《关于在旅游领域推广政府和社会资本合作模式的指导意见》
2018 年 4 月	文化和旅游部、教育部、人力资源社会保障部	《中国非物质文化遗产传承人群研修研习培训计划实施方案(2018～2020)》
2018 年 4 月	财政部、国家税务总局	《关于延续动漫产业增值税政策的通知》
2018 年 3 月	国务院办公厅	《知识产权对外转让有关工作办法(试行)》
2018 年 6 月	国家文物局	《革命旧址保护利用导则(征求意见稿)》
2018 年 6 月	中央宣传部、文化和旅游部、国家税务总局、国家广播电视总局、国家电影局	关于整治“天价片酬”“阴阳合同”等问题的《通知》
2018 年 6 月	财政部、国家税务总局	《关于延续宣传文化增值税优惠政策的通知》
2018 年 7 月	中共中央办公厅、国务院办公厅	《关于实施革命文物保护利用工程(2018～2022年)的意见》
2018 年 7 月	文化和旅游部	《全国文化市场黑名单管理办法》
2018 年 7 月	国家文物局等 5 部门	《涉案文物鉴定评估管理办法》
2018 年 7 月	国家文物局	《国有馆藏文物退出管理暂行办法》
2018 年 7 月	国家文物局	《不可移动文物认定导则(试行)》
2018 年 9 月	中共中央、国务院	《乡村振兴战略规划(2018～2022 年)》
2018 年 9 月	国家发展改革委、教育部、科技部、工业和信息化部等 19 部门	《关于发展数字经济稳定并扩大就业的指导意见》
2018 年 10 月	中共中央办公厅、国务院办公厅	《关于加强文物保护利用改革的若干意见》
2018 年 10 月	国家发展改革委办公厅、文化和旅游部办公厅	《“三区三州”等深度贫困地区旅游基础设施提升工程建设方案》

续表

颁发时间	颁发机构	政策名称
2018 年 11 月	国家广播电视总局	《关于进一步加强广播电视和网络视听文艺节目管理的通知》
2018 年 11 月	文化和旅游部、财政部	《关于在文化领域推广政府和社会资本合作模式的指导意见》
2018 年 12 月	国家电影局	《关于加快电影院建设促进电影市场繁荣发展的意见》
2018 年 12 月	中央宣传部、中央网信办、国家发展改革委、科技部、财政部等 13 部门	《文化体制改革中经营性文化事业单位转制为企业的规定》《进一步支持文化企业发展的规定》

资料来源：中华人民共和国文化部官网（现为中华人民共和国文化和旅游部）。

地方层面，2018 年各地区文化领域相关政策发布数量也不少，主要以文化旅游、文物保护、非遗传承、公共文化服务、文创人才扶持等政策为主，基本与中央层面的文化领域相关政策一脉相承。而具体内容方面，各地区（省、市）在文化产业相关领域的政策实践又各具特色。2018 年，北京、广东、江西、湖北、甘肃等地区先后就文化产业发展发布了纲领性文件（见表 2）。

表 2　2018 年部分地区发布的文化产业纲领性文件

时间	地区	政策名称
2018 年 8 月	北京	《关于推进文化创意产业创新发展的意见》
2018 年 7 月	广东	《广东省关于加快文化产业发展的若干政策意见》（征求意见稿）
2018 年 9 ~ 11 月	江西	《关于加快文化强省建设的实施意见》《关于加快文化强省建设的实施方案》《关于推动文化产业高质量跨越式发展工作方案》
2018 年 11 月	湖北	《关于加快全省文化产业高质量发展的意见》
2018 年 6 月	甘肃	《甘肃省文化旅游产业发展专项行动计划》

资料来源：各省文化厅官网。

（一）经济发达地区，致力完善产业政策体系

2018 年，北京继续发挥在文化产业领域的优势，进一步强化自身在全国的示范作用。先后还密集出台了《关于促进首都文化金融发展的意见》《关于加强传统村落保护发展的指导意见》《关于保护利用老旧厂房拓展文化空间的指导意见》《北京市文化创意产业园区认定及规范管理办法（试行）》《关于加快市级文化创意产业示范园区建设发展的意见》《北京市人民政府关于进一步加强文物工作的实施意见》《北京市人民政府关于扩大对外开放提高利用外资水平的意见》等政策，涉及文化园区、文化贸易、文化企业、文化金融、文创产品等多个领域。可以看出，北京已形成比较全面、系统的文化创意产业政策体系。

上海市在 2017 年年底出台了文化创意产业发展的指导性政策——《关于加快本市文化创意产业创新发展的若干意见》（简称“上海文创 50 条”），这是我国首个出台促进文化创意产业发展指导意见的直辖市。为落实“上海文创 50 条”，上海市还连续发布了《关于促进上海动漫游戏产业发展的实施办法》《关于促进上海网络视听产业发展的实施办法》《关于促进上海演艺产业发展的实施办法》《关于促进上海艺术品产业发展的实施办法》《关于促进上海影视产业发展的实施办法》《关于促进上海文化装备产业发展的实施办法》等多个实施办法，涉及影视、演艺、动漫游戏、网络视听、艺术品、文化装备等产业领域①。2018 年，为完善上海市的产业园区、示范楼宇和空间建设工作，特制定《上海市文化创意产业园区管理办法》《上海市文化创意产业示范楼宇和空间管理办法（试行）》，并发布《2018 年度上海市促进文化创意产业发展财政扶持资金项目申报指南》。由此，上海文化产业发展的政策体系也已全方位构建完成。

作为文化产业大省，广东省文化产业增加值多年位居全国第一，文化产

---

① 《2018 年上海文化产业发展报告》，中国经济网，http：//www. ce. cn/culture/gd/201903/14/t20190314_ 31681119. shtml，最后检索时间：2019 年 6 月 14 日。

业已经成为广东的支柱性产业。近年来，在文旅融合、文化科技融合等合力助推下，广东的数字出版产业、动漫产业、游戏产业、音乐产业等文化产业多个领域发展尤为引人注目。2018 年结合本省实际，广东制定了纲领性文件《广东省关于加快文化产业发展的若干政策意见（征求意见稿）》，着力实施创新驱动发展战略，健全现代文化产业体系和文化市场体系，培育新型文化业态。与 2017 年已制定完成的《广州市推进文化与金融融合发展的实施意见》《关于促进我市文化与科技融合的实施意见》《广州市推进文化创意和设计服务与相关产业融合发展行动方案（2016～2020 年）》等形成了广东“1＋N”的文化产业政策体系，政策不断发力，广东文化产业继续保持高增长态势。

（二）文化资源丰富地区，多推特色文化产业政策

与经济发达地区相比，文化资源丰富的地区，产业增加值占地区 GDP 的比重普遍不高，资源优势并未充分转化为产业优势。可以说，对于这些地区来讲，文化产业成为支柱产业的道路艰辛且漫长。在此背景下，多地出台了本省（市）特色文化产业发展的指导性政策文件。

甘肃文化资源丰富多样、特色突出，具有强烈的地域特色和民族风情，2018 年文化产业增加值为 178.16 亿元①，仅占全省 GDP 的 2.16%。在 2018 年国家成立文化和旅游部、文旅融合趋势愈加明显的背景下，甘肃出台了《甘肃省文化旅游产业发展专项行动计划》。政策共提出 18 项重点任务与 4 项保障措施，力争到 2020 年，实现“全省文化产业、旅游产业增加值占 GDP 的比重分别达到 5%、9%”② 的发展目标。除此之外，还制定出台了《关于加快建设旅游强省的意见》《关于加快乡村旅游发展的意见》《关于加

① 宋燕：《2018 年甘肃省文化旅游产业占比达全省 GDP 的 7%》，搜狐网，http://www.sohu.com/a/289679371_119860，最后检索时间：2019 年 1 月 17 日。

② 《甘肃省人民政府办公厅关于印发甘肃省文化旅游产业发展专项行动计划的通知》，甘肃政务服务网，http://www.gansu.gov.cn/art/2018/6/7/art_4786_363996.html，最后检索时间：2019 年 6 月 7 日。

快全省智慧旅游建设的意见》《甘肃省文化产业发展专项资金管理办法》等一系列重要文件，打出一套针对文化旅游发展的政策“组合拳”。

广西拥有得天独厚的地域和民族特色文化资源，但文化产业发展方面缺乏强劲动力。2017 年 12 月，广西编制出台了《广西文化产业跨越发展行动计划（2017～2020）》，致力将文化产业培育为广西经济支柱性产业。2018 年广西完成文化领域改革任务 17 项，推动出台《关于促进广西文化产业发展和完善文化企业国有资产监督管理的意见》《关于进一步加强文化人才队伍建设的实施意见》《关于特色文化小镇的创建管理办法》《广西加快民族文化强区建设三年行动计划》等，加快广西文化产业跨越式发展。

而江西同样拥有文化资源优势，2018 年立足建设文化强省和实现文化发展“652”目标任务，连续出台了《关于推动文化产业高质量跨越式发展工作方案》《关于加快文化强省建设的实施意见》等多个顶层设计的文化产业政策，推动文化产业高质量、跨越式发展。除此之外，江西还为落实国家原文化部、财政部《关于推动特色文化产业发展的指导意见》，制定了《关于实施“一县一品”战略发展特色文化产业的指导意见》，大力发展特色文化产业，推进文化产业供给侧改革。

（三）全国各地竞相出台相关政策吸引文创人才

2018 年，北京、上海、广州、深圳等地在人才政策方面力度不减，继续出台相关政策吸引文创人才汇集。北京在《关于推进文化创意产业创新发展的意见》中提到，为符合条件的文创人才办理北京市工作居住证，使其按规定享受多方面市民待遇。广州黄埔区出台最强文创扶持政策，文化英才设立工作室最高可获 300 万元资助。深圳发布《关于实施“鹏城英才计划”的意见》，提出实施文化创意人才培养专项，建立文化创意人才培养和实训基地。

与此同时，天津、南京、杭州、长沙、厦门、西安、郑州、成都等城市也开始加入推出优惠政策、吸引大批文创人才涌入的政策大战之中。

这些优惠政策主要体现在税收、奖金、科研启动资金、人才安居等方面。《成都市促进西部文创中心建设若干政策》提出，对符合《成都市引进高层次创新创业人才实施办法》的专家、企业家带着拥有自主知识产权的文创项目和文创品牌落地成都发展，做出重大贡献的，给予最高300万元资金资助。《西安市进一步加快人才汇聚若干措施》中第六条提道：扩大人才认定范围，将公务员、文化创意人员、自由从业者等更多领域人才纳入DE人才分类认定范围。《厦门市人民政府关于印发进一步促进文化产业发展补充规定》中与影视产业有关的政策多达11条，其中第十四条中“支持影视编剧、导演、制片人、演员等影视专业人才在我市设立影视企业或工作室”等相关内容，大力支持影视专业人才落户厦门。“长沙人才新政22条”中明确提出“实施紧缺急需人才集聚工程，引进培育2000名高层次紧缺急需人才”，文化创意人才赫然在列，此文件有望为“广电湘军”“出版湘军”“动漫湘军”“演艺湘军”吸引到一大批优秀人才的驻留。

（四）重视文物安全，出台文物保护相关实施意见

继2017年召开全国文物安全电视电话会议和《国务院办公厅关于进一步加强文物安全工作的实施意见》后，2018年，中央层面再次出台多个关于文物保护、文物安全的政策文件，体现出我国政府在文物保护方面的极高重视。受此影响，各地也纷纷出台相应的政策，以切实落实关于加强文物保护管理工作的相关要求。

据不完全统计，2018年全国共有12个省（区、市）出台了关于进一步加强文物安全工作的实施意见（见表3）。其中，河南省一口气发布了4个关于文物安全的政策，是所有省（区、市）中最多的省份。辽宁省还专门制定了《关于落实文物安全责任制的通知》，明确各级政府文物安全职责，完善监督考察和问责机制。另外，还有包括湖北、广东在内的多个省成立了文物安全工作联席会议制度，以贯彻落实国家关于进一步加强文物安全工作的部署，加强对本省文物安全工作的统筹协调。

表 3　2018 年部分地区出台的文物保护相关实施意见

时间	地区	政策名称
2018 年 3 月	北京	《关于加强传统村落保护发展的指导意见》
2018 年 4 月	天津	《关于进一步加强我市文物安全工作实施方案的通知》
2018 年 5 月	河北	《关于进一步做好文物安全工作的实施意见》
2018 年 8 月	山西	《关于贯彻落实〈山西省历史文化名城名镇名村保护条例〉的实施意见》
2018 年 5 ~ 7 月	辽宁	《关于进一步做好文物安全工作的通知》《关于落实文物安全责任制的通知》
2018 年 5 月	吉林	《关于进一步加强文物安全工作的实施意见》
2018 年 9 月	江西	《关于进一步加强文物安全工作的实施意见》
2018 年 1 月	山东	《关于进一步加强文物安全工作的实施意见》
2018 年 5 ~ 10 月	河南	《关于进一步加强文物安全工作的实施意见》《关于印发全省文物安全基础保障三年行动方案的通知》《关于印发河南省文物安全责任制实施办法的通知》《关于进一步加强工程建设地下文物保护工作的通知》
2018 年 7 月	湖北	《关于建立湖北省文物安全工作联席会议制度的通知》
2018 年 4 月	广东	《关于建立广东省文物安全工作联席会议的通知》
2018 年 5 月	广西	《关于进一步加强文物安全工作的实施意见》
2018 年 1 月	重庆	《关于切实加强文物安全工作的实施意见》
2018 年 8 月	四川	《关于进一步加强文物安全工作的实施意见》
2018 年 2 月	陕西	《关于进一步加强文物安全工作的实施意见》
2018 年 1 月	甘肃	《关于印发甘肃省文物安全管理办法的通知》

资料来源：各省（区、市）文化厅官网。

六　总结与展望

2018 年，我国区域文化产业研究越来越活跃，学术论文、学术著作、课题研究和科研基金项目、学术交流与合作、政策等方面的数量和质量均有所提高。区域文化产业理论研究主题高度集中于文化产业本质问题的探索、产业政策研究、文化产业的具体业态以及区域特色文化资源保护与开发等领域。过去的 2018 年，尽管区域文化产业理论研究稳步发展，区域文化产业理论研究的巨大需求与建设性成果的有限供给之间依然存在巨大的落差。未来，区域文化产业理论研究，要继续进行跨学科研究、规范研究方法，让原本单一学科的问题转向具有整体性意义的区域文化产业基础理论问题，从而超越传统的文化研究方法论，取得理论的重大突破。

权威报告·一手数据·特色资源

皮书数据库

ANNUAL REPORT(YEARBOOK) DATABASE

分析解读当下中国发展变迁的高端智库平台

所获荣誉

- 2019年，入围国家新闻出版署数字出版精品遴选推荐计划项目
- 2016年，入选“‘十三五’国家重点电子出版物出版规划骨干工程”
- 2015年，荣获“搜索中国正能量 点赞2015”“创新中国科技创新奖”
- 2013年，荣获“中国出版政府奖·网络出版物奖”提名奖
- 连续多年荣获中国数字出版博览会“数字出版·优秀品牌”奖

成为会员

通过网址www.pishu.com.cn访问皮书数据库网站或下载皮书数据库APP，进行手机号码验证或邮箱验证即可成为皮书数据库会员。

会员福利

- 已注册用户购书后可免费获赠100元皮书数据库充值卡。刮开充值卡涂层获取充值密码，登录并进入“会员中心”—“在线充值”—“充值卡充值”，充值成功即可购买和查看数据库内容。
- 会员福利最终解释权归社会科学文献出版社所有。

数据库服务热线：400-008-6695
数据库服务QQ：2475522410
数据库服务邮箱：database@ssap.cn
图书销售热线：010-59367070/7028
图书服务QQ：1265056568
图书服务邮箱：duzhe@ssap.cn

社会科学文献出版社 SOCIAL SCIENCES ACADEMIC PRESS (CHINA) 皮书系列
卡号：972328842186
密码：

S 基本子库
SUB DATABASE

中国社会发展数据库（下设 12 个子库）

整合国内外中国社会发展研究成果，汇聚独家统计数据、深度分析报告，涉及社会、人口、政治、教育、法律等 12 个领域，为了解中国社会发展动态、跟踪社会核心热点、分析社会发展趋势提供一站式资源搜索和数据服务。

中国经济发展数据库（下设 12 个子库）

围绕国内外中国经济发展主题研究报告、学术资讯、基础数据等资料构建，内容涵盖宏观经济、农业经济、工业经济、产业经济等 12 个重点经济领域，为实时掌控经济运行态势、把握经济发展规律、洞察经济形势、进行经济决策提供参考和依据。

中国行业发展数据库（下设 17 个子库）

以中国国民经济行业分类为依据，覆盖金融业、旅游、医疗卫生、交通运输、能源矿产等 100 多个行业，跟踪分析国民经济相关行业市场运行状况和政策导向，汇集行业发展前沿资讯，为投资、从业及各种经济决策提供理论基础和实践指导。

中国区域发展数据库（下设 6 个子库）

对中国特定区域内的经济、社会、文化等领域现状与发展情况进行深度分析和预测，研究层级至县及县以下行政区，涉及地区、区域经济体、城市、农村等不同维度，为地方经济社会宏观态势研究、发展经验研究、案例分析提供数据服务。

中国文化传媒数据库（下设 18 个子库）

汇聚文化传媒领域专家观点、热点资讯，梳理国内外中国文化发展相关学术研究成果、一手统计数据，涵盖文化产业、新闻传播、电影娱乐、文学艺术、群众文化等 18 个重点研究领域。为文化传媒研究提供相关数据、研究报告和综合分析服务。

世界经济与国际关系数据库（下设 6 个子库）

立足“皮书系列”世界经济、国际关系相关学术资源，整合世界经济、国际政治、世界文化与科技、全球性问题、国际组织与国际法、区域研究 6 大领域研究成果，为世界经济与国际关系研究提供全方位数据分析，为决策和形势研判提供参考。

法律声明

“皮书系列”（含蓝皮书、绿皮书、黄皮书）之品牌由社会科学文献出版社最早使用并持续至今，现已被中国图书市场所熟知。“皮书系列”的相关商标已在中华人民共和国国家工商行政管理总局商标局注册，如LOGO（ ）、皮书、Pishu、经济蓝皮书、社会蓝皮书等。“皮书系列”图书的注册商标专用权及封面设计、版式设计的著作权均为社会科学文献出版社所有。未经社会科学文献出版社书面授权许可，任何使用与“皮书系列”图书注册商标、封面设计、版式设计相同或者近似的文字、图形或其组合的行为均系侵权行为。

经作者授权，本书的专有出版权及信息网络传播权等为社会科学文献出版社享有。未经社会科学文献出版社书面授权许可，任何就本书内容的复制、发行或以数字形式进行网络传播的行为均系侵权行为。

社会科学文献出版社将通过法律途径追究上述侵权行为的法律责任，维护自身合法权益。

欢迎社会各界人士对侵犯社会科学文献出版社上述权利的侵权行为进行举报。电话：010-59367121，电子邮箱：fawubu@ssap.cn。

社会科学文献出版社